손금닷컴 제프님의

손금의 정석

손금의 정석 II

초판1쇄발행 2009년 05월 10일
중판6쇄발행 2018년 04월 05일

지은이 | 유종오
발행인 | 김갑선

발행처 | **역산서숙** 易山書塾
주   소 | 서울시 종로구 숭인동 304 301호
전   화 | 928-2393
팩   스 | 928-8122
등록번호 | 제300-1999-192호(1999.12.17)

편집기획 | 내추럴라이프미디어(3676-0935)

ISBN 978-89-93513-02-8 04320
ISBN 978-89-93513-00-4 (세트)
값 20,000원

잘못된 책은 구입처에서 교환해 드립니다.

손금의 정석 II

손금닷컴 제프님(유종오) 지음

www.sonkum.com

프롤로그
Prologue

사람의 손금은 단 한개의 선도 똑 같은 사람이 없다. 지문만 사람들마다 다른게 아니라 손금의 선들도 역시 사람마다 다른 것이다. 바로 이 점이 손금을 처음 접하는 사람들이 가장 어려워하는 부분이다. 시중에 나온 손금책을 다 사서 본다고 해도 정작 남의 손금을 보면 입에서 말 한마디도 나오지 않는 것이 현실이다.

손금학 연구에 있어 내게 가장 힘든 장애물은 바로 기존의 손금서적들이었다. 서양에서 나온 책들 중 100년 이상을 생존한 서적들 한 두권만 쓸만한 편이었는데, 그 나머지 서적들은 대부분 깊은 경지가 없이 손금에 대한 그릇된 인식을 가지게 만들거나, 손금을 점치는 학문 정도로 혼돈하게 만드는 내용들로 도배되어 있었다. 이런 내용들을 여과해내고 검증하는데 숱한 시간이 소요되었다.

대다수의 책들이 손금을 이렇게 저렇게 그림으로 표현하고 있지만, 실제로는 해당 그림과 같거나 유사한 손금을 찾기란 정말 하늘의 별따기 만큼이나 어려운 일인 것이다. 또한 예를 들어 직선형 감정선을 가진 손금을 몇가지 찾았다고 해도, 정말 직선으로 이루어진 감정선이란 아예 없고, 선의 상태, 굵기, 곁가지 지선의 유무, 선이 흘러가는 모습 등에 있어 모두 다르니 도대체 각각 어떻게 분석을 해주어야 할지 난감하게 되고야 마는 것이다

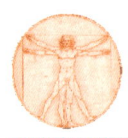

프롤로그
Prologue

　　아마도 어떤 사람이 손금학을 스스로 터득하고자 작심한다면 이미 내가 거쳤던 시행착오들과 유사한 과정을 수년간 고스란히 반복해야 할지도 모른다.

　　나는 이번 '손금의 정석' 시리즈를 통해 손금연구의 새로운 지평을 열고, 누구라도 손금학을 쉽게 배우고 연구발전시켜 갈 수 있는 튼튼한 기초를 닦을 수 있게 하고자 한다.

　　이것은 지난 6년간 손금학의 불모지대에서 손금이 가지는 장점과 신비로움을 부각시켜 세인의 주목을 이끌어내고 손금학에 대한 눈높이를 점차 높여온 장본인으로서 해결해야 할 숙명적 과업과도 같은 것이라 여긴다. 그래서 여기에 내가 가진 손금연구의 노하우를 모두 꺼내놓고 세상 사람들이 모두 배워갈 수 있도록 하였다. 물론 아직 연구가 덜되었거나 세상에 발표하기엔 때가 좀 이른 것들은 일부 제외하였지만, 이 책의 내용들이 초보자는 물론 손금전문가에 있어서도 도움이 될 부분이 많을 것이라 믿는다.

　　나는 이 책을 통해 손금학을 가장 빨리 배울 수 있는 가장 쉽고 체계적인 학습방법을 제시하고자 노력하였다. 손금학에 대한 제대로 된 시각과 손금 선이 가지는 의미에 대한 올바른 이해를 가질 수 있도록 제대로 된 이론설명과 함께 다양한 실제 사례를 통해 이해도를 높이고자 했다. 일반인들에게 손금에 대

프롤로그
Prologue

한 그릇된 인식을 주지 않기 위해 잘 검증되지 않은 애매모호하고 부정확한 부분들은 통제하고 제외하였다.

손금은 연구하면 할수록 매력적인 분야이다. 그것은 바로 손금이 우리의 두뇌사진이기 때문인데, 손금학이란 바로 이 두뇌사진을 근거로 해서 인간과 자연과 우주의 섭리를 이해해 가는 학문이기 때문이다. 나는 손금을 통해 우리 두뇌의 놀라움과 깊은 우주의 섭리를 느꼈으며, 연구가 더욱 진척될수록 세상과 사람들을 이해하는 더욱 깊은 경지가 나올 것으로 믿고 있다.

이 책으로 단 한명의 사람이라도 인생길의 방향을 정하는데 도움이 되고, 자신을 이해하고 숨은 재능을 찾아내며, 인생길의 불우함이나 역경을 이겨내갈 지혜와 용기를 얻을 수 있다면 나의 노력은 전혀 헛되지 않을 것이다.

나는 손금학 연구를 계기로 많은 사람들에게서 은혜를 입었는데, 케이블방송에서 '인생의 축소판 – 손금여행 (총 21편)'으로 손금학을 전국 방방곡곡 널리 알리게 된 계기를 만들어주신 '복주는TV' (지금은 없어짐)의 김시행 부사장님과 스탭분들, 손금연구를 한층 심화시키는데 도움을 주신 해수철학원 김태자 원장님, 그리고 이 '손금의 정석' 책이 세상에 나올 수 있도록 도와주신 여산서숙 김갑선 사장님과 손금책 출판작업에 밤낮없이 애써주신 내추럴라이프의 구본임 사장님께 깊

프롤로그
Prologue

은 감사의 말씀을 드립니다.

그간 손금닷컴을 후원해온 친구 최원우, 윤여성, 초창기 손금연구를 함께 했던 박소영씨, 그리고 TV 매체를 통해 손금을 알려주신 여러 작가님들과 방송 관계자분들께 항상 행운이 깃들길 기원드리며, 이제까지 손금을 통해 인연이 된 모든 사람들의 앞길에 행복과 선신의 가호와 축복이 함께 하길 바랍니다.

앞으로 멋진 인생길이 기다리는 두 딸 민성, 재원, 그리고 인생의 고락을 함께하며 살아온 사랑하는 아내 선주에게 고마운 마음을 전하며..

2009년 봄 푸르른 하늘빛 아래에서..

차례 Contents

손금의 정석 1

프롤로그 · 9

1부 손금학의 개요

Chapter 01 손금이란 · 20
손금= 두뇌사진 · 20
손금은 임신3개월째부터 · 21
똑같은 손금선을 가진 사람은 아무도 없다 · 21
손금분석이란 두뇌사진 판독 · 21
손금을 통해서 두뇌의 신비에 · 22
좌뇌와 우뇌 · 22
주도적인 손, 소극적인 손 · 23
손금학의 구성 · 24

Chapter 02 손모양의 구분 · 26
땅의 손 · 27
물의 손 · 29
불의 손 · 31
공기의 손 · 32

Chapter 03 손바닥안의 언덕 '구' · 36
구의 발달 · 37
구의 명칭 · 42
구의 발달에 의한 종족별 특성 · 49

차례
Contents

Chapter 04 손금의 명칭 · 54

Chapter 05 선을 해석하는 기본원리 · 62
손금선을 강물로 · 63
손금선을 구와 함께 · 64
손금선은 상호 연관성이 있다 · 65
기본삼대선이 가장 중요 · 66
장해선과 문양 · 67

2부 기본 삼대선

Chapter 01 생명선 · 74
생명선의 유형 · 76
생명선에 나타나는 장해선 영향선 문양들 · 88
생명선의 유년법 · 110

Chapter 02 두뇌선 · 116
두뇌선의 유형 · 119
특이두뇌선 형태 · 139
이중 두뇌선과 삼중 두뇌선 · 139
두뇌선에 나타나는 장해선과 문양들 · 162
두뇌선의 유년법 · 169

Chapter 03 감정선 · 174

감정선의 선상태 · 177
감정선의 유형 · 181
감정선에 나타나는 장해선과 문양들 · 208
감정선의 유년법 · 215

재미있는 이야기 · 218
소지손가락으로 애정운 살피기 · 218
손금의 변화 · 220
알렉산더대왕의 손금분석 · 224
인복선과 음덕선 · 229
토요토미 히데요시 손금 · 231

실전분석연습

Chapter 01 우리아이 손금분석   234
사례분석실제 · 236

손금의 정석 2

3부   세로삼대선

Chapter 01 운명선   18
운명선의 특성 · 18
운명선의 시작 · 26

차례 Contents

운명선의 끝 · 36
운명선의 상향지선, 합류지선, 이중 운명선 · 44
운명선의 이상증세 · 48
운명선의 유년법 · 57

Chapter 02 사업선 · 62
사업선의 유형 · 65
사업선의 시작부위 · 70
사업선과 다른 유사한 선의 구분 · 74
사업선의 이상증세 및 행운표시 · 86
사업선의 유년법 · 90

Chapter 03 재물선 · 92
재물선의 특징 · 95
재물선의 유형 · 101
재물선의 가닥수 · 112
재물선의 이상증세 · 116
재물선의 행운표시 · 123
재물선의 유년법 · 129

4부 기타 보조선

Chapter 01 결혼선 · 금성대 · 134
결혼선 · 135
금성대 · 146

Chapter 02 문양 및 기타 · *154*
신비십자 문양 · *154*
비애선 · *161*
솔로몬 링 · *163*
토성환 · *165*
부처의 눈 · *166*

실전분석연습

Chapter 01 일반손금 실전분석 · *168*
사례분석실제 · *172*

Chapter 02 난이도 있는 사례분석 · *222*
사례분석실제 · *224*

Chapter 03 손금실전 종합분석 · *280*
사례분석실제 · *282*

3부

세로삼대선

세로삼대선

기본삼대선이 인생길을 달려가는 자동차와 같다고 하면, 세로삼대선은 인생길 자체를 나타낸다고 볼 수 있다. 세로삼대선은 운명선, 재물선, 사업선을 말하는데, 이들 선을 통해 인생길, 직업운, 재물운, 직장운, 성공운 등을 살펴볼 수 있다. 이들 각각의 선이 주로 나타내는 모습은 다음과 같이 조금씩 다르다.

운명선

운명선은 직업운과 인생길을 나타내는 선인데, 직업운이나 인생길이 어떻게 생겼는지, 평탄하고 넓다란 도로인지 좁고 변화가 심한 도로인지, 길이 어디쯤에서 휘어지거나 끊어져 없어지는지, 길 위에 장애물은 없는지, 언제쯤 끝이 나는지 등을 살펴보는 선이다.

사업선

사업선은 직장운과 사업운을 살펴보는 곳이며, 신체장기 중 간의 해독력과 장의 소화력과 관련이 깊어서 건강적인 측면도 함께 나타내는 곳이다. 이 사업선의 모습은 운명선과 함께 살펴보는게 필요한데, 직업운에 있어서 운명선의 보조적인 판단수단으로 살펴보면 좋을 것이다.

재물선

재물선은, 일명 태양선으로서 인생길에 있어서의 물질적 성공이나 정신적 만족감과 행복을 얻을 수 있을지를 살펴보는 곳이다. 지나가는 인생길에서 정신적 물질적으로 풍족한 삶이 가능한 것인지 정신적 어려움이나 물질적 손실이 많을 것인지를 나타낸다고 하겠다.

 손금학의 유용성은 자신의 타고난 체질적 성격적 특성과 재능에 대해 보다 깊은 이해를 가능하게 하고, 인생길의 모습들에 대한 예측의 단서들을 제공하여 보다 행복한 미래를 설계하고 준비해가도록 이끌어주는데 있다.
 이런 측면에서 세로삼대선을 통한 미래 인생길이나 직업운에 대한 분석은 무척 중요한 의미를 가지며 올바른 분석결과는 훌륭한 인생길의 이정표 역할을 해낼 수 있을 것이다.

Chapter 01

운명선

　운명선은 세로삼대선 중에 하나로 인생길과 직업운을 나타내는 중요한 선이다. 운명선이 강하고 굵게 잘 뻗어있으면 인생길이나 직업운 역시 힘차고 활력있게 전개된다는 것을 의미한다. 대부분의 사람에게 있어서 왕성한 직업적 활동은 곧바로 사회적 성공이나 재물, 행복 등과 연관되기 때문에 세로삼대선 중에서는 운명선을 가장 중요하게 여긴다. 즉, 운명선만 좋아도 반쯤은 성공한 것이나 다름없기 때문이다.

　운명선은 일명, 업보선으로도 부르는데, 종종 자신이 짊어지고 가야할 인생의 무게를 나타내기도 한다. 운명선이 중지 아래의 토성구를 향해서 나아가기 때문에 토성구의 책임감, 염세주의적 경향, 연구, 진지함 등의 특성과 토성구 자체가 가지는 조금 어둡고 무거운 특성이 운명선에 반영된 때문이다. 따라서 운명선이 지나치게 강한 것은 도리어 인생길과 직업운에 있어 주의해야 할 게 많아지기도 한다.

　양손의 운명선 중에서 오른손잡이의 경우 오른손이 사회적인 활동에 있어 더욱 중요한 의미를 가지며, 왼손의 경우에도 함께 살펴봐야한다. 오른손에 직업적 변동이 더 잘 나타나는게 일반적이지만, 사람에 따라서는 자신이 내면적으로 느끼는 것을 나타내는 왼손이 더 잘 맞는 경우도 있기 때문이다.

　운명선이 직업운을 나타낸다면, 운명선이 없다면 직업을 가지지 못하는 것일까? 바깥일을 하지 않는 주부나 아이들의 경우엔 운명선은 무슨 의미를 가지는가? 운명선이 긴데도 취업이 되지 않거나 직업적 활동을 못하고 있는 사람은 왜 그런가? 운명선이 두가닥이면 두가지 일을 하게 되는 것인가? 인생길에서 부딪히게 되는 숱한 문제들을 운명선 하나가 다 설명해주기는 역부족이다. 손금은 주요한 여러가지 선들의 각자의 특성과 서로간의 균형 및 역학관계에서 파악되어야 하는 것이라서 특정 선 하나로 사람의 인생길을 들었다 놓았다 하는 것은 너무 원초적인 접근법이라고 하겠다.

운명선은 인생길의 특성 자체를 반영하고 있다보니 이 운명선이 나타내는 범위가 너무 광범위하다는 문제가 생기게 된다. 따라서 운명선은 다른 선과 함께 살펴보는 방식을 택하는게 분석 및 예측의 정확도를 높일 수 있어 양질의 분석이 가능하게 된다.

예를 들어 직업운을 살펴볼 때엔, 운명선과 사업선을 함께 살펴보는게 좋은데, 운명선이 직업운을 나타내고 사업선은 직장운을 나타내기 때문이다. 인생길의 중대사인 결혼운을 살펴볼 경우엔, 결혼선이나 배우자 영향선을 운명선과 함께 살펴본다면 좀더 정밀한 진단이 가능해질 것이다. 또한, 직업 적성 분야를 다룰 때에도 두뇌선이나 감정선의 특성과 운명선을 함께 접목해봐서 분석하는게 필요한 것이다.

운명선 따로, 사업선 따로, 재물선 따로, 두뇌선 따로, 감정선 따로.. 이렇게 해선 선무당 사람잡기 딱 쉬운 법. 사람이란게 그리 단순한 몇 개 특성인자의 구성체가 아니기 때문이다. 두뇌선에도 감정선이 녹아들어가 있고, 운명선에도 두뇌선이 녹아들어가 있으며, 체질적 특성과 성격적 특성, 인생길 특성, 그리고 운명적 특성이 서로 무관하게 전개되지 않기 때문이다.

가. 운명선의 특성

운명선은 손바닥 아래에서 중지쪽을 향해서 올라가는 선을 말한다. 손바닥 중앙을 지나가긴 하여도 중지쪽으로 올라가는 모습이 아니면 운명선으로 보지 않는다. 운명선의 이상적인 형태는 손목 위의 손바닥 아랫부분에서 시작하여 손바닥 중앙부의 화성평원을 통과한 후 중지손가락 아래의 토성구 중심에 조금 못미쳐서 끝나는 것이다.

운명선은 직선형 보다는 약간 휘어진 곡선형이 더 많으며, 중간에 장해선에 여러 차례 잘리거나 중단되기도 하고, 두개나 세개의 운명선이 함께 올라가는 모습을 하는 경우도 많으며, 시작부위에 있어서도 손바닥 아래쪽이 아니라 생명선이나 두뇌선, 감정선, 또는 제2화성구 등에서도 시작을 할 수 있어 상당히 다양한 형태가 나올 수 있다.

운명선이 여러가닥일 경우엔 주운명선과 보조운명선으로 나뉘어지며, 주된 인생길이나 직업운의 흐름은 주운명선을 따라가되 보조운명선의 의미가 함께 녹아들어가게 된다고 본다. 운명선의 구성형태에 따라 두세가지 직업을 가지는 경우도 있는데, 무의미하게 나와있는 운명선은 없다고 보면 된다.

강한 운명선

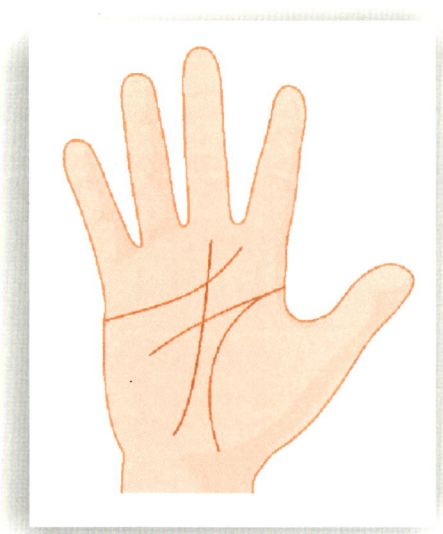

강한 운명선이란 손바닥 아랫부분에서부터 거의 직선형으로 강하고 힘차게 중지 아래로 올라간 것을 말하는데, 자신의 인생길을 힘차게 걸어가는 것을 나타낸다.

성격적으로도 강인하고 의지가 굳건하며 낙천적이고 활달한 사람이 많은데, 직업적인 활력도 남들보다 강한 편이다. 신뢰성, 리더쉽, 진지함 등이 이런 운명선을 가지는 사람의 특성으로 자신의 운명을 잘 이끌어가는 타입이라고 하겠다.

그런데 굵고 강하며 길게 손가락 아래까지 뻗은 운명선은 '팔자가 쎈 운명선'이라고 부르기도 하여 인생길의 짐이나 무게, 고단함이 많이 따를 수 있는데 뭐든 지나침은 좋지 않은 법이다.

약한 운명선

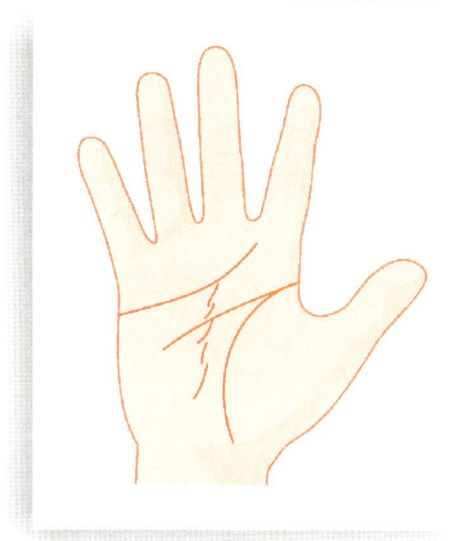

약한 운명선이란 운명선이 중간 중간 끊어지거나 흐릿하고 가는 모양을 하고 있는 것을 말하며, 인생길이나 직업운에 기복이 심하고 인생을 살아가는 활력 또한 약한 사람이 많고 스스로도 직업적인 만족감과 안정감을 잘 느끼지 못하는 것을 나타낸다.

성격적으로도 유약하고 의지가 약하며 잔근심이 많고 내성적이며 체력이나 건강미도 약한 사람이 많은 편이다. 이런 경우엔 적극적으로 인생을 개척해 가겠다는 강한 의지를 가지는게 필요하며 긍정적인 인생관을 통해 삶의 변화를 모색해 갈 필요가 있을 것이다.

운명선이 없는 경우

운명선은 세로삼대선 중에 필수적으로 나와 있어야 하는 선인데, 이 운명선이 없다는 것은 곧 직업운이 약하다는 것이고 인생길에 뚜렷이 정한 바가 없다는 것이라서 뜬구름 처럼 떠돌

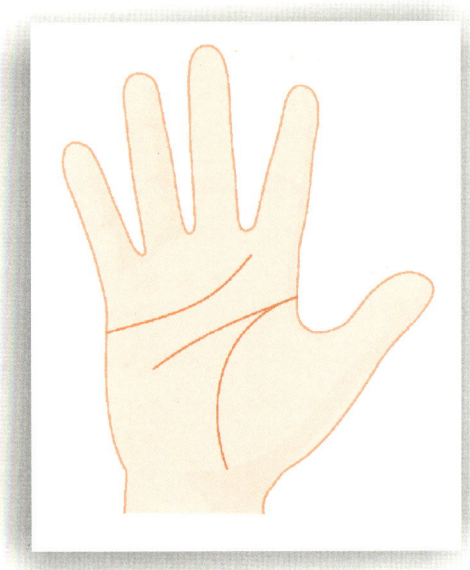

면서 한 세상 보내기 쉬운 타입이라고 하겠다.

그런데 육안으로 들여다볼 때엔 운명선이 잘 보이지 않지만, 실제로 잉크로 찍어서 보면 운명선이 가늘고 약하더라도 나와 있는 경우가 많으니 운명선이 잘 보이지 않을땐 꼭 손금을 찍어서 확인해 볼 일이다.

운명선은 인생에 대한 의무와 책임감을 나타내기도 하므로 이런 운명선을 가지고 있으면 어떤 일에 구속이나 속박을 느끼게 되는 것을 싫어하고 무거운 책임을 지는 것을 회피하는 성향이 나오기 쉽다. 또한, 통상적인 사회 가치기준을 거부하고 자유로운 삶을 살고 싶어하거나 인생에 대한 진지함이 결여된 무책임한 사람이 많은데, 뚜렷한 직업을 가지지 못한 사람이 많고, 결혼을 하지 않거나 결혼을 해서도 가정을 돌보지 않는 사람이 많다.

그렇지만 이런 사람이라도 어느날 각성하여 자신의 인생길을 확고하게 살아가고 제대로 된 직업적 활동을 하겠다고 강하게 마음을 먹는다면 운명선이 어느 순간 나올수 있으니 스스로의 마음가짐과 노력이 중요하다고 하겠다.

Q&A 팔자 쎈 운명선의 개운법

팔자가 쎈 운명선이란 운명선이 너무 강하게 손바닥 아래에서부터 중지 바로 아래까지 굵게 쭉 뻗어 올라가는 것을 말한다.

무거운 짐을 지고 인생길을 걸어가는 의미라서 평생 일을 해야 한다는 의미인데, 좋은 의미로 보면 일할 운이 평생 있는 셈이지만, 나쁘게 보면 배우자나 자식의 보살핌을 받지 못하고 평생 스스로 일을 해야만 한다는 것이라서 다소 인생의 고달픔이 배어나기 쉽다.

이런 운명선을 특히, 업보선(Karma Line)이라고 부르는데, 그 원인이 전생으로까지 거슬러 올라간다고 보기 때문이다. 여자들의 경우 이런 경향은 유독 심한 편인게 결혼생활이 행복하지 못하거나 이혼, 사별의 사례가 많고 자신이 돌보거나 챙겨주어야 할 사람들이 평생토록 많이 생기기도 한다.

팔자 쎈 운명선에 있어선 인생을 살아가는 마음가짐이 특히 중요한데, 이번 생에선 남들에게 많이 베풀면서 살다 가겠다는 태도가 무거운 인생의 짐을 일찍 내려놓는데 도움이 된다.

교육, 치료, 자선, 봉사, 보시 등과 같이 타인을 위해 살아가는 의미가 많은 직업이 도움이 되며, 신앙적으로는 다수 대중이나 자신의 친족을 위한 이타적 기도나 업장소멸 기도 같은게 효과적이라고 하겠다.

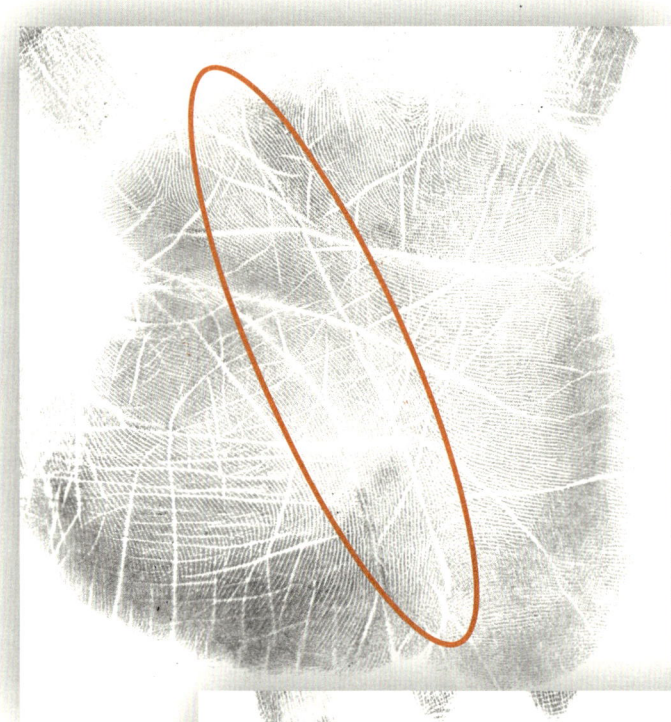

강한 운명선 사례 1
- 감정선과 합해져 검지로 향하는 운명선

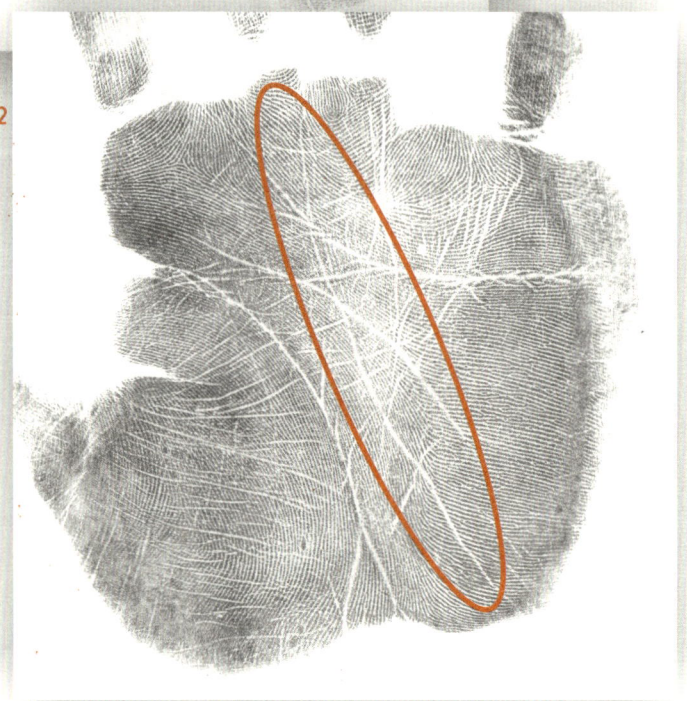

강한 운명선 사례 2
- 월구에서부터 길게 뻗어 올라간 운명선

약한 운명선 사례 1
- 운명선이
두뇌선위에서
겨우 보이고 있다

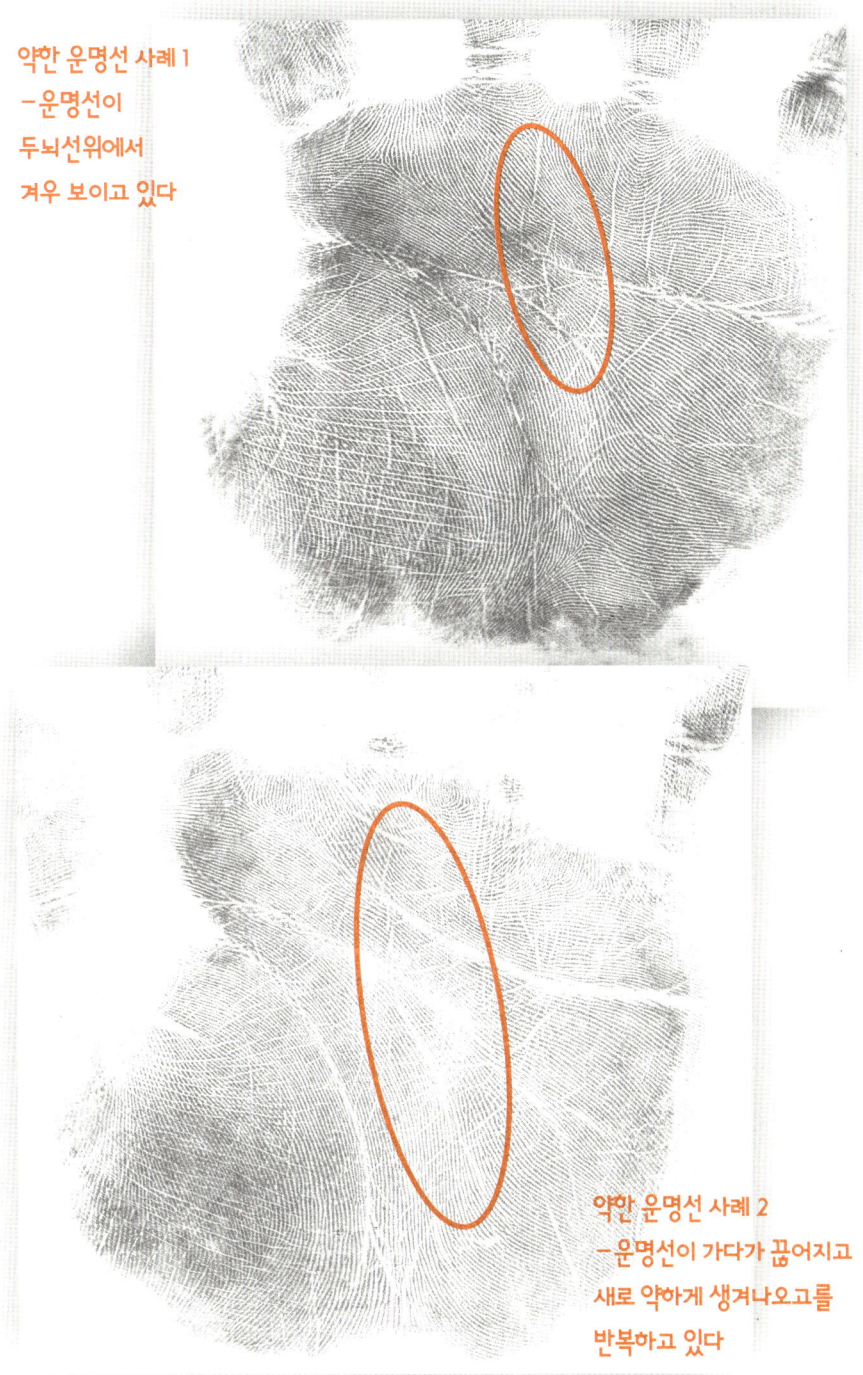

약한 운명선 사례 2
- 운명선이 가다가 끊어지고
새로 약하게 생겨나오고를
반복하고 있다

나. 운명선의 시작

운명선은 대개 손바닥 아래쪽의 해왕성구(또는 지근)에서 시작해서 중지 쪽으로 올라가는데, 중지 아래의 토성구를 지향해 가므로 운명선이 끝나는 지점은 대개 토성구 또는 토성구 근처가 되지만, 그 시작지점은 사람마다 다르며 상당히 많은 편차를 보일수 있다.

운명선의 시작지점은 금성구, 해왕성구(또는 지근), 월구, 월구상단, 제2화성구, 제1화성구가 될 수 있는데, 구 뿐만 아니라 생명선, 두뇌선, 감정선과 같은 기본삼대선도 시작지점이 될 수 있다. 시작지점이 어디냐에 따라서 운명선이 나타내는 직업운과 인생길의 특성이 많이 달라지게 된다.

운명선이 금성구 가까이에서 시작할수록 인생길이나 직업운의 특성은 안정지향적인 성향을 가지며, 월구로 가까이 갈수록 모험적이고 위험성이 많은 경향이 있다. 따라서 금성구로 가까이 갈수록 가족 비즈니스나 집과 가까운 곳에 직장을 얻거나 크고 안정된 직장을 찾는 경향이 있으며, 금성구에서 멀어질수록 타향에 나가서 직장을 얻거나 가업과 관련없는 일을 하기 쉬우며 직업적으로 불안정하기 쉽다.

그런데, 운명선의 출발점 자체가 상당히 늦어서 손바닥 중간쯤이라든지, 두뇌선 위쪽의 화성평원이라든지, 감정선 위쪽이라든지 하는 경우가 있는데, 직업운이나 인생길의 의미에 있어서의 출발점이 늦다는 의미이며 운명선의 유년법으로 해당 유년을 살펴봐야 할 것이다. 상당히 늦게 시작하는 운명선 형태의 경우는 운명선이 일종의 어떤 장해를 받고 있는 모습이라고 볼 수 있다.

운명선의 끝지점은 직업운과 인생길이 언제까지 이어져 있는지를 표시하는데, 운명선이 끝난다고 하여 수명이 끝나는 것은 아니지만 직업적 활동에 있어선 확연하게 약해지게 되므로 유의해서 살펴볼 필요가 있다. 특히 운명선의 끝지점이 자연적으로 끝나는지 장해선으로 인해 끝나는지, 두뇌선이나 감정선이 장해선 역할을 하는 것은 아닌지를 잘 살펴봐야 하겠다.

손바닥 아랫쪽의 해왕성구 (또는 지구)에서 시작하는 운명선

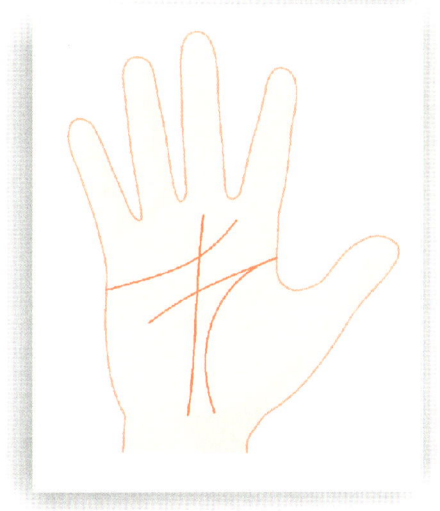

운명선의 가장 흔한 시작형태라고 할 수 있다. 사회통념에 따른 표준인 인생진로를 택하는 편인데, 어려서부터 부모나 선생님 말씀을 잘듣고 모범적이며 성실하고 진지하게 살아온 사람이 많다.

직업 선택에 있어선 규모가 적고 영세한 쪽 보다는 대기업이나 관공서 같이 안정되며 규모가 큰 조직쪽이 적합하다고 하겠다. 조직의 역량을 바탕으로 직업적 성공이 가능한 타입이라고 하겠다.

운명선이 생명선 쪽으로 가까이 가게 되면 직업이나 직장 선택에 있어 안정지향적인 경향이 더욱 증가하게되어, 아주 크고 안정적인 직장을 택한다든지, 집 가까이에서 일한다든지, 또는 가족사업을 한다든지 하는 등의 의미가 강해진다.

이런 타입의 운명선은 대개 직선형에 가까운게 많은데, 직업운이나 인생길의 특성도 넓게 포장된 고속도로나 직선도로 처럼 안정감이 있고 리스크나 변화가 적은 타입이라고 하겠다.

그런데 손목 바로 위부터 너무 일찍 시작하여 올라가는 운명선의 경우엔, 어린 나이부터 스스로의 인생길의 무게를 느끼게 되며 직업적인 활동을 일찍 시작하는 의미가 되는데, 소년소녀 가장과 같이 어려서부터 집안일을 도맡아 하거나 식구들을 돌봐야하는 처지가 되거나 그런 마음가짐으로 살아가는 경우가 많다.

월구에서 시작하는 운명선

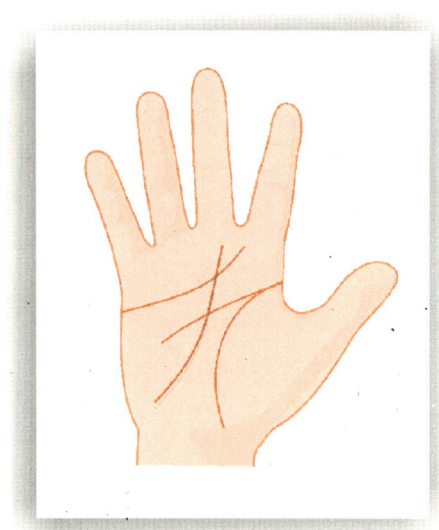

월구는 상상력, 창의력과 관련 있는 영역이므로, 월구에서 시작하는 운명선을 가지면 창작활동이나 예능적 재능, 창의적 재능과 관련한 직업을 갖게 되는 경향이 있다. 젊어서부터 장사나 개인사업을 하는 사람에게 있어서도 월구두뇌선을 많이 볼 수 있으며 프리랜서 타입의 구속이나 속박감이 적은 자유직업을 가지는 경우에서도 많이 볼 수 있다.

또한 월구운명선은 대중을 많이 접하는 인적 서비스를 위주로 하는 직업분야에서 일하게 되는 의미도 있는데, 예능, 엔터테인먼트, 창작 등의 활동과 관련된 직업적 특성을 가질 경우가 많다. 특히 연예인이나 엔터테인먼트에서 활동하는 경우라면 이런 월구운명선은 인기선의 역할을 겸하고 있는 것으로 볼 수도 있다.

월구에서 운명선이 시작하면 자연히 휘어져서 올라가는 모양을 하게 되는데 인생길이나 직업운에 있어서도 직선도로 보다는 커브길을 도는 듯 하여 다소 고통과 불안정함, 파란만장함이 따르기 쉬운데, 휘어져 올라가는 운명선일수록 인생길이나 직업운의 변화와 리스크 정도가 커지는 경향이 있기 때문이다.

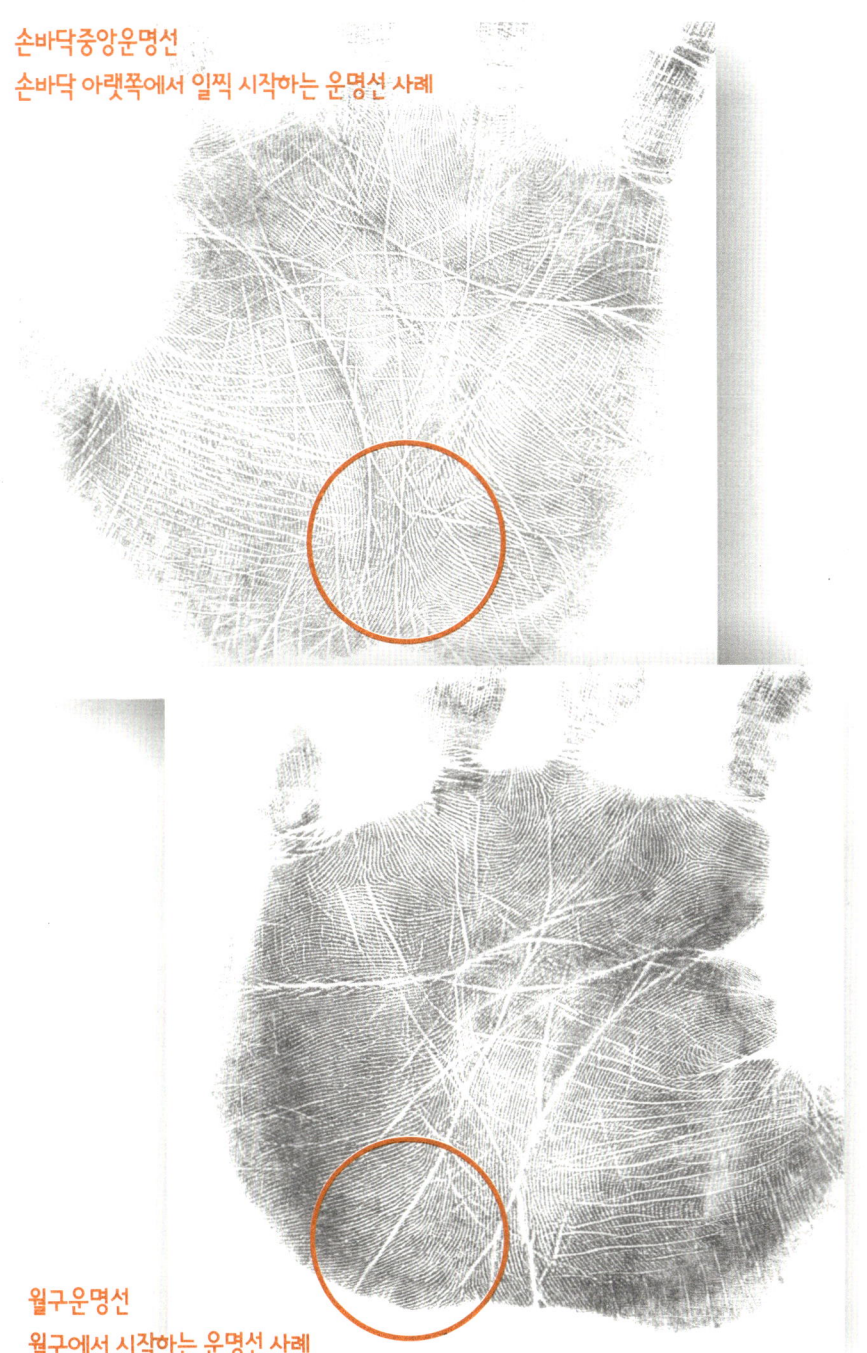

손바닥중앙운명선
손바닥 아랫쪽에서 일찍 시작하는 운명선 사례

월구운명선
월구에서 시작하는 운명선 사례

금성구(생명선 내부)에서 시작하는 운명선

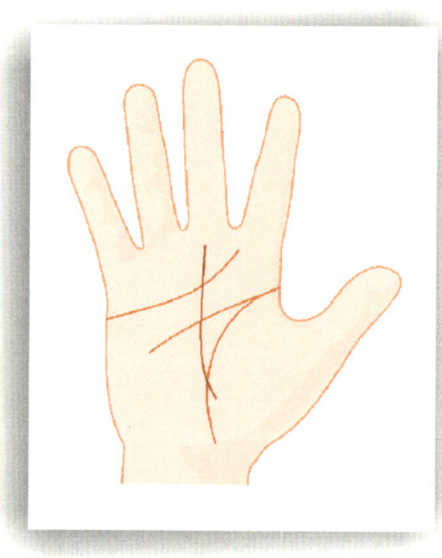

운명선이 생명선 내부의 금성구에서 시작할 경우, 가족 관계에 강한 영향을 받는 의미가 있다.

이런 운명선 형태가 손목 가까이에서 시작하는 경우엔, 가족과 연계하여 일을 하거나 부모의 사업을 이어 가는 경우도 있고, 가족에 대한 강한 유대 및 책임감이 나타나는 경향이 있다. 이런 케이스에 있어선 생명선의 유년법은 잘 맞지 않고 운명선에 따른 유년법이 잘 들어맞는 편이다.

그런데 이런 운명선타입은 생명선에서 올라가는 자수성가선이 생명선 안쪽으로 지선을 뻗은 모습으로 생각할수도 있는데, 이럴 경우 자수성가선의 의미처럼 전문적인 자격이나 지식, 경험을 바탕으로 직업적 활동을 시작하는 의미가 되며, 이 과정에서 가족이나 친척 등의 도움이 뒷받침된다는 의미가 된다. 특히 이런 운명선 형태가 생명선 상반부에서 시작하는 경우엔 자수성가선의 의미가 더욱 강하다고 볼 수 있는데, 생명선에 기반을 하여 자수성가선이 시작하므로 운명선 유년법 보다는 생명선 유년법이 잘 들어맞는 경우가 많다.

자수성가선

운명선이 생명선에서 시작하여 감정선 위로 길게 올라간 경우를 자수성가선이라고 부른다. 대개 자수성가선은 감정선 위

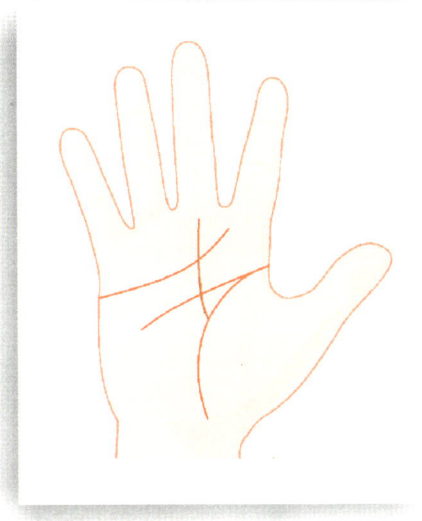

쪽으로까지 올라가게 되는게 일반적인데 간혹 감정선 아래에서 끝나는 경우도 있다. 두뇌선을 통과하지 못할 정도로 짧은 경우엔 자수성가선이 아닌 경우가 대부분이다.

  자수성가선은 자신의 피와 땀과 노력으로 힘든 시험이나 직업경력에 도전하여 전문자격증이나 전문적 지식과 경험을 얻게 되며, 그것을 바탕으로 전문가로서의 직업활동을 하게 되는 것을 말한다. 흔히 변호사, 의사, 약사, 회계사, 변리사 등과 같이 직업적 활동을 하는데 있어 전문 라이센스가 필요한 계통에서 이런 자수성가선을 가진 경우를 많이 찾아볼 수 있다.

  자수성가라는 말에 맞게 스스로의 땀과 노력이 가장 중요한 것인데, 다른 의미로는 부모에게 물려받은 재산이나 사업은 자신의 것이 안된다는 의미도 있다. 자수성가선은 있지만 어려서 부모복이 없어 학업적 뒷받침을 받지 못하여 전문자격증을 취득할 기회를얻지 못한 경우에도 후천적으로 피땀 흘려 노력하여 결국은 자기사업을 일으키는 경우가 많다고 하겠다.

  자수성가선은 대체로 생명선의 상반부에서 시작하는게 일반적인데, 자수성가선이 나온 나이도 중요하기 때문이다. 그런데 자수성가선이 생명선 하반부에 나온 경우엔 자수성가선이 아니라 금성구 가까이에서 시작하는 운명선으로 봐야할 경우가 많다.

  자수성가선이 장해선에 의해 끊어지게 되면 전문자격증 획득이나 자수성가에 시련이 따르게 되는 의미가 되므로 시험에 한두차례 떨어진다든지 사업적인 곤란을 겪는다든지 할 수 있다.

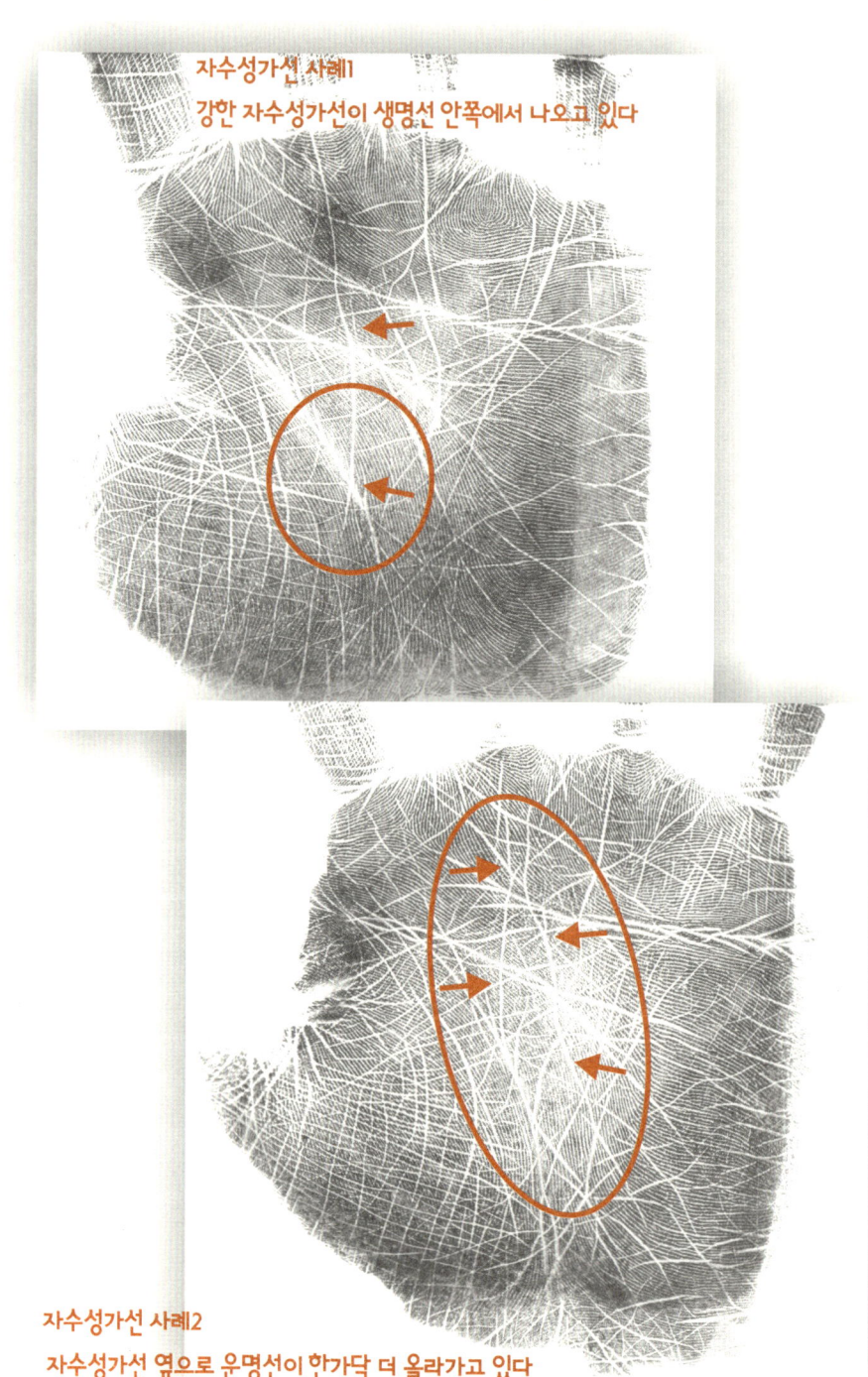

자수성가선 사례1
강한 자수성가선이 생명선 안쪽에서 나오고 있다

자수성가선 사례2
자수성가선 옆으로 운명선이 한가닥 더 올라가고 있다

제2화성구에서 시작하는 운명선 (해외귀인선)

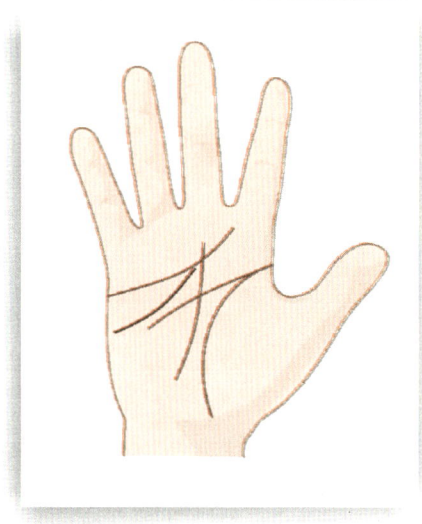

제2화성구에서 시작하는 운명선은 드문편인데, 이게 주운명선인 경우는 거의 없으며 보조운명선의 역할을 하는 경우가 대부분이다.

이 운명선은 제2화성구에서 시작해서 올라가는 태양선(일명, 귀인선)이 약지 아래의 태양구가 아닌 중지 아래의 토성구를 향해 뻗어 올라가는 모습이다. 따라서 운명선과 귀인선, 그리고 제2화성구의 특징이 함께 어우러진 것으로 볼 수 있는데, 나를 이끌어주는 어떤 귀인의 도움을 통해 직업적 사업적 활동을 하게됨을 의미한다.

그런데 이 타입은 특히 외국에 거주하는 사람이나 외국계 기업, 또는 해외와 인연이 되어 직업적 활동을 하는 경우가 많아서 해외귀인선이라고도 부른다. 외국어학원을 한다든지, 무역을 한다든지, 외국계 회사에 취업을 한다든지, 외국인과 결혼을 하게 된다든지 등등의 경우가 많은데, 이런 해외귀인선이 있는 사람은 평소 어학을 열심히 해두고 외국과 관련된 직업분야에 관심을 많이 가질 필요가 있다고 하겠다.

늦게 시작한 운명선

운명선은 직업운을 나타내는 대표적인 선이므로 일반적으로 성년이 되어 사회진출을 하게 되는 20대 초반, 또는 늦어도 20대 중후반에는 출발하고 있어야 정상인데, 운명선의 출발이 아주 늦은 경우가 있다.

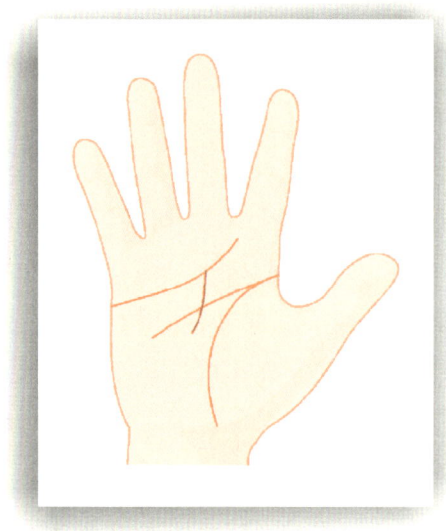

운명선의 유년법을 통해 운명선이 시작하는 나이를 살펴보아야 할 것인데, 운명선이 시작하기 전에라도 취업을 하여 직업적 활동을 할 수는 있지만, 제대로 된 직장을 만나지 못하거나, 아르바이트 정도의 직업적 활동 밖에는 하지 못하거나 직업적 만족감이나 '이게 내 직업이다'라는 뚜렷한 느낌이 없기 쉬운데, 운명선이 올라간 시점 이후에야 비로소 자신에게 맞는 올바른 직업을 만나거나 직업적으로 안정되는 것을 볼 수 있다.

　남자들의 경우엔 대개 직장이 정해진 이후에 결혼을 하게 되는데, 운명선이 이렇게 늦게 시작하니 결혼길도 자연히 늦어져서 노총각이 되거나 독신으로 살아가는 경우도 많다.

　이런 운명선을 가진 경우엔, 자신의 인생의 목표나 희망직업이나 적성이 뭔가에 대해 진지하게 되돌아볼 필요가 있는데, 운명선은 인생길의 무거운 짐을 지고 가는 것을 의미하기도 하므로, 스스로의 인생을 진지하게 짊어지고 가고자 하는 굳은 의지와 마음가짐이 필요하기 때문이다.

　그런데 운명선의 시작이 지나치게 늦어져서 두뇌선 위쪽에서 출발한다면, 이것은 나이로 보아도 40대 이후에나 직업적으로 자리를 잡는다는 것이 되므로, 인생의 황금기인 20대와 30대를 인생길에 뚜렷하게 정한 바가 없이 뜬구름 처럼 아무곳에도 정착을 못하고 살아가기 쉽다는 의미가 되어 주의를 요한다.필자의 경험상 이런 것은 대개 뭔가 숨은 인생길의 장해가 크게 있는 것이니 손금상의 다른 이상징후들은 없는지 잘 체크해봐야 할 것이다.

늦게 시작한 운명선 사례1
운명선이 두가닥
두뇌선 위에서
출발하고 있는데
굵고 긴 사업선이
보완을 해주고
있는 모습이다

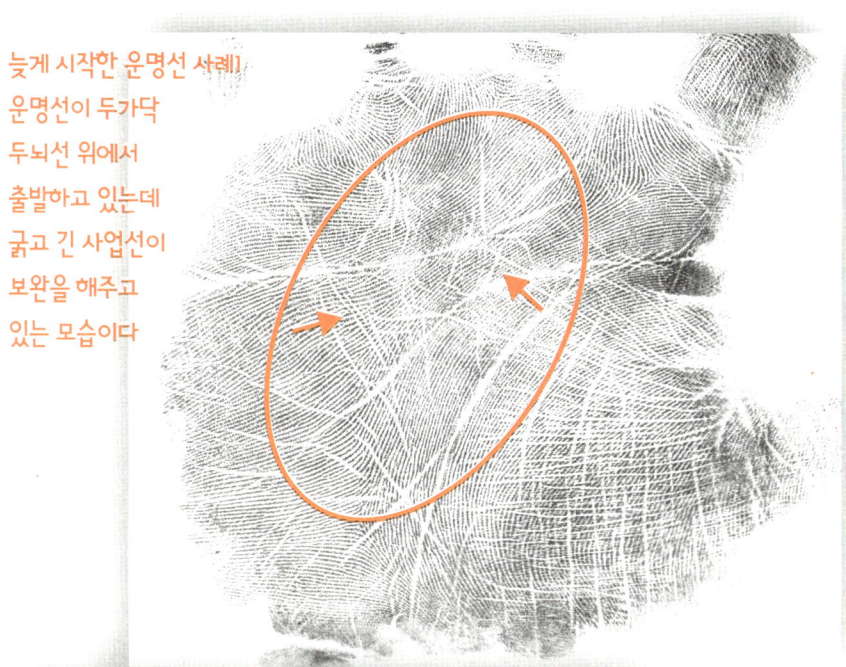

늦게 시작한 운명선 사례2
운명선이 여러차례
끊어지면서 올라가고 있는데
제대로 된 운명선은
두뇌선 위쪽에 한참 늦게
나와있다.

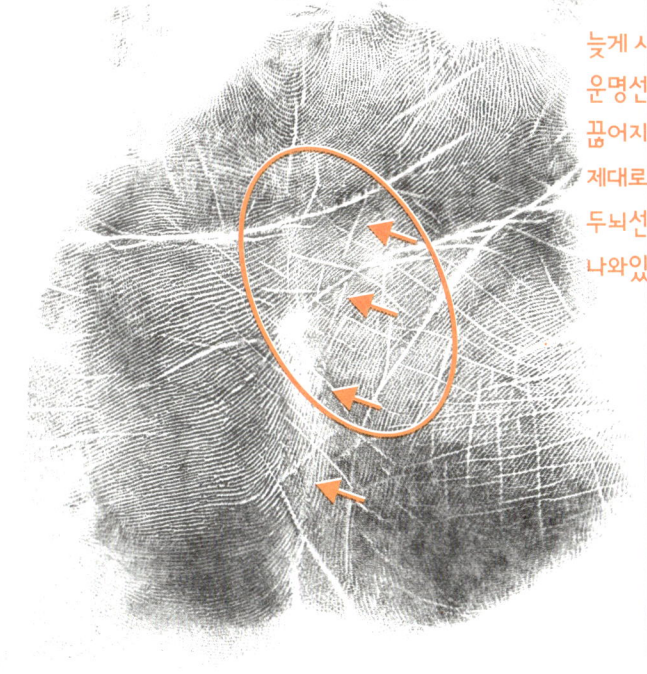

다. 운명선의 끝

운명선은 중지 아래의 토성구 근처에서 끝나는게 일반적인데, 직업적 정년을 나타내는 오십대 중반에 해당하는 감정선 근처에서 끝나는 경우가 많은데 조금더 직업적 활동을 하게 되는 경우 토성구 중간쯤에 못미쳐 끝나는 경우가 많다. 운명선의 시작지점은 다양할수 있지만, 운명선의 끝은 어느 정도 수렴되는 모습이라고 할 수 있는데, 이것은 운명선이 중지 아래의 토성구를 지향해서 올라가기 때문이다.

운명선의 끝지점은 직업운과 인생길이 언제까지 이어져 있는지를 표시하는데, 운명선이 끝난다고 하여 수명이 끝나는 것은 아니지만 직업적 활동에 있어선 확연하게 약해지게 되므로 유의해서 살펴볼 필요가 있다. 특히 운명선의 끝지점이 자연적으로 끝나는지 장해선으로 인해 끝나는지, 두뇌선이나 감정선이 장해선 역할을 하는 것은 아닌지를 잘 살펴봐야 하겠다.

감정선에 끊어진 운명선

운명선 유년법으로 볼 때 일반적 감정선 형태에 있어 운명선이 감정선을 지나가는 나이대는 55살에 해당한다. 따라서 직장인에 있어선 감정선에서 끊어지거나 감정선을 조금 지나친 나이대에서 운명선이 끝나는 형태를 상당히 많이 볼 수 있다. 직장내에서도 임원이 되거나 하여 정년을 넘어서도 일을 할 수 있는 직업운이 있는 사람의 경우엔 감정선을 뚜렷이 넘어서는 운명선이 있어야만 한다. 정년 이후에도 직업적 활동을 하고 싶은 사람들의 경우엔 이런 운명선 옆으로 새로운 운명선이 올라가는 경우가 많다.

그런데 정년이 없는 사업가나 자영업자의 경우엔 반드시 운

감정선에 끊어짐
감정선에 끊어진 운명선 사례

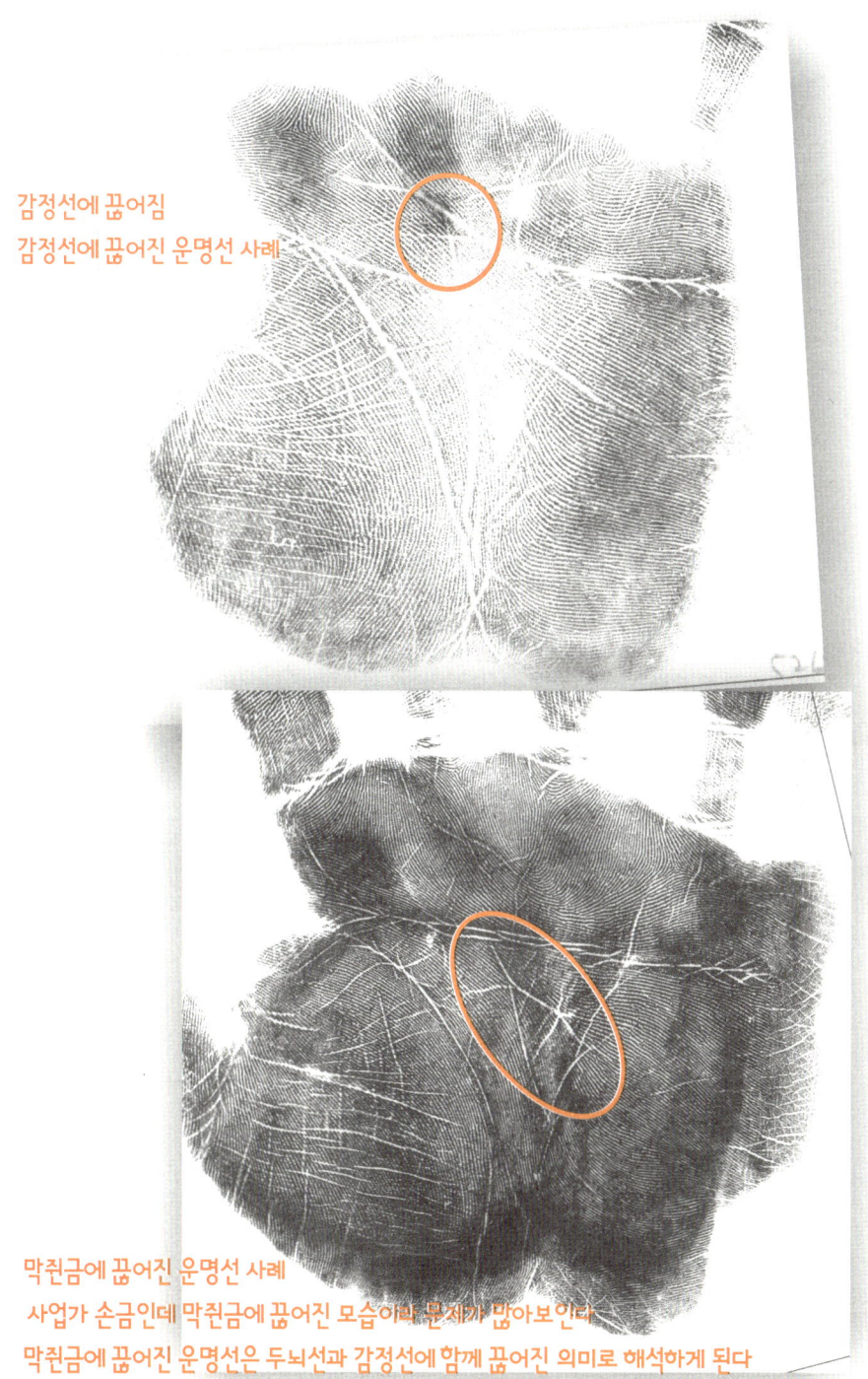

막쥔금에 끊어진 운명선 사례
사업가 손금인데 막쥔금에 끊어진 모습이라 문제가 많아보인다
막쥔금에 끊어진 운명선은 두뇌선과 감정선에 함께 끊어진 의미로 해석하게 된다

3부 | 세로삼대선

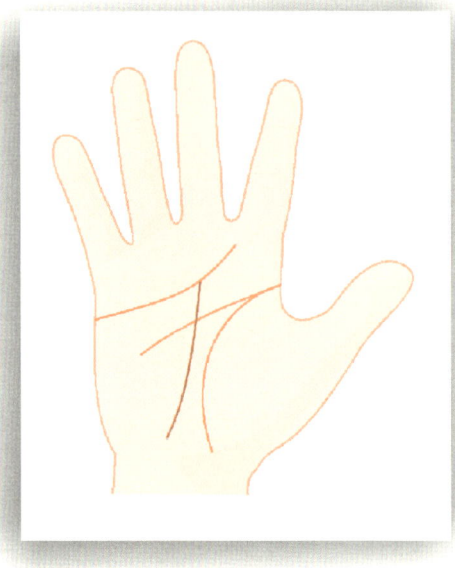

명선이 감정선을 넘어 올라가야 만 하는데, 그렇지 못하고 감정선에서 끊어져 있다면, 이것은 감정선이 하나의 장해선으로 작용한다는 의미가 된다. 따라서 자신의 마음대로 사업이 잘 되어가질 않는다거나, 스스로의 감정을 자제하지 못하여 사업을 망치게 된다든지, 이성적이고 합리적인 판단이 아닌 감성에 의존한 의사결정으로 사업적 실패를 반복한다든지 하는 등의 좋지 못한 결과를 초래하기 쉽다.

  사업을 잘 하던 사람이라도 사업이 정체될 운이 다가오면 운명선이 감정선에 끊어지는 모습으로 변화될 경우가 많으니 주의할 일이다. 이럴땐 무리하지 말고 내실을 기하며 와신상담하는 자세로 사업적 돌파구를 마련하기 위해 노력해가야 할 것이다. 그런데 사업이 잘 안풀리던 사람이라도 운명선이 시원하게 감정선을 넘어가게 되면 그때부터 일이 순탄하게 잘 풀려가게 된다.

중지 아래까지 뻗은 길다란 운명선 (팔자가 쎈 운명선)

운명선이 길다고 하여 꼭 좋은 것만은 아니다. 운명선이 지나치게 길어서 토성구의 상단부인 중지 아래까지 도달하는 경우엔 타고난 인생의 업보가 많다고 본다. 사람들은 통상적으로 50대 중반이나 60세 근처의 나이까지만 일을 하고 그 이후엔 노년기의 여유로운 생활을 즐기거나 여가생활을 하는게 일반적인 것인데, 운명선이 강하면 노년기에도 쉬지 않고 일을 해야 한다는 의미가 된다.

   남자들의 경우엔 노년기에도 직업적인 활동을 하는 것을 선호하는 사람들이 많으니 별 문제가 없겠지만, 여자들의 경우엔 노년기에 일해야 한다는 것을 아주 고달프게 생각하는 사람들이 많다.

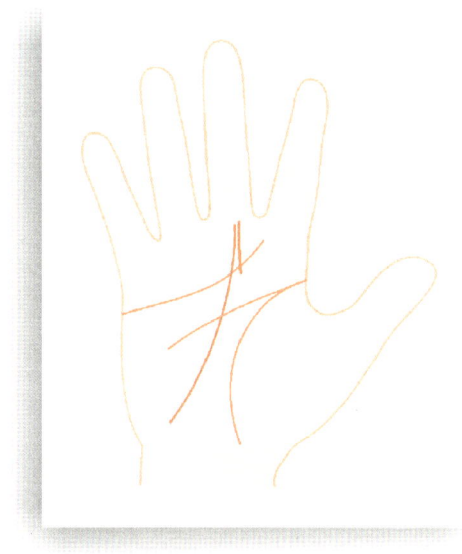

   따라서 여자들이 이런 운명선을 가진 경우에는 한마디로 말해 '팔자가 쎄다'고 할 수 있는데, 운명선을 업보선으로 보기 때문이다. 이런 운명선은 힘들게 일해서 벌어 먹여살리거나 돌볼 식구가 많다거나, 죽을 때까지 일해야 한다거나, 남편복이 없거나 이혼하게 된다든지 하는 등등의 인생길을 힘들게 하는 많은 어려움을 겪기도 한다.

   운명선은 자신이 지고 가야할 인생의 무게, 짐을 나타내므로, 운명선이 길어서 짐이 무거우면 바깥 일을 하면서 그만큼의 짐을 지고가는 직업적 활동을 해야만 하는 것인데, 그렇지 못하는 경우엔 그에 상응하는 대가를 치르면서 살아가게 된다. 즉, 이혼이나 사별을 하게 되어 결국 비자발적으로 먹고 살기 위해 일을 하게 된다든지, 집안식구 중에 중병에 걸린 사람이 있어 마음고생 몸고생 다 하면서 오랜 세월을 돌봐줘야 한다든지, 자녀들의 사회진출이 늦어지거나 결혼이 늦어져 나이가 많이 들어서도 뒷바라지를 해줘야 한다든지, 나이가 들어 중병에 걸렸지만 쉽게 죽지도 못하여 고생은 고생대로 하면서 살려고 발버둥쳐야 한다든지 하는 등의 사례를 자주 볼 수 있다.

따라서 이런 긴 운명선을 가진 경우엔 타고난 숙명이 강요하기 전에 미리 자발적으로 직업적으로 왕성한 활동을 하는게 좋다고 본다. 특히 많은 사람을 돌보거나 먹여살리면 좋은 것이라서 교육, 치료, 봉사, 보시 등의 의미가 들어간 쪽의 직업적 활동을 하는게 좋다고 본다. 음식점, 레스토랑, 교사, 의사, 간호사, 사회봉사단체활동, 종교인 등과 같은 직업계통이 무난하며, 인생길의 고단함을 조금이라도 덜기 위해선 일찍부터 신앙생활에 눈을 돌려 평생의 반려자로 삼을 필요가 있다고 하겠다.

두뇌선에 끊어진 운명선 (머리가 병인 운명선)

운명선이 두뇌선에서 끊어진다면 두뇌선이 일종의 장해선으로 작용하고 있다는 얘기가 되며, 나이로 보아서 30대 후반무렵이 직업적인 위기나 큰 직업적 변동의 시기가 될 수 있다는 의미도 된다.

이런 타입을 한마디로 말해 '머리가 병(病)이다'고 하는데, 자신이 세운 인생계획에 중대착오가 생기거나 자신의 생각대로 인생길이 흘러가지 않는 것인데, 직업적으로 인간관계에서 트러블이 생기기 쉬우며, 특히 직장상사와 싸우고 홧김에 그만둔다든지, 회사정책에 반감을 갖고 뛰쳐나간다든지 하기가 쉽다. 또한 이혼이나 별거와 같이 결혼생활의 파국을 맞는 사람들에게서도 상당히 자주 발견되는 운명선 형태이다.

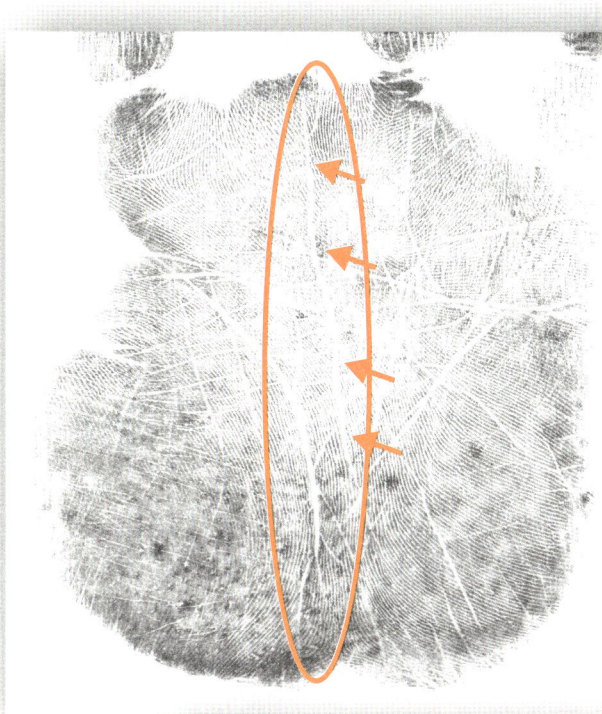

팔자쎈운명선1
중지 아래까지 길게 뻗은
운명선 사례
사업가의 운명선으로
노년기에도 일을 할 수
있는 의미이지만
운명선이 지나치게
강한 면이 있다

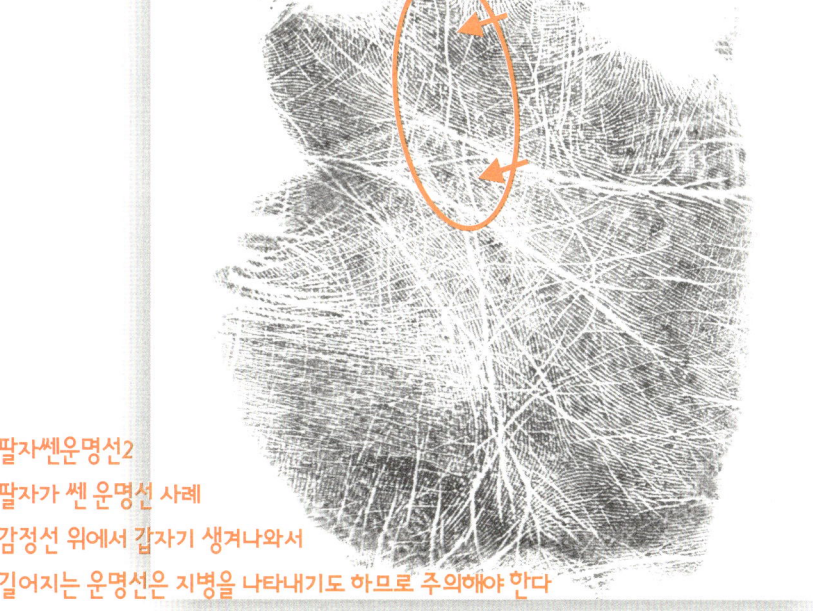

팔자쎈운명선2
팔자가 쎈 운명선 사례
감정선 위에서 갑자기 생겨나와서
길어지는 운명선은 지병을 나타내기도 하므로 주의해야 한다

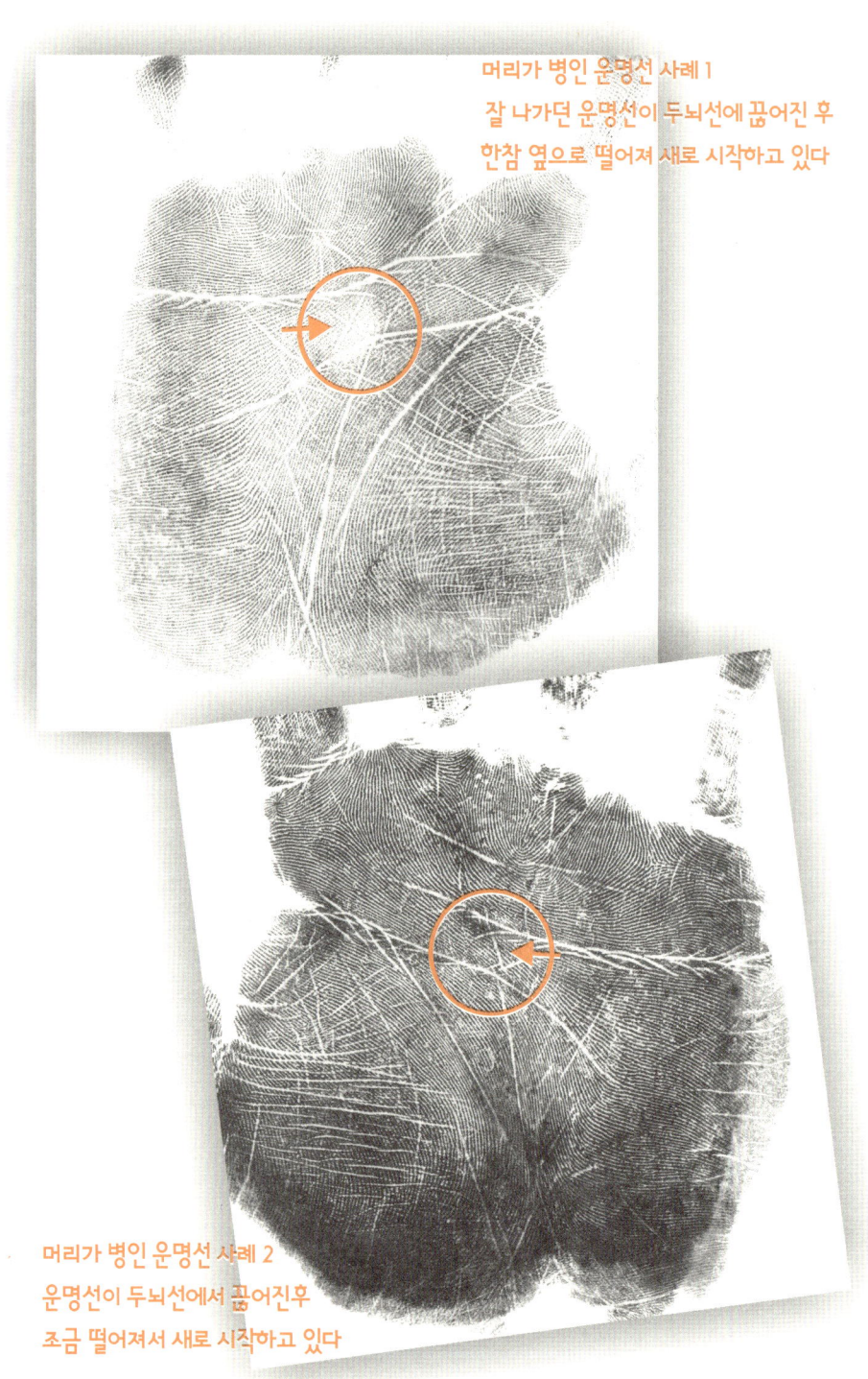

머리가 병인 운명선 사례 1
잘 나가던 운명선이 두뇌선에 끊어진 후
한참 옆으로 떨어져 새로 시작하고 있다

머리가 병인 운명선 사례 2
운명선이 두뇌선에서 끊어진후
조금 떨어져서 새로 시작하고 있다

즉, 내가 더 잘났다는 무의식적 생각 자체가 스스로의 인생길과 직업운에 중대장해를 가져오기 쉬운 것이라고 할 수 있다. 벼는 익을수록 고개를 숙인다는 말을 생각해야할 것인데, 스스로를 돌아보고 성찰하는 태도와 인간관계훈련, 그리고 인내심 수양이 필요할 것이다.

그런데 이렇게 운명선이 두뇌선에 끊어지는 사람들 중에 결혼에 실패를 하는 경우가 아주 많은데, 이것 역시도 배우자나 결혼생활, 또는 미래계획에 대한 오판과 스스로 더 잘났다는 식의 오만과 독선이 빚어낸 결과로 볼 수 있으니 주의할 일이다.

이렇게 운명선이 두뇌선에 막힌 모습은 노력에 의해 교정이 가능한 것인데, 세월이 가도 이런 운명선의 모습을 벗어나지 못한다면 위에 언급한 직업운과 인생길의 장해가 반복적으로 생기는 경향이 있으니 주의할 일이다.

머리가 병인 이런 타입의 운명선은 자신의 태도와 인생관, 직업관, 그리고 대인관계를 바꿔가면 어느 순간 두뇌선을 넘어서서 길어지게 된다. 이것은 유년법으로 따져보아 운명선이 두뇌선을 통과하는 나이인 37세~38세 보다 나이가 많은 경우에도 이렇게 인생관과 태도가 교정되면 운명선이 길어지면서 두뇌선을 넘어가게 되는 것을 볼 수 있다.

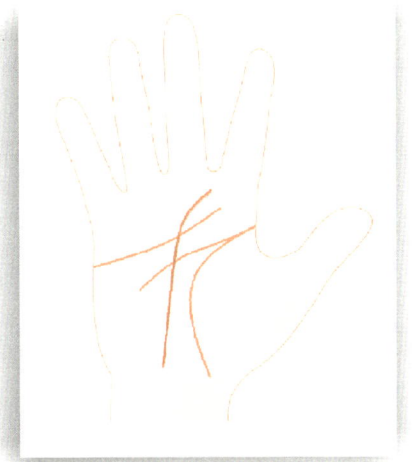

검지의 목성구로 휘어진 운명선

(감정선을 타고가는 운명선)

운명선이 감정선 근처에 이르러 감정선과 합해져서 검지쪽의 목성구 상단을 향하는 모습이 되는 경우가 있다.

　이런 타입은 목성구의 특성이 직업적으로 발현되기 쉬운데, 리더십과 명예욕, 사회적 성취욕구가 직업적 성공에 중요하다는 것을 나타낸다. 이런 운명선은 교육, 봉사, 헌신, 사회사업 등의 성격이 들어간 분야에서 활동하는 사람들에게서 자주 볼 수 있는데, 대체로 인품과 리더십 자질이 훌륭하고 명예가 따르며, 타인을 위한 봉사와 배려심이 남다른 경우가 많다. 교사나 사회사업가들에게 특히 많이 발견되는 운명선의 모습 중 하나라고 할 수 있다.

라. 운명선의 상향지선, 합류지선, 이중운명선

운명선의 상향지선

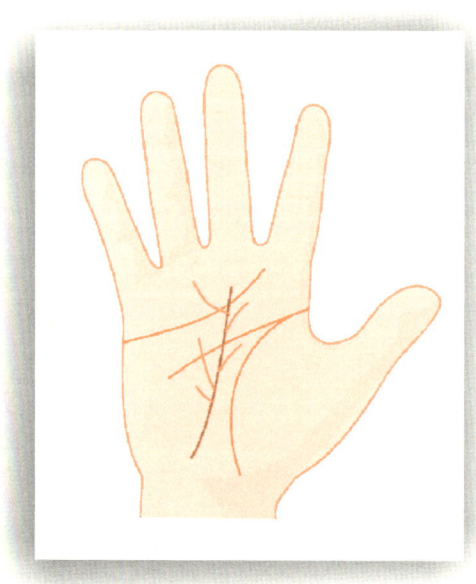

　운명선 끝 부분에서 갈라진 지선이 생겨서 태양구나 목성구를 향해 뻗어가는 경우가 있다.

　운명선의 지선이 태양구로 뻗어가는 모습일 경우엔, 직업적인 활동이 발판이 되어 명성과 재물을 얻고 직업적으로 인정을 받는다는 의미가 된다. 그런데 두뇌선 위쪽에서 이렇게 태양구로 뻗어가는 운명선의 지선이 나온 경우에 출판과 같은 창작활동이 수반된 쪽이나 예능이나 예술적인 분야(art 분야)에서 명성을 얻게 되거나 재물이 따르는 의미가 있다.

  운명선의 지선이 목성구로 향하는 것은 직업적인 활동을 통해 사회적으로 인정을 받아 위상이 높아지며 명성이 따른다는 의미가 된다.

  운명선에서 상향지선이 길지는 않아도 나와있긴 하다면 해당 유년대에 인생길이나 직업운에 있어서의 정신적 또는 물질적 만족감, 성공의 느낌, 명예나 지위상승 등과 같은 크고 작은 행운이 뒤따르는 것을 의미하니 잘 살펴볼 것이다.

운명선의 합류지선

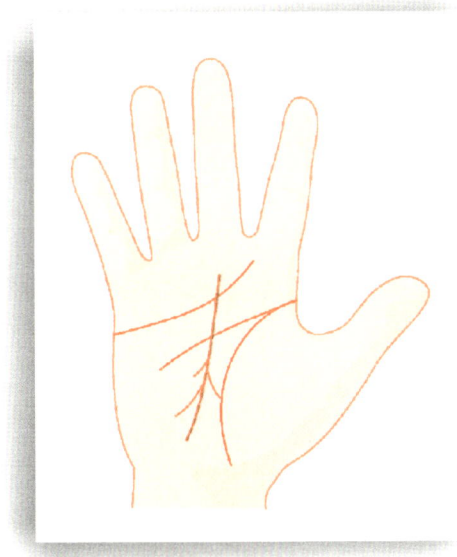

  운명선에 합류지선이 생기는 형태는 인생길이나 직업운에 있어서 귀인이나 행운의 뒷받침이 뒤따르는 의미인데, 해당 합류지선의 유년대를 잘 살펴보아야 한다.

  보통 이런 합류지선은 사회생활을 시작하는 20대 중후반에 많이 나오게 되는데, 취업이나 결혼의 시기를 나타내는 경우가 많다. 취업을 하는 것이나 결혼을 하는 것이나 모두 직장이 생기는 의미가 있다고 할 것이다.

  그런데 지선이 운명선에 합류되지 않고 약간 지나쳐서 끊는 모습이 되면, 뭔가 도움이 되려고 찾아온 귀인이나 행운이 도리어 직업적 또는 인생길에 장해나 근심을 주게 되는 의미가 있으니 주의할 일이다. 이것은 직업운이나 결혼운을 판단할 때 모두 해당하는 것이라고 할 것이다.

그런데 합류지선이 월구쪽에서 올라오는지, 아니면 금성구와 가까운 쪽에서 올라오는지에 따라 그 의미가 조금 다른데, 월구쪽에서 올라오는 경우엔 외부인의 도움이나 연애결혼이 많은 편이고, 금성구쪽에서 올라오는 경우엔 집안 친척의 도움이나 중매결혼이 많은 특징이 있다.

이중운명선

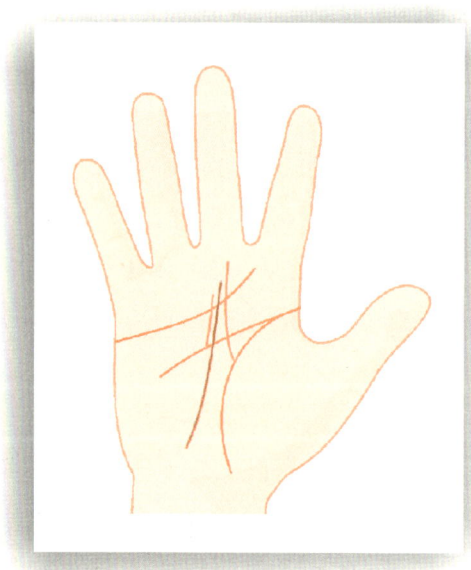

운명선이 두가닥으로 올라가는 것은 두가지의 직업적 활동을 하게 되거나, 직업적인 동반자나 협조자가 있는 것을 의미한다.

여기서 두번째 운명선이 주운명선을 따라 평행하게 나타나며 그 간격이 좀 떨어진 형태일 경우엔 두개의 전혀 다른 직업에 종사하는 경우가 많고, 주운명선에 2mm 이내로 바짝 붙어서 올라가는 경우엔 동업자나 배우자의 협력과 지원을 의미한다.

이중운명선이 생기는 시기에는 직업을 가지지 않고 있는 주부라도 바깥 직업적 활동을 할 수 있는 시기에 해당하는데, 기존 직업을 가지고 있는 미혼자의 경우엔 이중운명선이 올라가는 시기에 결혼을 하게 되는 사람도 있다.

이중운명선이 아니라 운명선이 3가닥, 4가닥 있는 경우도 심심찮게 볼 수 있는데, 중요한 것은 주운명선의 모습이며 다른 운명선들은 보조적인 의미를 가지는 운명선으로 해석하면 된

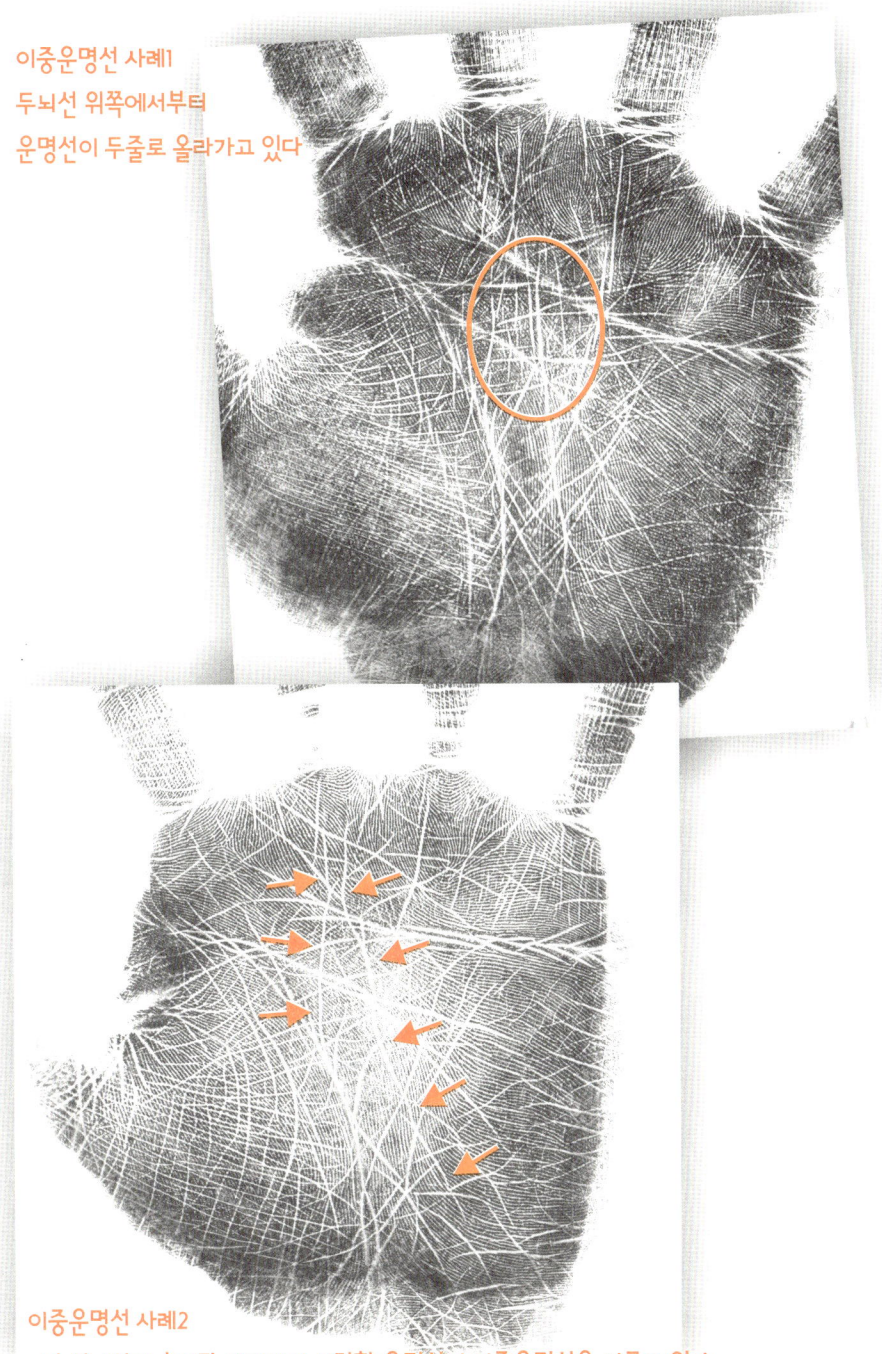

이중운명선 사례1
두뇌선 위쪽에서부터
운명선이 두줄로 올라가고 있다

이중운명선 사례2
자수성가선과 손바닥 아래에서 시작한 운명선이 이중운명선을 이루고 있다다. 그러면 운명선이 여러가닥일 때 어떤 운명선을 주운명선으로 볼 것이냐는 문제가 생기게 되는데, 다음의 원칙을 따르면 될 것이다.

첫째, 해왕성구(또는 지근)에서 올라가는 운명선과 월구운명선이 있을 경우엔 해왕성구에서 올라가는 운명선이 주운명선인 경우가 대부분이다.

둘째, 자수성가선이 있고 그 상태가 좋은 경우 자수성가선이 다른 운명선에 우선하여 주운명선이 되는 경우가 많다. 자수성가선의 상태가 좋지 못하다면 해왕성구에서 출발한 운명선이나 월구운명선이 주운명선 역할을 하게 되며 자수성가선은 보조적 운명선 역할을 하게 된다.

셋째, 해왕성구에서 올라가는 주운명선이 중간에 크게 끊어진 후 월구운명선이나 다른 운명선이 올라간다면 기존의 주운명선의 역할이 월구 운명선이나 다른 운명선으로 대체된 것으로 본다.

넷째, 주운명선의 판단이 어려운 경우엔 실제 피감정자의 직업적 진로나 미래 인생계획을 참고하여 가장 가까운 것을 적용하도록 한다.

마. 운명선의 이상증세

장해선에 의해 크게 끊어진 운명선

운명선이 중간에 장해선에 의해 크게 끊어진 경우엔 그 장해선이 가지는 의미와 해당 장해선이 지나가는 유년대, 그리고 해당 유년대에 다른 손금선들은 어떤 의미들을 가지고 있는지를 잘 살펴볼 필요가 있다. 대개 운명선이 중간에 끊어진 경우엔

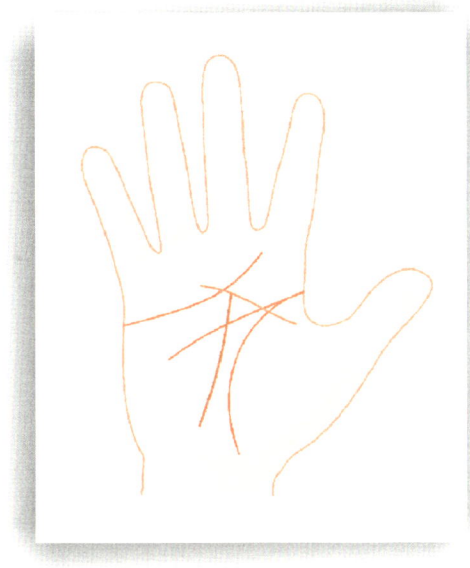
돌발적인 직업적 변동, 강요된 직업적 변화, 사고, 급병 등 미처 준비하지 못한 경우를 당하게 되는 수가 많다.

그런데 장해선에 끊어진 운명선은 어떤 형태로든지 다시 중지 쪽으로 올라가야 할 것인데 주운명선이 끊어진 이후에 새로이 올라가는 운명선이 없다면 해당 장해선이 정말 치명적이고 중대한 장해를 일으킨 것으로 볼 수 있다. 심한 경우 죽을 수도 있는 정도의 위기나 곤란을 겪기도 한다.

이런 경우 사업선도 함께 끊어진 모습인지를 잘 판단해야 할 것이며, 운명선은 크게 끊어져도 사업선이 굵고 선명하며 잘 뻗어있다면 장해선의 의미를 어느정도 완충시켜 줄 수 있을 것이다.

운명선의 섬문양과 장해선

섬문양은 어느 선에 나오든지간에 그 선이 가지는 의미에 있어서의 활력을 떨어뜨리고 좌절이나 실패감, 손실을 보게 하는 것인데, 운명선에 나오는 섬문양은 직업운이나 인생길에 있어서 암흑기와도 같은 것이라고 할 것이다.

섬문양의 시기는 운명선 유년법에 의해 측정이 가능한데, 이런 섬문양의 조짐이 보이면 미리 그 원인을 살펴서 최대한 안정적인 인생길과 직업운을 설계해야 할 것이다.

섬문양의 시기엔 직업운이 잘 풀리지 않고, 직업적 만족감이 떨어지며, 손재수나 구설수 등이 생기기 쉬우며, 심신의 건강도

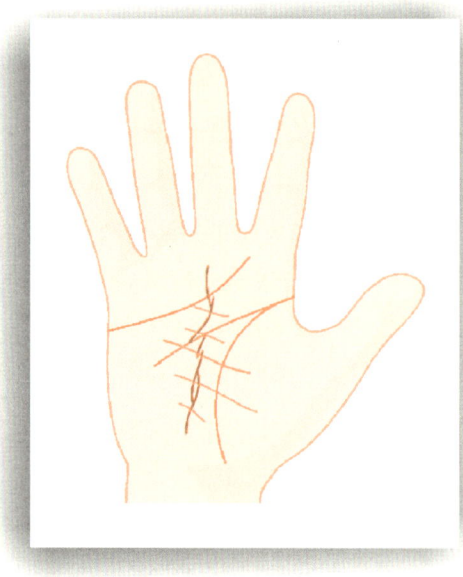

나빠지기 쉬운데, 직장생활을 하지 않는 사람에게 있어선 가정의 불행이나 근심거리가 생기기 쉬우니 주의할 일이다.

운명선의 섬문양이 손바닥 아랫쪽의 운명선 시작부위에 나올 경우엔 유년기에 가정경제가 파탄하였다든지 불우환 성장환경을 가진 경우, 또는 사회생활 초창기부터 경제적인 빚을 짊어지고 간다든지 하는 좋지 않은 모습을 나타낸다. 경우에 따라선 건강상 종양의 경향이 있을 수도 있으니 주의할 일이다.

운명선을 가로지르는 가늘고 짧은 장해선은 일시적일지라도 뛰어 넘어야 할 장애물을 나타낸다. 인생계획에 차질이 생기거나 직장내 인간관계에 트러블이 생기는 수도 있다.

그런데 이런 장해선에 의해 운명선이 끊어지긴 해도 장해선이 지나간 이후의 운명선이 튼튼하고 영향을 받지 않은 모습이라면 장해가 지나가긴 해도 별다른 큰 후유증이나 문제를 일으키지 않은 경우라고 할 수 있다.

긴 장해선들은 장해선의 목적지가 있는 편인데 궁극적으로 어느 선에 가장 큰 타격을 주는지를 살펴보는게 중요하다. 장해선이 운명선을 지나가긴 해도 후유증을 남기지 않는다면 해당 장해선의 목적지가 다른 곳에 있거나, 또는 해당 장해선의 장해의 정도가 가벼운 것으로 보면 된다.

가늘거나 짧다란 장해선들이라도 지나치게 많은 경우엔 성격적으로 너무 걱정근심이 많고 내성적이며 스스로 고민을 사서 하는 타입이라고 할 수 있다. 낙천적이고 활기차게 살아가도록 노력해야 할 것이다. 가는 장해선이라도 여러가닥이 자꾸 지나가면 운명선의 활력이 저하되어 본래의 진로에서 벗어나기 쉽기 때문이다.

이러한 장해선이나 섬문양은 어떠한 유형의 운명선에 나오더라도 유사한 의미를 가진다.

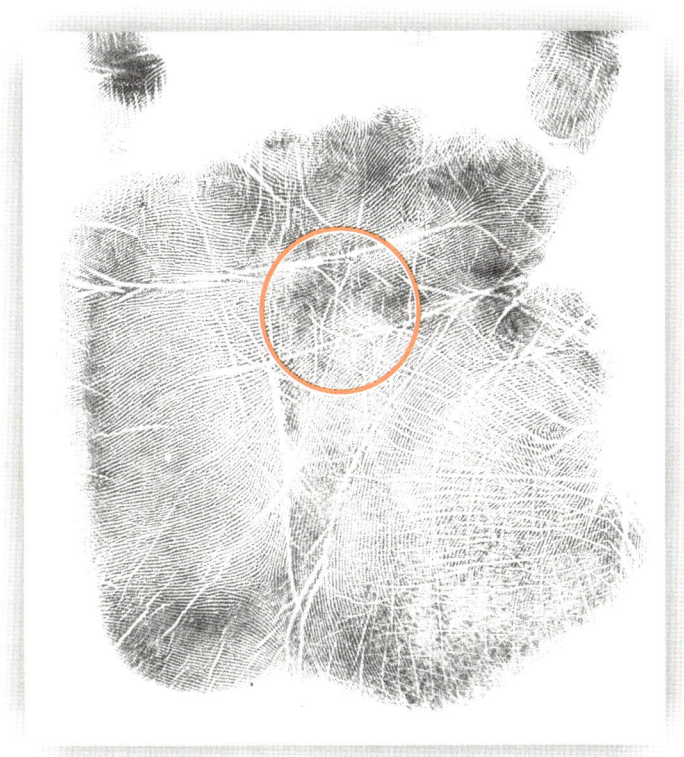

운명선 이상증세 사례1
두뇌선 위쪽의 운명선의 모습이 방향성을 상실한 채 엉망으로 흘러가고 있다

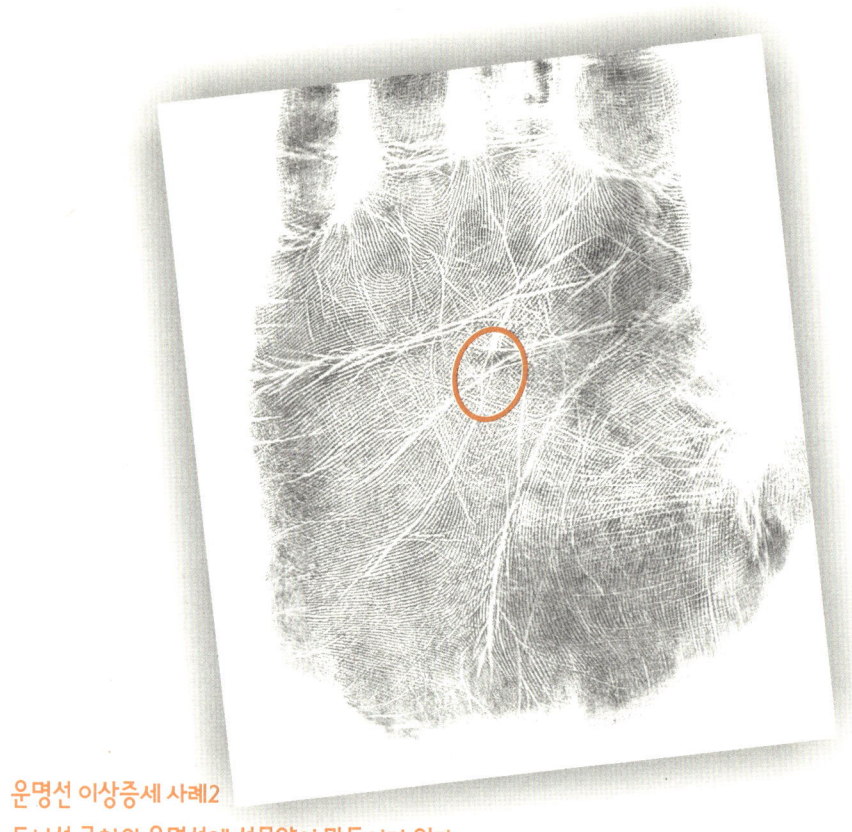

운명선 이상증세 사례2
두뇌선 근처의 운명선에 섬문양이 만들어져 있다

운명선의 별문양과 끊김

운명선의 별문양은 개인의 인생에 있어 갑작스런 큰 충격을 겪을 수 있음을 나타내는데, 크게 놀랄 일이나 사고수, 급병수 같은 것을 주의해야 하며 직업적으로 갑자기 불행이 찾아오기 쉬운 것을 나타낸다.

특히 감정선 위의 노년기에 해당하는 운명선에 별문양이 나온 경우엔 노년기에 불명예스럽고 좋지 못한 일을 당하거나 건강문제로 고생하는 경우가 많아서 인생의 말년이 좋지 않은 의미가 있으니 주의할 일이다.

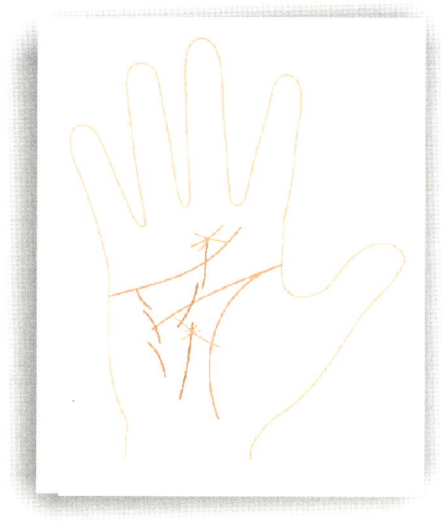

운명선이 가다가 끊어지고 또 새로 시작하는 것은 직업적 또는 인생 길의 변화의 모습을 나타내는데, 이런 경우 사업선이 끊어지지 않고 잘 이어져 올라가고 있다면 운명선이 가지는 직업적 변화의 정도를 완충시켜주는 역할을 하게 되지만, 사업선 역시 끊어져 있다면 직업적 변화의 정도가 심한 것을 피하기 어려울 것이다.

운명선의 방향변화

운명선이 끊어지지는 않더라도 방향이나 휘어지는 각도가 달라지게 되어도 다소간에 직업적 변화가 뒤따르게 된다.

운명선 방향의 변화각도가 클수록 직업적 변동도 커지는데, 운명선 자체가 갈라지거나 끊어질 정도가 아니라면, 같은 직장

내에서 좀 새로운 분야에서 일하게 된다든지 직장 내에서 승진이나 이동을 하게 된다든지 하는 좀 가벼운 변동의 의미를 가지게 된다.

그런데 사람에 따라서는 이런 가벼운 변동이 아니고 직장이나 직업이 크게 달라질 정도의 변화를 겪는 경우도 있다. 이것은 손 타입에 따라서도 차이가 많이 생길 수 있는데, 땅의 손의 경우엔 선들의 진로가 한번 결정되면 선의 속성이 잘 안변하는게

일반적이므로 운명선의 약간의 변화라고 해도 실제로는 큰 변화로 연결되는 수가 있기 때문이다.

운명선의 변화의 정도를 판단하는데 있어선 운명선의 방향 변화뿐만 아니라 주요삼대선이나 사업선 등의 다른 선에서의 변화도 함께 살펴봐야 할 것이다.

운명선이 겹쳐서 끊어짐

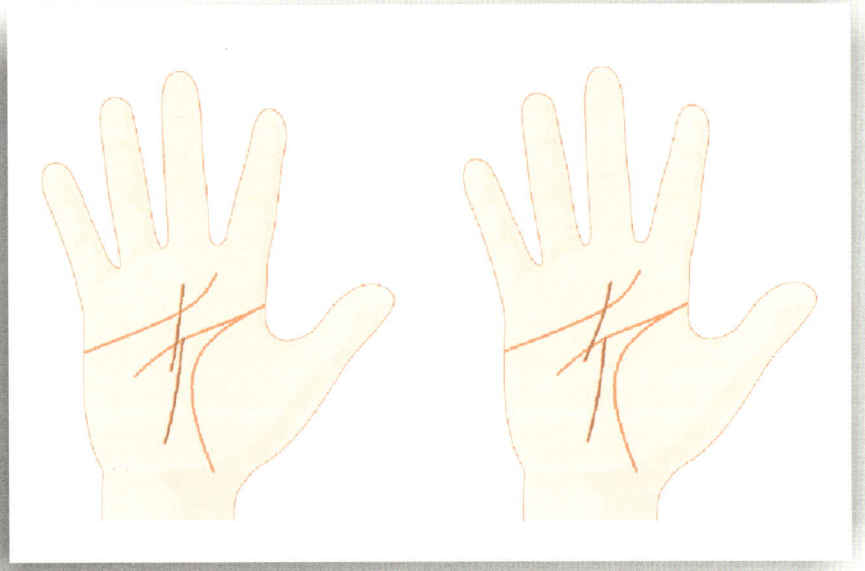

하나의 운명선에서 다른 운명선으로 변화하는 것은 직업운이나 인생길의 큰 변동을 의미한다.

그런데 두개의 운명선이 긴 시간을 두고 기존의 운명선에 가까이(대략 2mm 이내) 옆으로 병행해서 올라가다가 변화하는 경우에는 자신이 미리 직업적 변동에 대한 계획을 가지고 의도적으로 직업을 바꾼 형태에 속한다. 즉, 미리부터 직업변동을 계획준비하여 서서히 실천에 옮기는 것을 나타내므로 직업변동에 대한 충격도 적은 편이라고 하겠다. 그런데 두개의 운명선이 서로 떨어진 간격이 멀수록 기존의 직업과는 전혀 다른 새로운 직업적 활동을 하게 된다는 의미가 된다.

　이런 직업적 변동의 시점은 기존의 주운명선이 끝나는 시점까지 늦춰질 수도 있지만 새로운 운명선이 들어오자마자부터 변동이 시작될 수 있다. 직장운을 나타내는 사업선을 함께 참고하면 좀더 정확한 변동시기의 예측이 가능하게 된다.

운명선이 겹쳐서 끊어진 사례
두뇌선을 전후하여 상당기간 옆으로 평행하게 올라가고 있어
계획된 직업적 변동의 모습이다

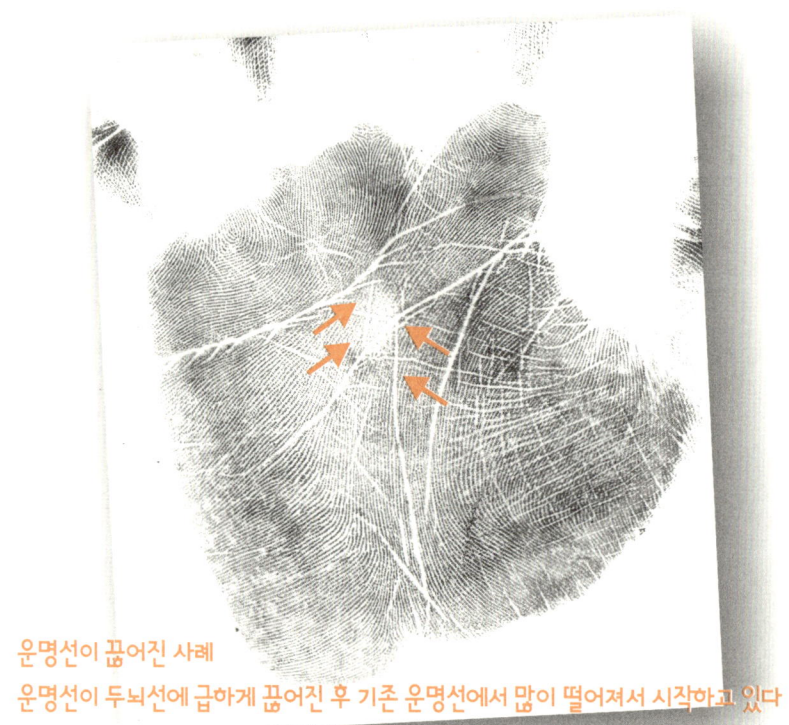

운명선이 끊어진 사례
운명선이 두뇌선에 급하게 끊어진 후 기존 운명선에서 많이 떨어져서 시작하고 있다

바. 운명선의 유년법

　세로삼대선의 유년법은 운명선의 유년법을 기준으로 적용을 하게 되는데, 세로삼대선 중에 가장 중요한 선이 운명선이기 때문이다. 운명선 유년법에 한번 숙달되고 나면 인생길이나 직업운에 대한 상당히 풍부한 분석이 가능해지게 되니, 다음의 유년법을 잘 익혀서 많은 실전연습을 통해 스스로의 감을 잡아갈 필요가 있다고 하겠다.

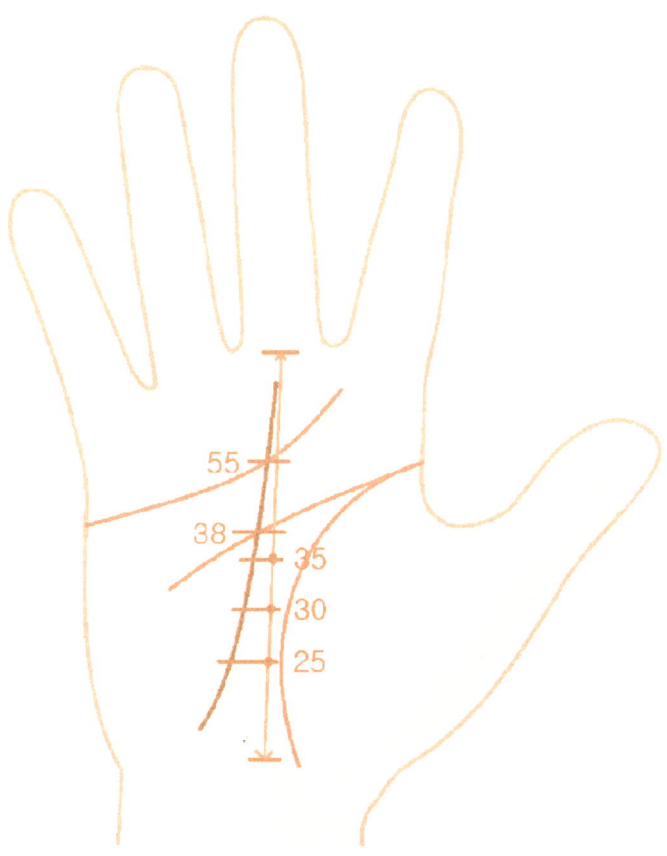

유년을 제대로 잡는 비법 공개

일반적으로 운명선의 유년법에 대해서도 다양한 전문가들의 견해가 있지만, 필자가 오랜 경험과 연구를 토대로 터득하여 적용하고 있는 유년법을 아래에 공개하니 제대로 배우고 익혀서 활용하기 바라는 바이다. 다만 이 비법은 상당부분 필자만의 노하우이므로 후학들은 함부로 자신의 비법인양 우기지 말기 바란다.

운명선의 유년법은 다음과 같은 점을 참고하여야 한다. 필자의 경우, 정확한 유년 측정을 위해 손도장을 찍은 것을 기준으로 운명선 유년을 설정하고 있다.

1. 12~15cm 정도 되는 평범한 직선자를 준비한다.
2. 중지 아래의 손바닥 경계선과 손목 위쪽의 약간 움푹 들어간 부위가 시작되는 경계선까지의 길이를 잰다.
3. 해당 길이의 절반이 되는 부위를 표시한다. 이것이 35살(우리나라 나이기준)이다.
4. 35살 지점과 손목 위쪽의 약간 움푹 들어간 부위가 시작되는 경계선까지의 길이의 절반(즉, 전체길이의 1/4부위)을 25살로 본다.
5. 35살과 25살의 중간을 30살로 본다.
6. 일반적인 형태의 감정선을 지나는 나이를 55살로 본다.
7. 25살 밑으로는 나이를 따지지 않는다.
8. 유년이 제대로 설정되었다면, 일반적인 형태의 약간 휘어진 두뇌선을 지나는 운명선의 나이가 37살이나 38살쯤에 해당하게 된다

유년법 적용시 참고사항

1. 여기서 적용하는 나이는 만 나이가 아닌 보통 나이(즉, 태어나자마자 1살)이

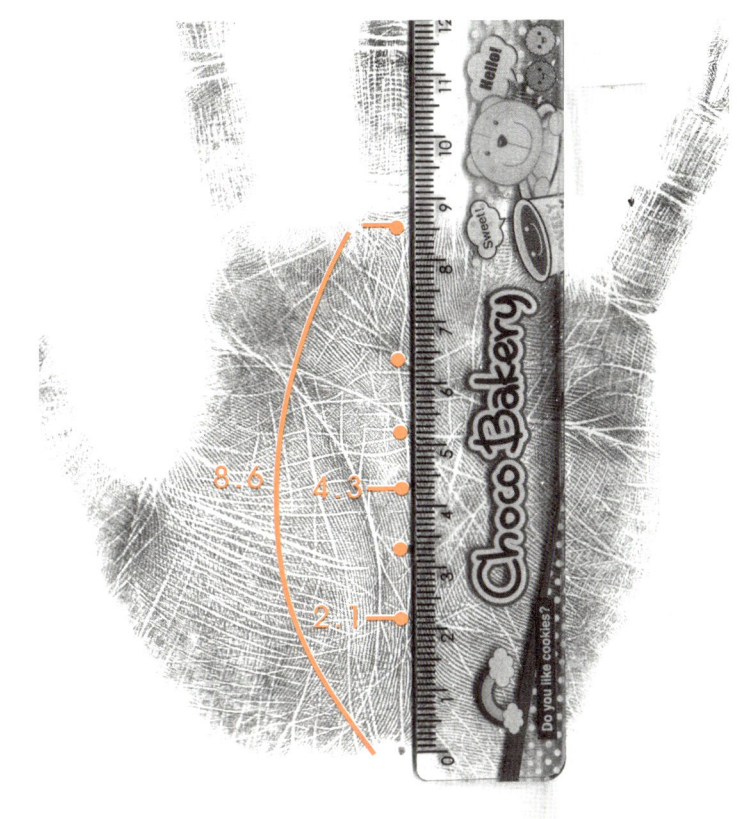

며, 생일이 양력 11월,12월 등으로 늦은 경우엔 6개월~1년 정도의 나이차이가 발생하게 됨을 감안하여야 한다.

2. 운명선이 두뇌선이 지나는 지점은 일반적으로 보아선 37살이나 38살쯤 되지만, 제2화성구나 수성구로 향하는 모습의 직선형 두뇌선에선 40살쯤까지 보아야 할 때가 있다. 또한 일찍부터 월구로 휘어진 운명선의 경우엔 35살 근처에서도 두뇌선이 지나갈 수 있는데, 이런 경우엔 운명선이 두뇌선이 지나가는 나이를 별도로 따지지 않아도 된다.

3. 감정선이 너무 아래로 내려와 있다거나 너무 위로 올라가 있다거나 하는 경우에 있어선 표준적인 감정선의 위치를 대략 가늠하여 55살을 설정하는게 바람직하다. 그렇지만 대부분의 일반적인 감정선 형태에 있어선 감정선이

지나는 나이를 기준으로 55살을 설정하도록 한다. 막쥔금이나 이중감정선의 경우는 유년법에 주의해야 한다.

4. 감정선 위쪽에서의 나이는 1mm당 1년을 잡도록 하는데, 감정선 위쪽부위가 좁은 경우엔 조금 줄여 0.8mm나 0.9mm를 1년으로 잡는게 좋다.

5. 이렇게 유년을 잡고 보면 25살 부터 38살까지는 구간길이가 넓고, 38살부터 55살까지는 구간이 많이 좁아지게 되는데, 그게 일반적인 운명선 유년법 형태라고 할 수 있다.

6. 실전에서는 A4용지에 손금을 잉크지로 찍어서 세밀하게 손금분석을 하는게 정확성도 높고 유년법을 적용하기도 용이한 편이다. 운명선 유년법에 있어선 양쪽 끝의 기점을 설정하기가 약간 애매할 때가 많이 생기게 되는데, 손목 위쪽의 해왕성구(또는 지근) 부분이 너무 움푹하게 패인 경우나 중지와 손바닥의 경계가 애매한 경우가 자주 생기기 때문이다. 이럴 때는 손목 위쪽의 움푹하게 들어간 것에나 손바닥 경계선에 너무 집착치 말고 표준적인 손바닥 형태를 염두에 두고 기점을 잡도록 한다.

7. 손목 위쪽과 25살 사이에선 유년을 따지지 않는데, 본래 운명선이란 직업운이 시작된 나이부터 적용하는게 적합하기 때문이기도 하고, 25살 이하의 나이대에 대한 유년 설정에 있어선 정확도가 낮은 경우가 많기 때문이다.

8. 직선자가 없는 상황에서 유년을 잡으려면 손바닥 중간쯤을 35살로 잡고 두뇌선 근처를 37살~38살로 보며 감정선을 55살로 보면 된다. 막쥔금이나 이중감정선 등의 특이손금형태가 아닌 사람들의 경우 대략 80% 정도는 이렇게 유년을 잡아도 무방하다.

9. 막쥔금에 있어선 두뇌선을 지나가는 운명선의 유년대가 40대 중후반이 되는 수가 많은데, 이로 인해 운명선의 유년법 설정이 쉽지 않게 된다. 막쥔금에 있어선 표준적인 두뇌선과 감정선의 형태를 상정하고 유년을 잡아가는 방식을 택하는게 적합하다.

10. 이중감정선 타입에 있어선 감정선을 지나는 나이대가 좀 늦게 오는게 많다. 이런 경우에도 표준적인 감정선의 위치를 상정하고 유년을 잡아가는 것을 원칙으로 한다.

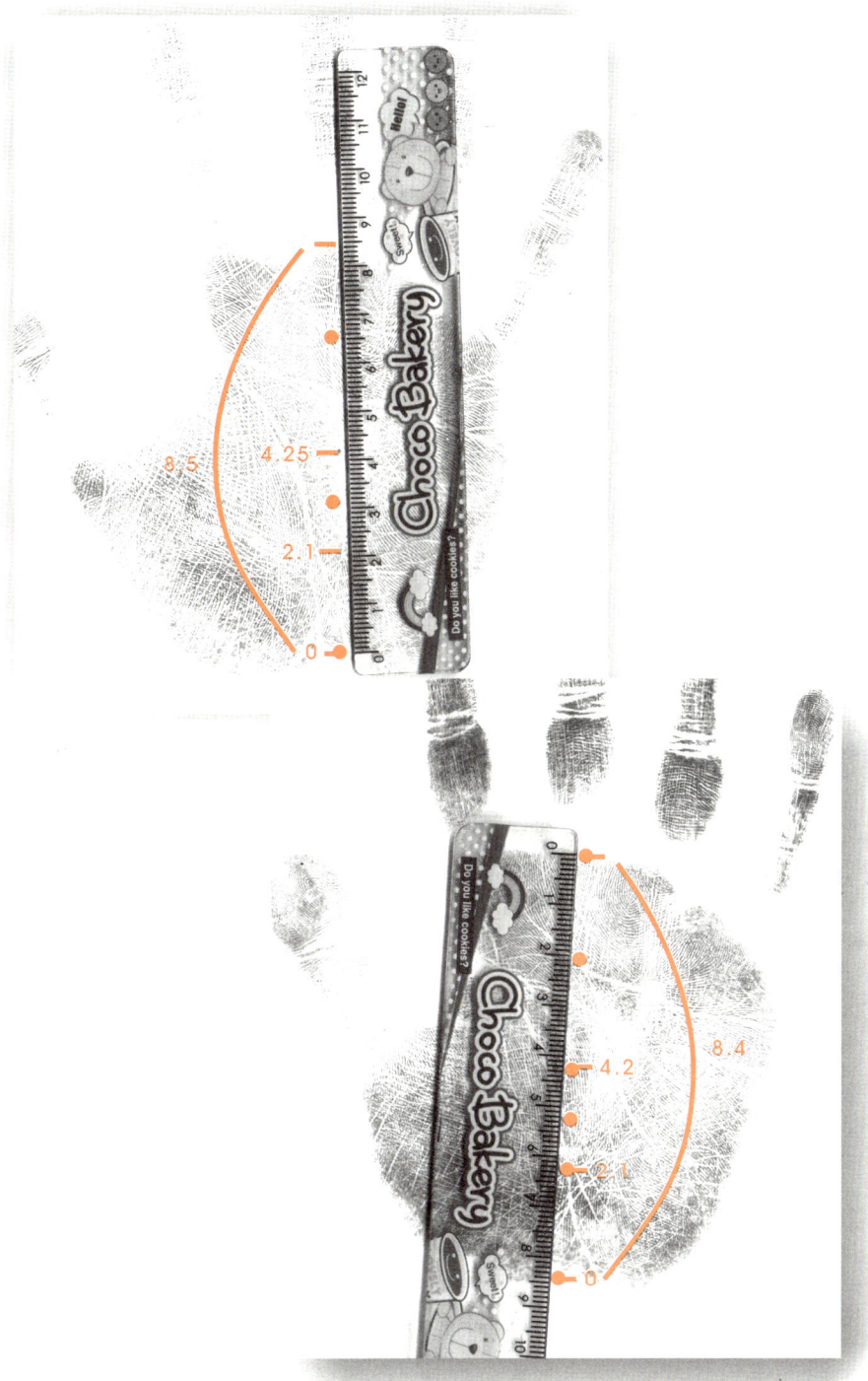

Chapter

사업선

　사업선은 세로삼대선 중 하나로 직장운과 사업운을 살펴보는 곳이며, 신체장기 중 간의 해독력과 장의 소화력과 관련이 깊어서 건강적인 측면도 함께 나타내는 곳이다. 이 사업선의 모습은 운명선과 함께 살펴보는게 필요한데, 직업운에 있어서 운명선의 보조적인 판단수단으로 살펴보면 좋을 것이다.

　사업적 통찰력, 기민함, 언변술, 지구력, 끈기, 인내심, 책임감, 저항력, 개척정신 등 사업을 하거나 직업적 성공에 필수적인 특성을 나타내고 있다. 사업선이 잘 발달한 사람은 신체적으로도 강인하며 정신적으로도 활달하고 강건하여 삶의 격전장에서나 일터에서나 스스로의 과업에서나 부지런하고 성실하며 어떠한 역경에도 물러서지 않고 책임감 있게 노력하며 살아가는 사람이라고 볼 수 있다.

운명선과 사업선이 함께 발달한 사람은 자신의 인생길을 정말 성실하고 열심히 살아가는 것을 볼 수 있다. 여기에 재물선도 함께 발달했다면 이런 노력의 결실을 잘 이루고 사회적으로 인정을 받으며 스스로도 행복감과 성취감을 느끼겠지만, 재물선이 약하다고 하더라도 최소한 평균 이상의 성과는 얻을 수 있을 것이다.

스스로 노력하여 부자가 된 사람들은 대개 사업선이 좋은 편이다. 굵고 선명하며 길게 끊어짐 없이 뻗어 있는 것을 심심찮게 볼 수 있는데, 스스로의 삶이나 일, 건강, 시련과 도전에 대해 물러섬이 없이 근면성실하게 싸워 이겨내는 강인한 정신이 깃들어 있기 때문이다.

따라서 사업선이 발달한 사람은 어떠한 조직체에서도 잘 적응하며 자신의 임무를 훌륭히 수행해내는 일꾼이 되는데, 직장생활 뿐만 아니라 자신의 사업도 잘 해내므로 사업가들에 있어서 꼭 필요한 선이라고 할 수 있다. 사업선이 약한 사람치고 큰 기업체를 일군 사람은 거의 없다고 보면 된다. 사업선이 약하면 그릇이 적어서 아무리 애써도 소규모 사업장사 정도밖엔 하기 어려운 것이다. 때문에 인생길과 직업운을 나타내는 운명선은 재물선 보다는 오히려 사업선을 훌륭한 파트너로 삼게 되는 것이다.

시중의 손금서적 중에는 소지쪽으로 올라가는 사업선을 '건강선'이라고 하여 사업선이 나온 사람을 '건강하지 못한 사람'이라고 잘못 기록한 책들을 아직도 상당수 볼 수 있는데, 이는 사업선을 제대로 연구하지도 않고 옛날 세간에 떠돌던 일본식

손금책들을 베껴쓴 것에 불과한 것이다. 사업선은 성인 남녀 모두 갖추어야 하는 필수적인 선으로서 전체 인구의 90% 이상에게 나와있으며, 사업선이 없는 사람이 오히려 건강상 문제가 생기기 쉬운 것이다. 건강선은 사업선 처럼 소지로 올라가지 못하고 월구나 월구 상단부에서 손바닥 바깥쪽으로 흐르는 선들에 국한하여야 할 것이다.

이 사업선이 발달한 사람은 부동산과 인연이 많은 편이라서 금융자산 쪽 보다는 부동산쪽으로 큰 재산을 일구게 되는 사람이 많은데, 땅부자의 경우 재물선이 거의 없는데도 사업선과 두뇌선만 유독 잘 발달하여 있는 경우를 종종 볼 수 있으니 참으로 흥미로운 일이라고 할 것이다.

Q&A 사업선 약한 사람의 사업방법

사업선이 약하면 규모 있는 사업은 잘 되질 않는다. 일정 규모를 넘어가면 이상하게도 사업이 잘 안풀려가기가 쉬운데, 사업선이 좋아야 사업체가 잘 커가기 때문이다.

이런 사업가의 경우엔, 관리범위를 압축할 필요가 있는데, 권한을 과감히 아래로 이양하여 위임관리의 형식을 취하면 도움이 될 수 있다. 즉, 자신이 관리하는 범위를 사업 전체가 아닌, 일부 핵심직원들로 축소시키는 방법이다.

또한 사업선이 약할 경우, 소규모로 사업을 하는게 좋은데, 대개 10명 미만 정도로 운영되는 사업체가 적당하다고 본다.

사업선은 신체적으로 장과 간의 사태를 반영하고 있으며 지구력, 인내심, 끈기와 같은 성격적 특성을 함께 나타내므로 등산, 암벽 등반과 같이 승부 근성과 인내심을 키우는 운동이 사업선을 좋게 만드는데 도움이 된다.

가. 사업선의 유형

사업선은 손바닥 아랫쪽이나 월구, 생명선 위, 또는 금성구에서 시작하여 소지손가락 아래의 수성구 방향으로 올라가는 선을 말한다. 사업선은 기본삼대선이나 운명선과 같은 정도로 굵게 잘 발달하는게 좋다. 사업선은 직장운과 사업운을 나타낸다.

강한 사업선

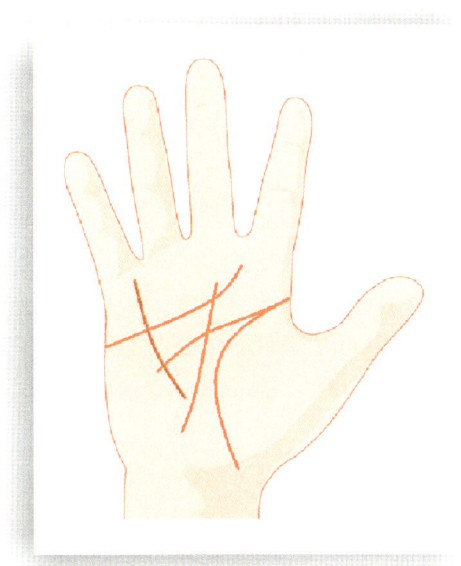

끊김이 없이 힘차고 굵게 올라간 사업선은 강한 직장운과 사업운을 나타낸다. 사업선에는 사업선이 지나가는 제2화성구와 수성구의 특성이 반영되어 나타나게 된다. 따라서 끊어짐 없이 잘 발달한 사업선은 화성구의 특질인 인내심, 끈기, 지구력과 사업가적인 기질을 가지게 되며, 수성구의 특질인 상업 사업적 재능, 기민함, 명석함, 돈버는 재능, 언변술, 탐구심을 함께 가진 셈이 되어 직업적 사업적 성공에 필요한 자질을 두루 갖추게 된다고 하겠다.

강한 사업선은 직업적으로 성공가도를 달리는 사람에게서 자주 발견할 수 있으며, 맡은 업무에 있어 남들보다 우수한 사업적 성과를 내며, 책임감과 충성심이 강하고 휴일도 마다않고 열심히 일하는 성실한 타입이 많다.

사업가에 있어선 사업선이 잘 발달하여야만 하는데, 남다른 비범한 사업가적인 능력과 안목으로 돈버는 수완이 뛰어난 사람이 많다. 사업선이 잘 발달치 않으면 사업적 재능이나 수완이 적고 사업가적인 근성도 약해서 규모있는 사업을 이루어내기는 무척 어렵다고 하겠다.

직장인에 있어 사업선이 끊어지지 않고 뻗은 사람은 평생직장이 가능한 타입으로 직장을 잘 바꾸지 않고 한군데서 오랫동안 일하려는 성향이 무척 강하다고 하겠다. 이런 성향은 직업, 직장 문제 뿐만 아니라 연애나 결혼생활에도 그대로 드러나게 된다.

약한 사업선

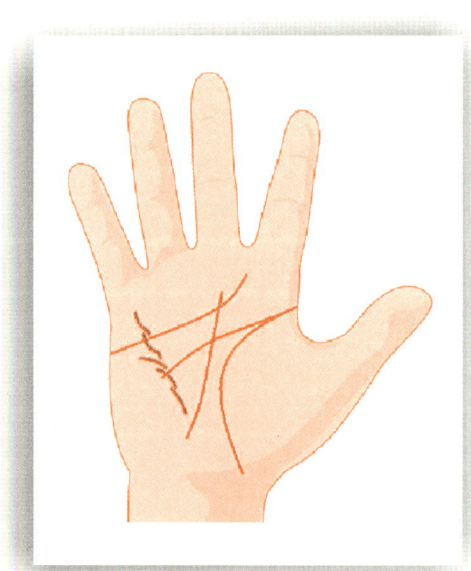

중간중간 끊겨 있고 가늘고 약한 모습의 사업선은 끈기, 인내력, 책임감, 개척정신이 부족한 타입의 사람에게서 많이 나타난다. 이런 특성 때문에 사업가로 성공하기 어려운 측면이 많으며, 직업적으로도 직장이 자주 바뀐다거나 맡은 업무에 있어 성과를 잘 내지 못하며 자신감이 부족한 타입이 많다. 대체로 사업선의 변동의 시기에 직장운이나 직업운이 함께 변동하는 경향이 있다.

약한 사업선은 제2화성구와 수성구의 기질이 약하다고 볼 수 있는데, 직장인이나 사업가에 있어서 약한 사업선은 상당한 핸

디캡으로 작용하게 된다.

  공부를 하는 학생에 있어서도 사업선의 발달이 약하면 학업성취가 약한 경향이 있고, 바깥일을 하지 않는 전업주부에 있어서도 자신의 삶에 만족치 못하는 사람이 많다고 하겠다.

  사업선이 약한 사람이 사업을 하게 되면, 업종을 자꾸 바꾼다든지, 힘든 고비가 오면 쉽게 포기해버린다든지, 빨리 일에 싫증을 낸다든지 하여 결국 스스로의 정신적 체력적 한계로 인해 자신의 직업운에 불행을 가져오기 쉬운 경향이 있다고 하겠다.

  약한 사업선은 후천적인 의식적 노력과 훈련으로 상당히 교정을 할 수 있는 여지가 있는데, 등산이나 암벽등반, 검도와 같은 강한 정신력과 인내심, 끈기, 집중력, 정신수양에 도움이 되는 운동이 도움이 되며, 체질적으로 보아서는 장의 소화력이나 간의 해독력이 약한 편이니 이런 신체장기의 기운을 북돋아주면 사업선이 좋게 변하는데 도움이 될 것이다.

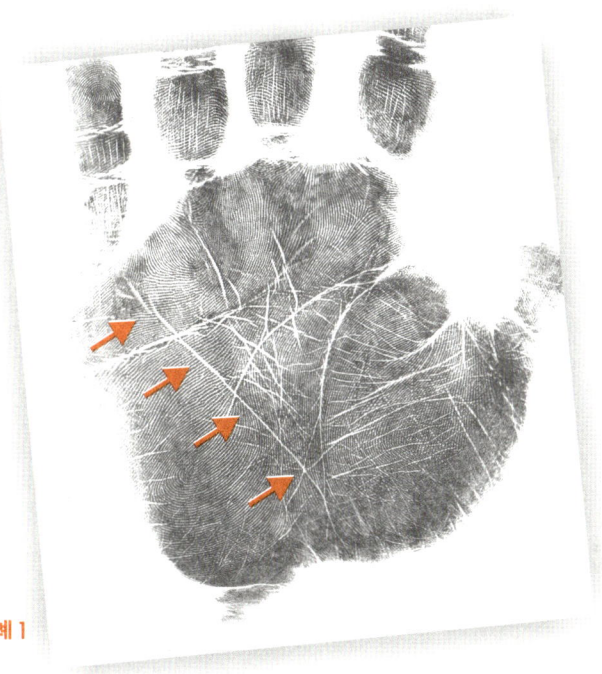

강한사업선
강한 사업선 사례 1

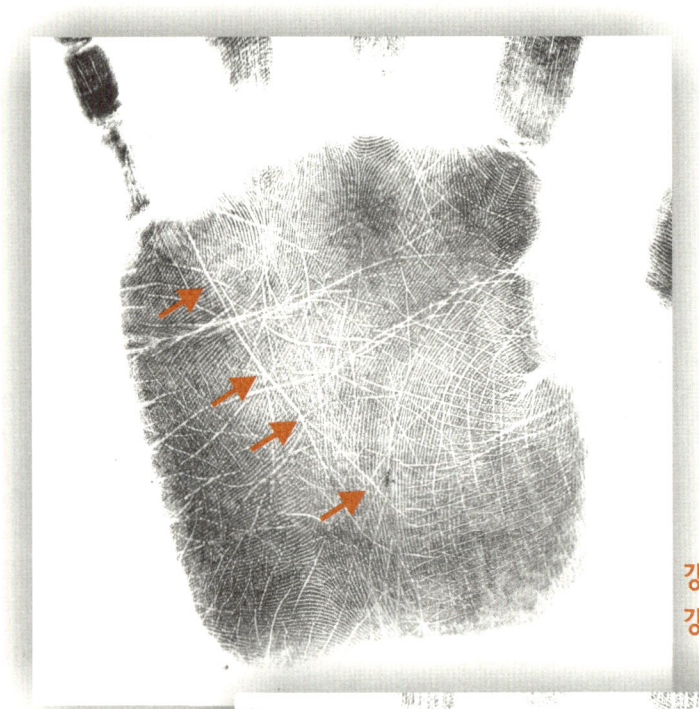

강한사업선
강한 사업선 사례 2

약한사업선
약한 사업선 사례

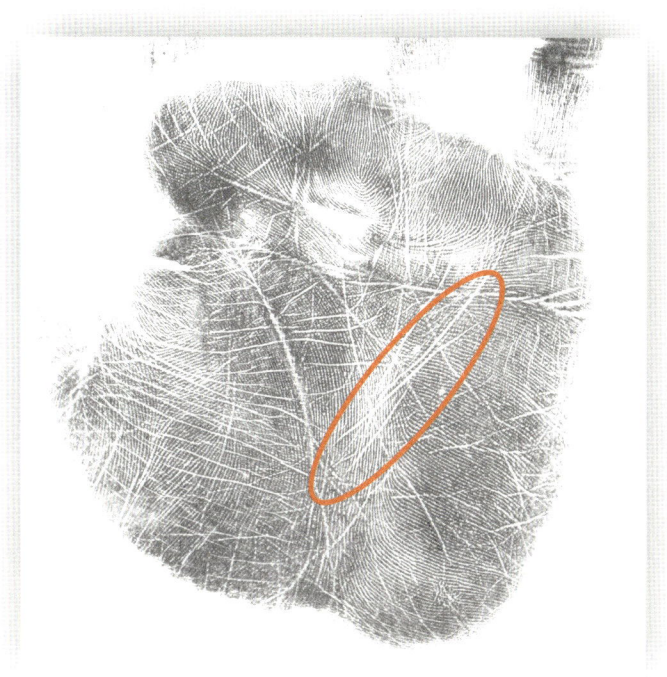

이중사업선
이중사업선 사례 사업선이 두세가닥 평행하게 올라가고 있다

여러가닥의 사업선

사업선이 두세가닥인 사람들도 많다. 이런 타입은 일복이 많은 사람이라고 해야 할 것인데, 부업을 한다든지, 직장내에서도 일을 도맡아 하기 쉽다. 사업선이 여러가닥이 되면 자연히 직업적 에너지가 분산되게 되며 건강을 해치기 쉬워지게 된다.

여성의 경우 사업선이 한가닥 더 생기게 되면 해당 유년대에 결혼을 하여 가정을 가지게 되는 수가 많다. 가정도 또하나의 직장인 셈이다.

나. 사업선의 시작부위

사업선은 보통 손바닥 아랫쪽의 해왕성구(일명, 지근) 근처에서 시작하는게 일반적이며, 생명선, 두뇌선, 금성구에서도 시작한다. 사업선의 시작이 늦은 경우엔 손바닥 중간쯤이나 화성평원에서 나오기도 한다.

운명선 또는 손바닥 아랫쪽 부위

사업선의 가장흔한 표준적인 출발지점은 손바닥 아래쪽의 운명선 또는 생명선 부근이다.

사업선의 출발지점의 유년을 살펴보면 취업이 된다든지, 결혼을 하게 된다든지, 본격적인 사회생활이 시작되었다든지 하는 시작기점이 된다.

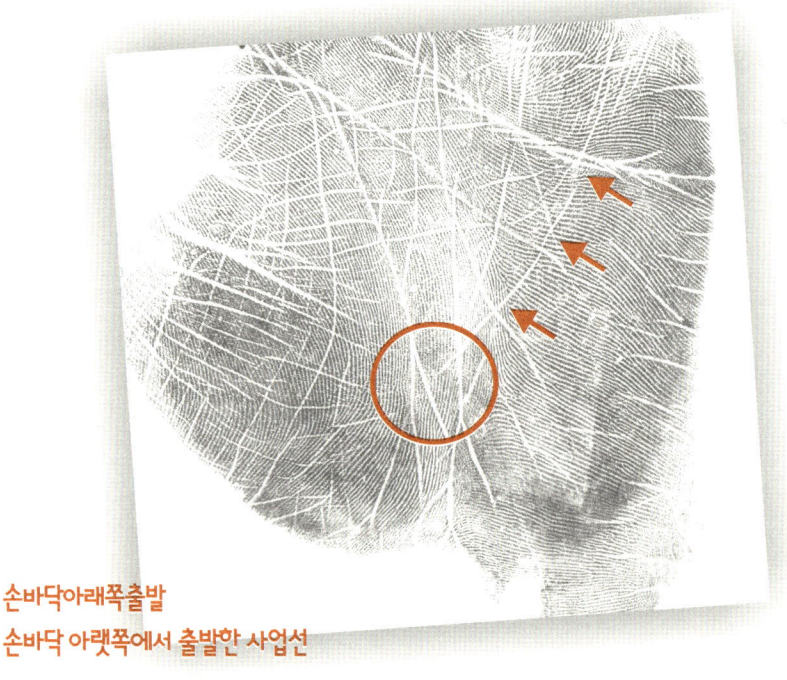

손바닥아래쪽출발
손바닥 아랫쪽에서 출발한 사업선

사업선이 운명선을 돌파해서 지나가는 나이대에 취업이 되거나 결혼을 하게 되는 사람도 많으니 함께 살펴볼 일이다.

생명선에서 출발한 사업선

생명선에서 출발한 사업선은 해당 유년에 사업적인 활동을 시작하거나 세상에 출사표를 던지는 의미가 있다. 사업선의 상태가 좋아 위로 쭉 뻗어 올라간다면 사업적 성공가능성이 매우 높다고 하겠다.

생명선을 기반으로 출발하였기 때문에 자수성가선의 의미를 가지는 셈이라서 집안 도움없이 각고의 노력으로 사업이나 직업적 성공을 이루게 되는 의미가 있다.

이런 타입의 사업선은 사업이나 부동산으로 큰 재산을 모은 사람에게서도 자주 찾아볼 수 있다.

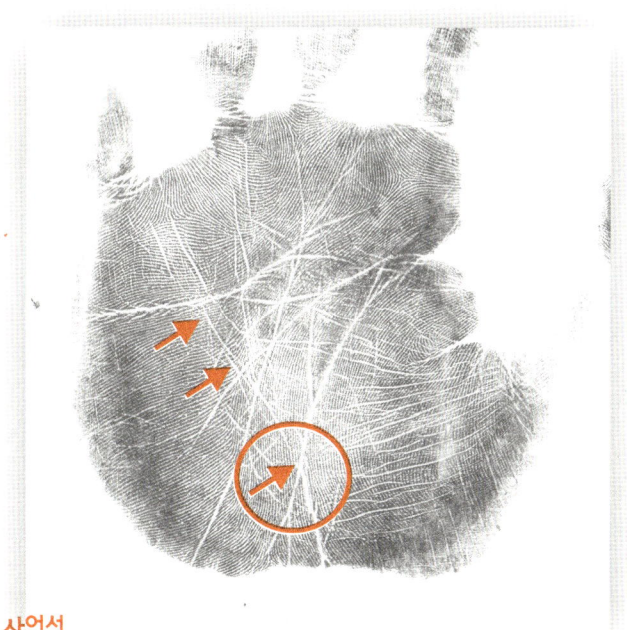

생명선에서 출발한 사업선

두뇌선에서 시작한 경우

두뇌선에서 사업선이 시작해서 올라가는 것은 자신의 머리나 아이디어로 사업적인 발판을 구축하고 성공한다는 의미가 된다.

두뇌선의 상향지선에 해당하는 것으로도 볼 수 있는데 돈 버는 비범한 재능을 사업적 또는 재테크에 있어 구체적으로 실현하는 것을 의미한다. 대개 사업적인 아이디어가 좋고 남다른 사업적 안목이 있는 경우가 많은데, 두뇌선을 기반으로 하고 있기 때문에 두뇌선이 의미하는 재능의 충분한 발휘가 사업적 직업적 성공에 중요한 역할을 하게 되는 경우에 해당한다. 흥미로운 것은 부동산으로 큰 재산을 형성하거나 기발한 사업적 아이디어로 성공을 이룬 사람에게 이런 사업선이 많다는 점이다.

이러한 일이 전개되는 의미있는 나이는 두뇌선의 상향지선이 올라온 유년대와 사업선 유년대를 함께 살펴보면 되겠다.

금성구에서 출발한 사업선

생명선 안쪽의 금성구에서 시작하여 올라가는 사업선은 가업이나 부모가 하던 일을 물려받아 하게 되는 경우가 많다. 사업선 유년법에 의해 해당 나이대를 살펴볼 수 있다.

그런데, 손금상 건강상태가 좋지 않은 사람의 경우엔, 생명선 유년법으로 살펴보아 사업선이 생명선을 끊는 나이대에 병치레를 할 우려도 있으니 주의해야 한다. 생명선을 끊고가는 모습이기 때문에 생활상 변화나 건강문제가 생기기 쉽기 때문이다.

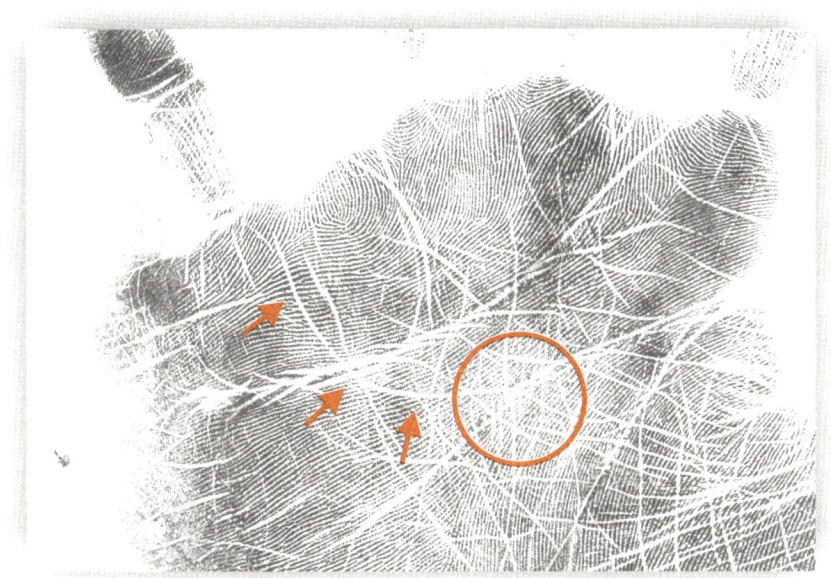

두뇌선에서 시작한 사업선

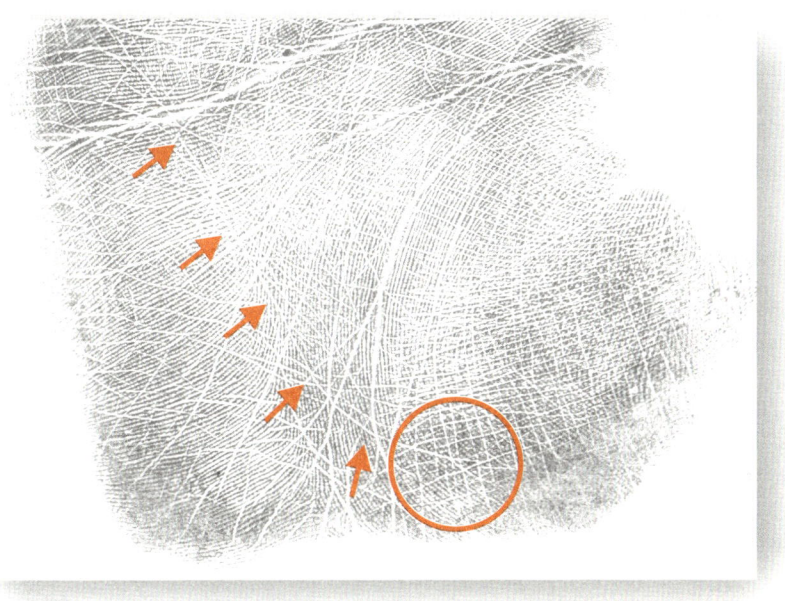

금성구에서 출발한 사업선

화성평원에서 출발한 경우

두뇌선 위쪽의 화성평원에서 출발한 사업선은 40대 이후의 해당 유년대에서 사업적인 성공의 발판을 마련하는 것을 의미한다.

직장인의 경우에도 새로운 직업을 만나게 되어 비약적인 성장발전이 가능하게 되기도 한다.

감정선을 돌파하여 시원하게 올라가는 사업선은 직업적 사업적 성공에 필수적이라 하겠다.

늦게 시작한 사업선

사업선이 늦게 시작하는 것은 직장운이 늦게 시작한다는 의미이다. 운명선이라도 일찍 시작하고 있으면 직업적 활동을 할 수 있는 가능성이 있지만, 직업적인 안정을 얻는데는 상당한 시일이 소요될 것이다.

이런 타입은 자신이 하고 싶은 일이라든지 인생목표가 잘 없는 타입으로 나이가 많이 들어서야 비로소 직업적 목표가 생기게 되는 의미가 있다. 사업선의 발달이나 운명선의 발달이 늦다면 먼저 자신의 인생관과 생활태도를 돌이켜볼 일이다.

다. 사업선과 다른 유사한 선의 구분

사업선과 혼동되기 쉬운 선으로는 횡재선, 건강선, 여행선, 수성선, 방종선, 직감선, 대장해선 등이 있겠다. 이들 선은 그 의미나 모습이 사업선의 일반적인 의미와는 전혀 다른 경우가 대부분이니 실전에 있어서 헷갈리지 않도록 주의해야 하겠다.

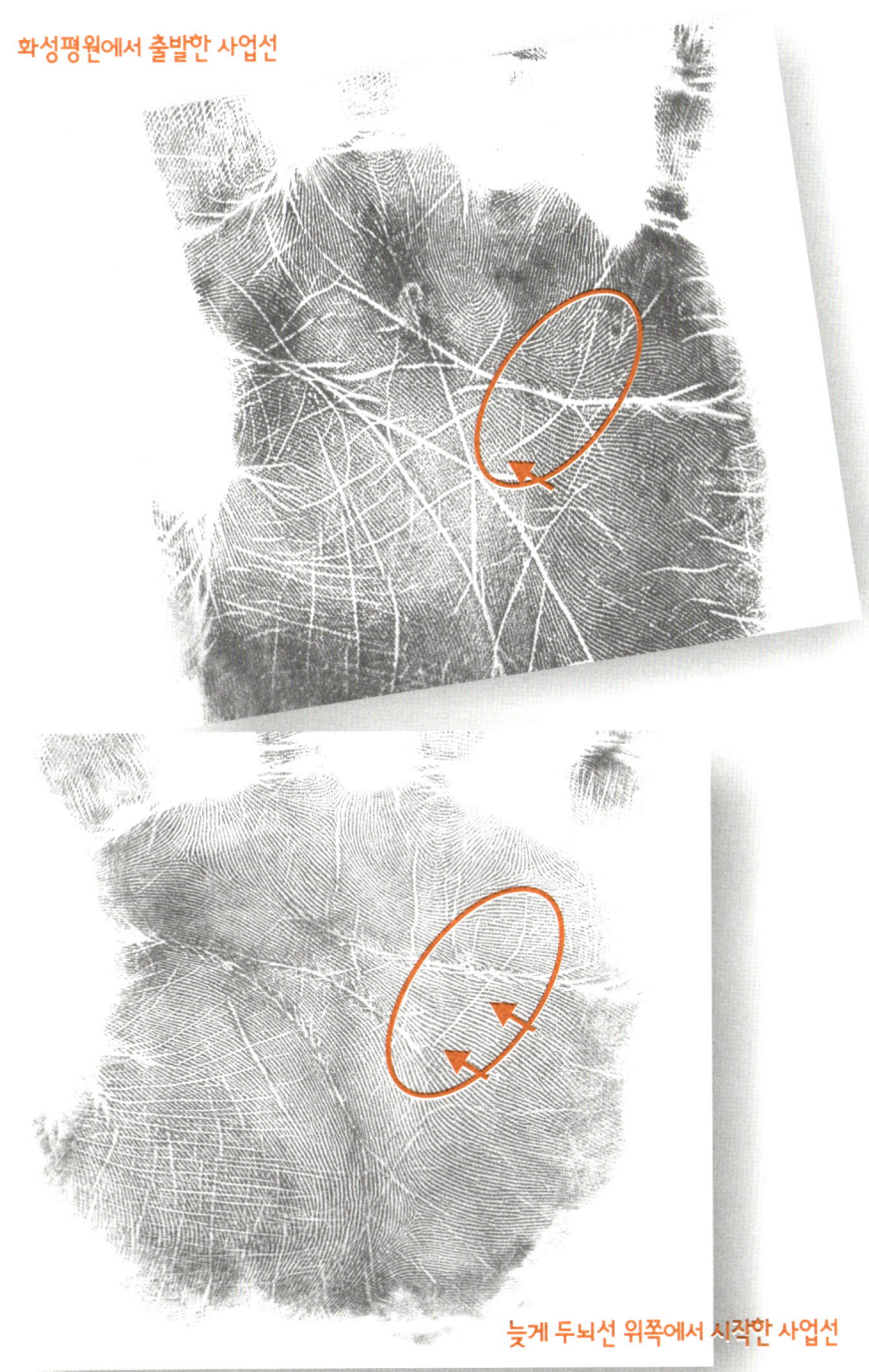

횡재선

횡재선은 부동산으로 큰 재산을 모으거나 유산을 물려받는 의미가 있는 선이다. 횡재선의 상태가 좋은 사람은 재테크 수단으로 부동산에 먼저 관심을 가질 필요가 있다.

직업적으로도 부동산을 염두에 두고 살아가는게 좋은데, 예를 들어 식당업을 하는 경우에 땅값이 올라갈 것을 염두에 두고 입지를 선택하는게 좋다고 하겠다.

횡재선은 주로 감정선 위쪽에 나와서 소지와 약지의 중간지점을 향해 뻗어가는데, 두뇌선에서 올라가는 사업선 중에도 횡재선의 의미가 되는 경우가 있다.

사업선이 횡재선이 나오는 위치로 뻗어올라가는 경우, 사업 자체가 부동산이나 건설과 관련이 있거나, 사업규모나 벌어들이는 재물의 규모가 크거나, 취급하는 품목이 고가인 경우가 많다.

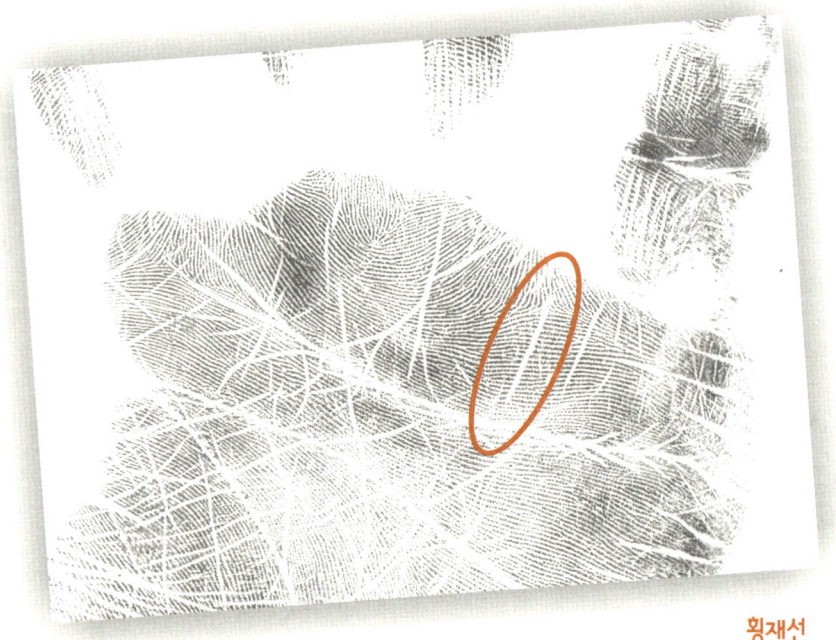

횡재선

수성선

　수성선은 수성구에 독립적으로 나와있는 세로선들을 말한다. 수성선이 여러가닥 굵고 길게 발달해 있으면 재물운이 좋은 것을 나타낸다.

　오른손에 나온 수성선은 현재나 가까운 미래를 가리키고, 왼손은 타고난 운과 좀 먼 미래의 상태를 나타낸다고 보면 된다.

　수성선이나 사업선이 잘 발달했다는 것은 수성구의 특질인 상업 사업적 재능, 커뮤니케이션 능력, 아이디어와 탐구심이 함께 발달한 것을 나타낸다.

　손금서적에 따라선 재물운을 판단하는데 수성선의 비중을 많이 두는 경우도 있지만, 실전에서는 그렇게 잘 들어맞지 않는 경우가 많으니 재물선의 보조적인 분석수단으로 보는게 더 낫겠다.

　횡재선도 이 수성선의 일종으로 볼수 있는데, 소지 아래쪽 보다 약지쪽으로 더 접근할수록 횡재선의 의미가 강해지게 된다. 수성구에 나온 여러가닥의 수성선 보다는 굵은 횡재선 한가닥의 의미가 더욱 중요하다고 하겠다.

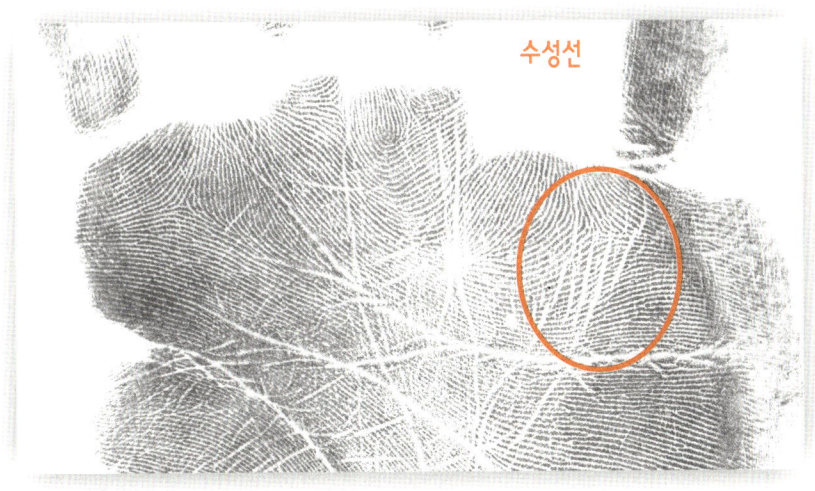

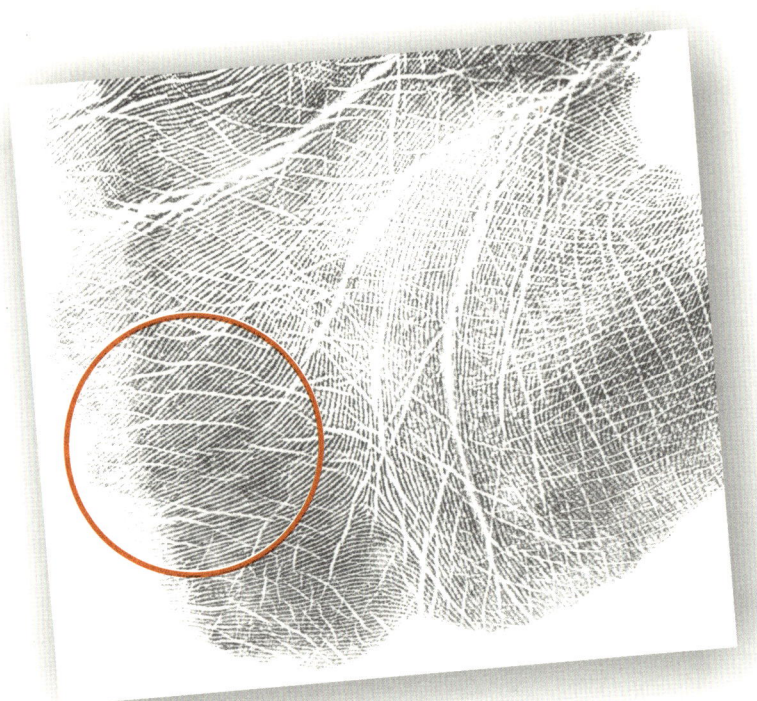

건강선
월구를 중심으로 비스듬히 잔선들이 많이 나와있다

건강선

    과거 손금서적들에서 종종 사업선을 건강선으로 동일하게 보아 사업선이 나와있는 것 자체를 건강하지 못한 것으로 보았는데, 실제에 있어선 사업선은 필수적인 선으로서 전체 인구의 90% 이상에게 나와있는 선이다. 오히려 사업선이 나와있지 않거나, 중간에 없어진 사람이 건강에 문제가 있는 경우가 더 많다.

    건강선은 사업선과는 달리 가늘고 지저분하며 월구주변을 감싸고 도는듯이 비스듬히 나오는게 일반적인데, 소지로 곧게 올라가지 못하고 손바닥 바깥쪽으로 흘러버리는 모습이다.

    건강선이 여러가닥 나와있는 것은 현재의 건강상태, 특히 소화기관의 상태가 좋지 못하고 기혈순환상태가 나쁜 것을 나타낸다. 여러가닥의 지저분한 건강선은 '소화기관 트러블을 나타내는 선'이라고 불러도 무방할 정도이다. 어느날 갑자기 과음을 했다든지, 장염을 앓는다든지 해도 일시적으로 나오기도 하는데, 건강상태가 개선회복되면 연해져서 보이지 않게 된다.

건강선의 모습은 여행선과 상당히 닮았다. 건강에 관련없이 굵게 한두가닥 나와있는 선을 여행선으로 보고 가늘고 지저분한 여러가닥의 선을 건강선으로 보면 어느정도 구분이 될 것이다.

그런데 건강선이 여러가닥 지저분하게 나온 사람들은 대개 여행을 좋아하고 어디론가 멀리 떠나고 싶어하는데, 이것은 몸 상태가 나빠지면 치열한 생존경쟁의 현실생활에서 정신적인 피로감을 쉽게 느끼게 되므로 자꾸 현실도피를 생각하게 되는 때문이라 할 수 있다.

여행선

여행선은 월구 상단부와 제2화성구 하단부 근처에 가로선들이 비스듬히 몇가닥 나온 것을 말한다.

여행선은 건강선과 모양은 유사하지만 굵게 한두가닥 정도만 나오며 모습이 지저분하지 않다.

굵고 진한 여행선은 인생길에 큰 변화와 영향을 가져오는 여행운이 있는 것을 말한다. 특히 여행선이 두뇌선과 만난 경우에는 공부를 위해 여행을 하는 경우를 해당하므로, 유학이라든지, 해외연수라든지, 장기간 해외출장 같은 것을 나타내기도 하는데, 여행지에서 많은 정신적 문화적 신선한 자극을 받을 수 있음을 나타낸다.

방종선

방종선은 건강선의 한 형태로서, 월구 중심부나 하단부에 휘어지면서 나오는 굵고 지저분한 느낌의 선을 말한다.

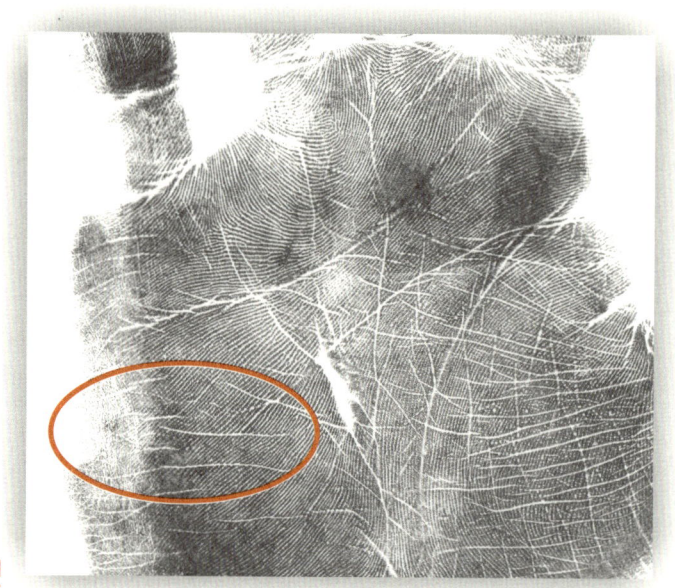

여행선
여행선이 두뇌선과 닿아있는 경우 유학의 의미가 있다

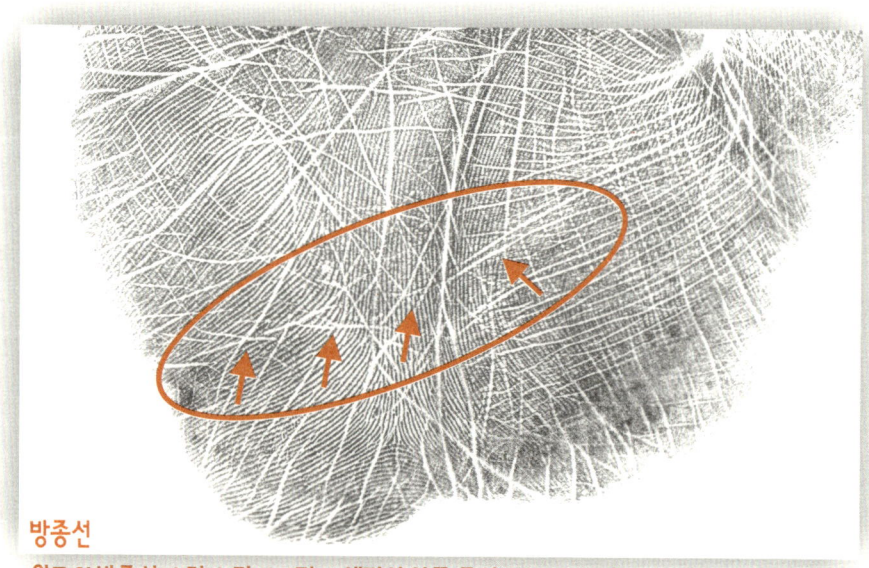

방종선
월구의 방종선이 점차 길어지면서 생명선 안쪽 금성구에서 나오는
'죽음의 선'을 만나러 가는 모습이다

낮과 밤이 뒤바뀐 불규칙한 생활습관을 가지고 있거나 알코올, 흡연, 약물중독, 섹스 등에 탐닉하여 건강을 해치는 경우에 많이 볼 수 있으므로 방종선이라는 이름이 붙여졌다.

여성의 경우엔 생리불순이나 자궁계통의 이상증세가 생기기도 쉬운데 방종선이 월구 하단부에 위치할수록 더욱 이런 경향이 강하다.

나이가 들어 중년이 되어 나오는 건강선은 당뇨병과 같은 성인병이 찾아드는 경고신호이므로 주의를 요한다. 최근에는 방종선을 가진 사람이 알레르기 물질에 민감하다는 사실이 밝혀지기도 하였다.

방종선은 차츰 상태가 나빠질수록 선의 상태가 굵고 지저분해지고 주변으로 잔선이 많이 생기며 십자문양이나 별문양 같은 모습이 생기기 쉬워진다. 그런데 방종선은 건강관리상태가 나빠질수록 차츰 생명선으로 근접하게 되는데, 생명선 안쪽에서 생명선을 끊고 나오는 활선(일명 죽음의 선)과 만나는 모습을 이루게 되면 발병할 때가 임박한 것으로 갑자기 아파서 병원에 실려갈 날이 멀지않았다고 보면 된다.

이런 방종선은 현재의 건강관리상태도 나쁜 의미가 있지만, 생명선 유년법에 의한 생명선을 자르는 나이대에 특히 중대한 건강상 위기가 찾아오기 쉽다는 것도 함께 나타낸다. 죽음의 선이나 방종선이 생명선을 끊으면 신체면역기능이 크게 저하되기 때문이다.

직감선

직감선은 월구에서 출발하여 소지쪽으로 활모양으로 휘어져서 올라가는 선을 말한다. 직감선은 사업선과 달리 월구에서 출발하며 활모양으로 휘어지는 점이 다르다.

직감선이 발달한 사람은 직감력이 좋고, 예지몽과 같은 잠재의식적 세계가 발달하였으며, 미래예지력도 남다른 경우가 많다. 영적 깨달음을 위한 수도생활을 하는 사람에게 이런 직감선이 있다면 빨리 득도할 가능성이 높아진다.

서양에서는 심령술사와 같이 예지력이나 직감력이 필요한 직업에서 성공하기 위해서는 직감선이 필수적이라고 간주하기도 한다. 직감선이 발달하면 비즈니스적으로도 도움이 되는 경우가 많은데, 어떤 사안을 분석할 때 통찰력이 있어서 한두가지 단서만 가지고도 사안의 본질을 제대로 파악해내는 재능이 있기 때문이다.

대장해선

대장해선은 생명선 안쪽의 금성구에서 장해선이 출발하여 생명선, 운명선, 두뇌선, 재물선, 사업선 등의 주요선들을 차례로 끊고 지나가면서 장해를 일으키는 선을 말한다. 대장해선이 지나가면 그 장해의 영향이나 충격파가 아주 심한 경우가 많으니 특히 주의가 필요하다고 하겠다.

대장해선이 재물선을 끊는 등의 구체적인 장해를 준 후 계속 길어지면서 수성구로 올라간 경우, 대장해선이 끝나는 시기쯤에 가서나 직업적 경제적 안정을 찾을 수 있게 되기도 한다.

대장해선과 금성구에서 출발한 사업선과 혼동해서는 안 될 것인데, 장해선은 수성구를 향해 올라가는 모습이 아니라 손바닥 바깥쪽으로 비스듬히 흘러버리는 모습이 일반적이다. 대장해선이 지나가면서 할퀴고 간 상처가 어느 정도인지 살펴보려면, 해당 대장해선이 끊고 지나는 선들의 상태가 대장해선에 의해 끊어지기 전과 후에 어떠한 모습인지를 살펴보면 된다.

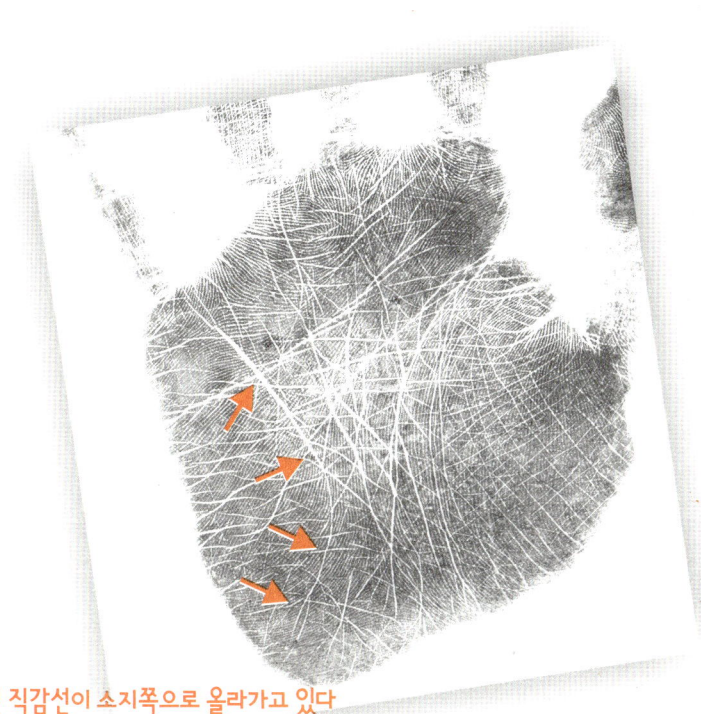

직감선
월구에서 시작된 직감선이 소지쪽으로 올라가고 있다

대장해선 사례 1
대장해선이 운명선, 재물선에 장해를 준 모습이다

대장해선 사례 2
대장해선이 생명선, 운명선, 재물선에 큰 타격을 주고서 계속 길어지고 있는 모습이다

대장해선 사례 3
대장해선이 지나가면서 운명선과 재물선에 발전적 변화가 생긴 모습이다

대장해선 사례 4
두가닥의 대장해선이
생명선, 개운선,
두뇌선, 운명선,
재물선에 장해를 주고서
계속 길어지고 있는
모습이다

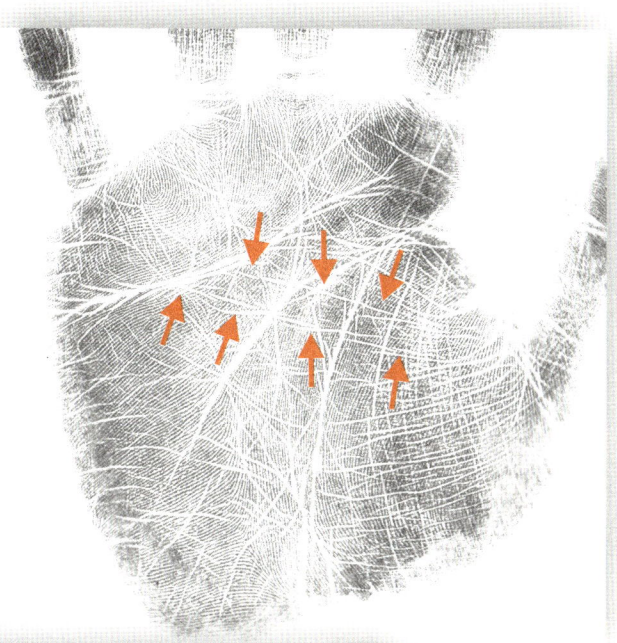

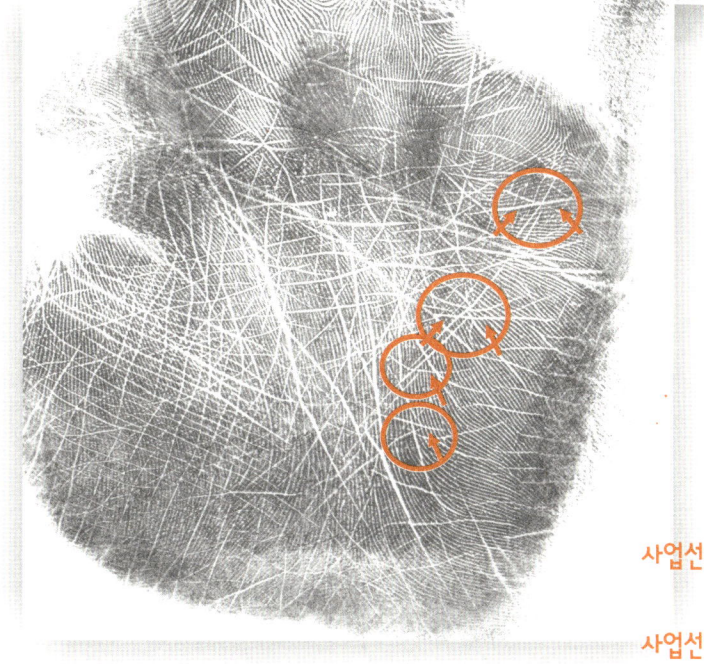

사업선이상증세
사업선이 장해선에 의해
끊어지는 사례
사업선이 장해선에 의해
끊어지면서 한가닥씩 사라져버렸다

라. 사업선의 이상증세 및 행운표시

사업선이 장해선에 끊어짐

사업선이 장해선에 의해 끊어져서 사라져 버리는 것은 해당 장해선이 사업선에 구체적인 장해를 유발한 것으로 해석할 수 있다.

앞의 그림에서는 두뇌선 아래쪽과 위쪽에서 각각 장해선이 지나고 난 후에 사업선이 끊어져 없어진 것을 볼 수 있다. 소지 아래의 가로로 나온 장해선에 의해 사업선이 끊어지는 모습도 있는데, 이 장해선은 간장의 건강상태와 관련이 많아 별도로 간장선이라고 부른다.

간장선과 사업선

간장선은 소지 아래의 결혼선 근처에서 나와서 사업선이나 수성선, 횡재선 등을 끊게 되는 선을 말한다.

간장선은 간장계통이 남들보다 나쁘거나 어릴 때 간염을 앓았다든지 하여 간장이 손상되어 있다거나, 간에 유해독소가 많이 쌓인 것을 나타낸다.

보통 술을 거의 못마시는 사람이나 육체적 피로감을 쉽게 느끼는 사람에게서 자주 볼수 있다.

간장선이 사업선이나 횡재선을 끊고난 후 해당 선이 잘려서 사라진 모습이 되면 재산상의 분쟁이나 소송, 다툼이 생기기도 쉬운데, 각종 문서계약이나 법적인 문제거리가 생기지 않도록 철저히 점검을 해야 할 것이다.

간장선이 자꾸 길어져서 약지 아래의 재물선을 끊고 비스듬히 감정선을 향해 내려가게 되는 것은 신장이나 췌장도 나빠지

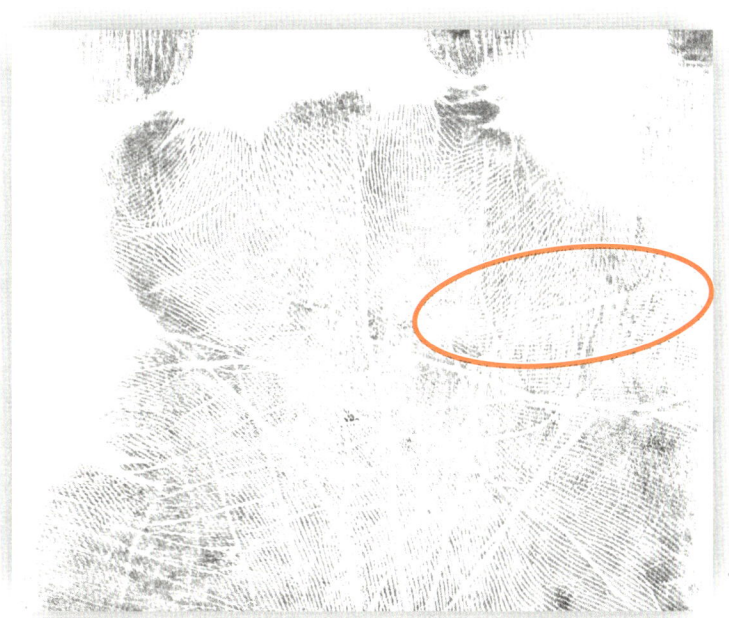

간장선 사례
간장선이 사업선이나 횡재선에 구체적인 장해를 주면 건강문제 뿐만 아니라
사업이나 재산상의 분쟁도 주의해야 한다

는 징조이다. 그런데 간장선이 감정선을 끊는 모습이 되면 간의 해독력이 급격히 저하되어 핏속에 독소성분이 흐르게 되는 것을 의미하는데, 급병으로 쓰러지게 되는 사람이 많으니 각별한 주의를 요한다.

사업선이 없어짐

사업선이 올라가다가 갑자기 연해져서 없어지는 것은 사업선이 나타내는 직장운이나 사업운의 전망이 아주 나쁘다는 것을 나타낸다.

해당시기는 사업선 유년법에 의해 파악해볼 수 있는데, 운명선의 모습과 연관지어 살펴보면 된다.

사업선이 갑자기 없어지는 것은 갑자기 건강에 이상이 찾아오는 것을 의미하기도 하니 먼저 건강체크를 해봐야 할 것이다.
사업선이 사라진 것은 인내심, 끈기, 지구력이 약해졌다는 의미이므로, 무엇을 해도 잘 안되기 쉽고, 조금만 힘든 상황이 주어져도 잘 버텨내지 못하기 쉽다.
사업선이 약해지면 잘 다니던 직장을 갑자기 그만두고 딴 일을 하고 싶다든지 하기도 쉬운데, 그런 시기는 직장운이 잘 따르지도 않는 시기라서 한번 직장을 나오고 나면 쉽게 다음 직장을 구하기도 어렵고, 자기사업으로 방향전환을 한다고 해도 성공 가능성은 거의 없다고 보면 된다.
사업선이 일단 약해지게 되면 소지 아래의 수성구 중심쪽으로 곧게 올라가지 못하고 손바닥 바깥쪽으로 휘어지기 쉬운데, 사업가에 있어선 감정선 아래에서 위쪽으로 시원하게 돌파하는 사업선이 필수적이라고 하겠다.

사업선이 없어진 사례 － 두뇌선 위로 사업선이 사라졌다

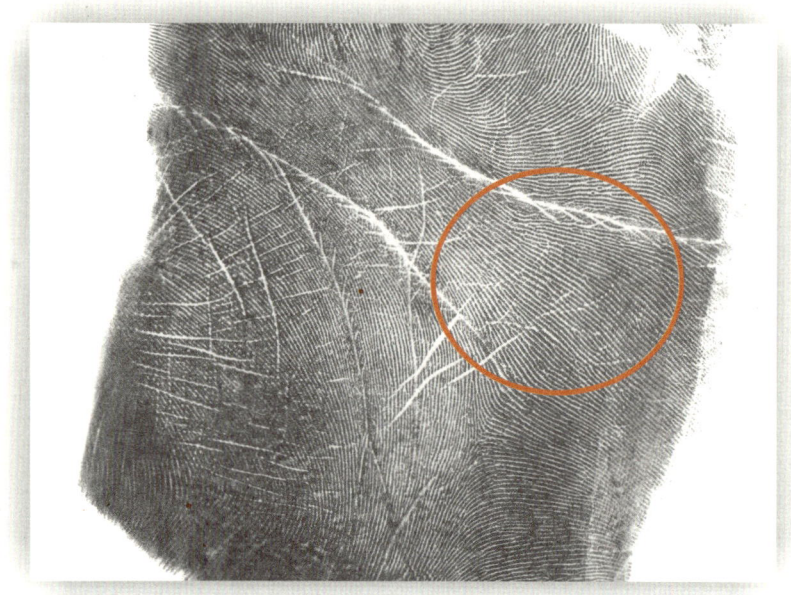

사업선의 섬문양이나 헝클어진 모양

세로삼대선 중 사업선은 건강상 간과 장의 상태를 반영하고 있기 때문에 건강상 문제가 생기면 이 사업선도 잡스러워지거나 선 상태가 나빠지기 쉽다.

사업선의 섬문양은 주로 건강적인 측면의 주의신호로 보면 되는데, 사업선의 변화속도가 생명선 보다 빠르므로 사업선의 섬문양은 생명선의 경우 보다는 건강상 나쁜 의미가 좀 가벼운 측면이 있다.

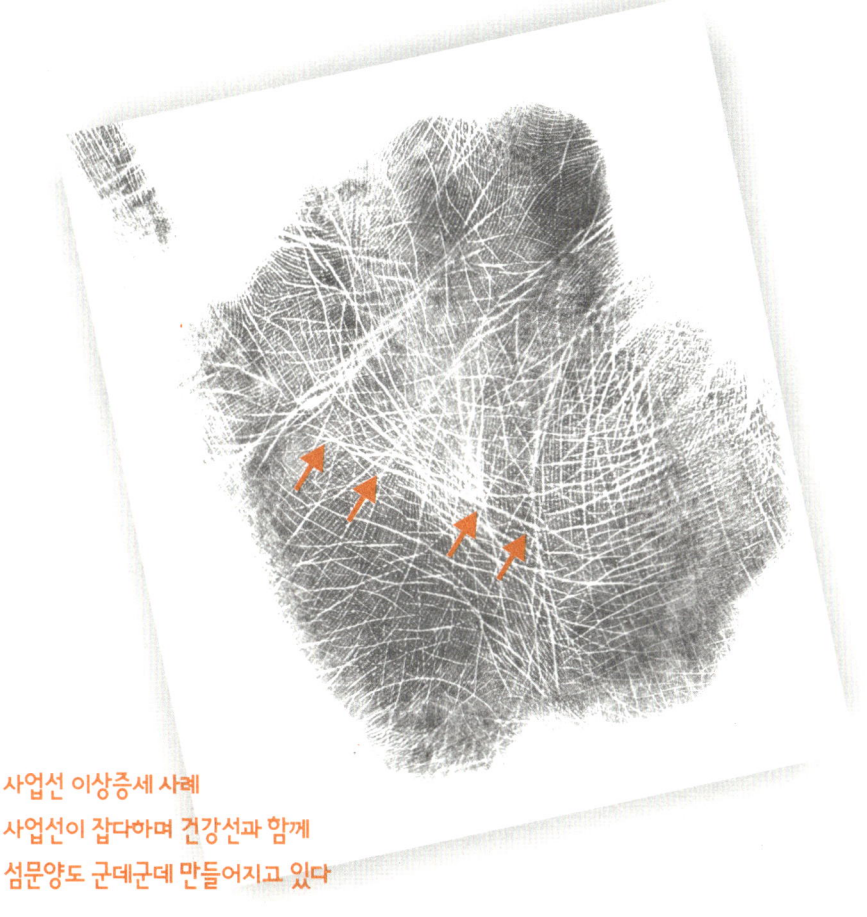

사업선 이상증세 사례
사업선이 잡다하며 건강선과 함께
섬문양도 군데군데 만들어지고 있다

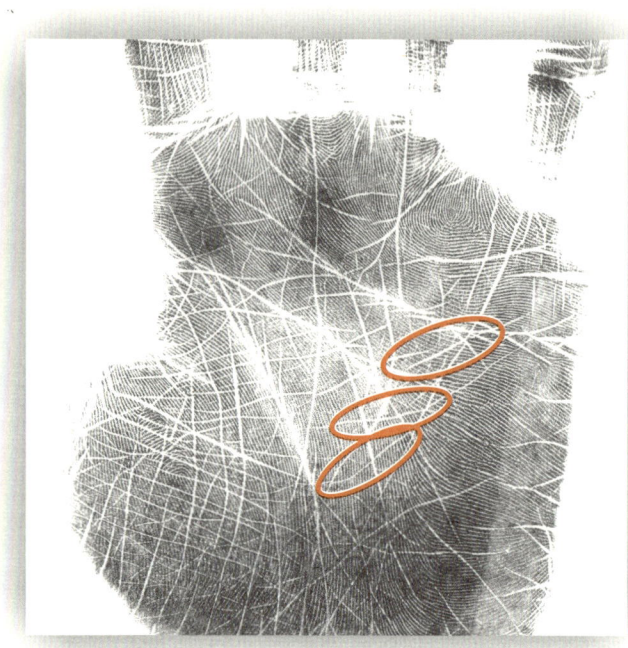

사업선 합류지선 사례
새로운 사업선이 올라와 합류하면서 기존 사업선에 힘을 보태주는 모습이다

사업선의 합류지선

사업선의 합류지선은 사업선을 더욱 강화시켜주는 의미가 있다. 취업이나 직장이동, 개업이나 사업적 도움 등 직업운이 좋아지기도 하며, 결혼을 하여 가정을 가지는 것을 나타내기도 한다. 해당 의미를 가지는 유년대는 사업선 유년법으로 따져보면 되겠다.

마. 사업선 유년법

사업선과 재물선의 유년법은 운명선 유년법을 기준으로 하는게 제일 정확도가 높다. 사업선과 재물선 유년을 잡는 비법을 다음과 같이 공개하니 모두 잘 익혀서 숙달하기 바란다.

첫째, 운명선 유년법에 의해 35살, 25살, 30살 지점을 각각 잡는다.

둘째, 운명선 유년대를 약간 휘어진 모양의 표준적인 두뇌선을 가정하여 약간 손바닥 바깥아래쪽으로 휘어지게 따라가면서 사업선과 재물선 유년대를 설정하면 된다.

셋째, 사업선이나 재물선이 감정선을 지나는 나이대는 55살로 보면 된다.

넷째, 사업선이나 재물선이 두뇌선을 지나는 나이대는 대략 37~38살에 해당하는데, 이것은 운명선 유년법에 의해 나온 결과를 위와 같은 요령으로 적용하면 된다.

다섯째, 25살 이전의 유년대는 따로 잡지 않는다.

여섯째, 막쥔손금이나 이중감정선, 이중두뇌선 등의 특이손금에 대한 유년법은 운명선 유년법을 참고로 하면 된다.

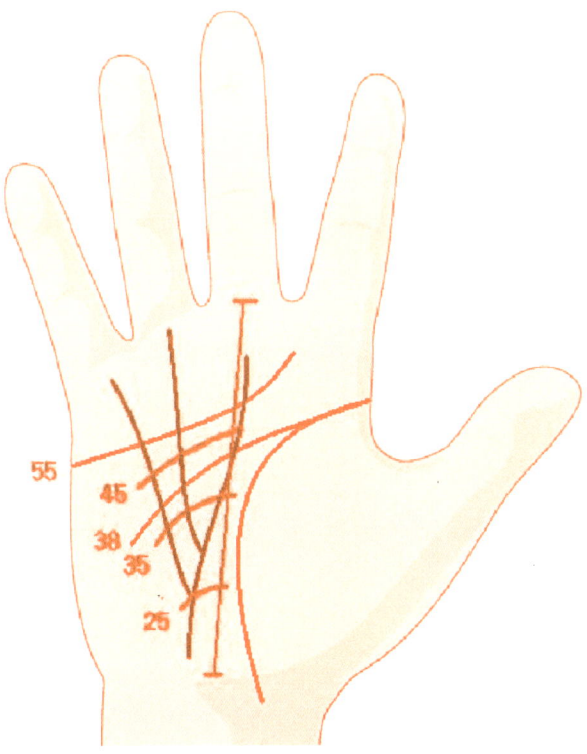

Chapter 03

재물선

재물선은 세로삼대선 중의 하나로 흔히 태양선이라고 부르는데, 부와 명예, 성공, 행복감, 만족감, 신용, 창의성, 밝고 명랑하며 사교적인 기질 등을 나타내는 중요한 선이다. 이 선은 필수적인 선의 하나로 모든 사람의 손에 나와 있어야 하는 선인데 재물선이 잘 발달하고 상태가 좋은 경우는 매우 드문 편이다. 인생길에서의 물질적 성공과 정신적인 성공을 함축적으로 표현하고 있는 선으로서, 흔히 손금을 보고자 하는 사람들이 모두 이 재물선이 나타내는 부와 성공, 행복의 암시에 집착하게 되는 것을 볼 수 있다.

대다수의 손금서적들이 이 선을 태양선이라고 명명하지만, 여기선 재물선이라는 표현을 쓰고자 하는데, 이 선이 실제로 재물운이나 물질적인 성공을 더욱 잘 표현하고 있다는 점 때문이기도 하고, 현대사회가 날이 갈수록 물질적인 성공을 중시하여 돈을 잘버는지, 재산이 많은지를 가지고 인생길의 모든 것을 판단하는 세태를 반영한 것이다. 재물선은 자신이 인생을 잘 살고 있다는 만족감이나 행복감도 함께 나타내고 있는데, 가난하지만 소박한 행복감을 맛볼 수 있던 옛시절과 달리 이젠 물질적인 풍요로움이 없이 행복감을 느끼기는 정말 어려워졌기 때문이기도 하다.

재물선이 좋은 사람은 남들 보다 행운이 많이 따르는 편이라서 성공하기가 쉬운 장점이 있다. 동일한 일을 하고서도 남들보다 더 빨리 승진을 한다든지, 우연한 계기로 재산을 늘린다든지, 우연하게 줄을 잘서서 인생길을 승승장구한다든지 하는 행운이 쉽게 찾아오기도 한다.

재물선은 태양구와 관련지어 해석을 하게 되는데, 태양구는 하늘에 태양이 반짝거리듯이 인생길의 온갖 행복감과 즐거움을 나타내는 곳이며, 마음속에 밝은 태양이 떠있는지, 아니면 어둡고 우울하며 침침한 기운으로 덮여 있는지를 살펴보는 곳이기도 하다. 재물선에 별문양이 나오거나 태양구의 재물선에 별문양이 나온 것을 커다란 행운의 징조로 보는 것도 하늘의 태양이 세상 모든 만물을 성장시키며 우리의 삶을 밝게 비추어주는 것과 관련을 지어 해석하기 때문이다.

그러면 재물선이 좋다면 인생의 성공과 행복, 재산은 보장된 것인가? 전혀 그렇지 않다. 기본삼대선과 세로삼대선 중에서 재물선의 중요도는 제일 꼴찌라고 할 것인데, 성공이란 다른 손금 선들이 각자의 역할을 다 잘해주고 있을 때에야 비로소 그

결과로서 얻어지는 것이기 때문이다. 재물선이 좋다는 것은 필경 성공할 가능성을 높여주니 좋은 것이긴 하지만, 그게 꼭 성공을 보장해주진 않는 것이다.

또한 재물선은 다른 기본선들에 비해 변화의 속도가 빠른 편이다. 그때그때 변화하는 운세의 모습을 반영하여가는 때문이기도 한데, 재물선은 마치 꽃나무의 꽃과 같아서 아무리 보기 좋은 꽃이라도 뿌리가 시들어 있으면 이내 곧 시들어버리는 것이지만, 뿌리가 살아있다면 언젠가는 꽃을 피울 수 있는 것과도 같다. 좀더 빨리 인생의 꽃을 피우고 싶은가? 그렇다면 꽃이 아니라 꽃나무 뿌리에 물과 양분을 줘라!

Q&A 재물선이 약한 사람이 재물선을 좋게 하는 방법

재물선은 재물만 의미하는 것이 아니라 행복감, 만족감, 성공느낌, 명예 등도 함께 나타내는 것인데, 보통 물질적으로 풍요하지 못할 때 재물선의 상태가 나쁘기 쉽다. 대체로 재물선이 약하거나 재물선이 전혀 없는 사람은 아무리 벌어도 돈이 잘 모이지 않는다. 즉, 재물선은 돈을 버는 것을 나타내는 선이 아니라, 돈을 남기는 것을 나타내는 선에 가깝다.

따라서 재물선이 약한 사람은 착실히 저축을 해나가는게 좋다. 꾸준한 저축을 통해 재산형성이 되면 자연히 스스로의 마음상태가 풍요로와지게 되므로 재물선이 점차 굵어지고 길어지면서 좋아지게 되는 것이다.

재물선이 약한 대신 사업선은 굵고 진하여 좋다면, 재산형성 수단으로 부동산쪽을 노려보는게 좋다. 사업선은 땅과 인연이 많기 때문이다. 이럴 경우, 마이너스 재테크라고 해서, 일단 집을 하나 산 후에 융자를 갚아나가는 식으로 하는 것이 나을 경우가 많다. 물론 개운선을 잘 보고서 언제 부동산에서 재산을 불릴 기회가 오는지를 체크해 보면 상당히 도움이 될 것이다.

가. 재물선의 특징

  재물선은 약지 아래쪽, 월구, 제2화성구, 금성구, 운명선, 생명선, 두뇌선, 감정선 등에서 시작하여 약지 밑의 태양구를 향해 올라가는 선을 말한다. 재물선은 예로부터 태양선이라고 불려왔는데, 태양선을 태양구와 관련지어 명예와 성공, 행복감, 창의적 재능 등을 나타내는 선으로 해석하여 월구, 제2화성구, 감정선, 생명선 등에서 올라간 것만을 태양선으로 보았고, 운명선에서 올라가는 선은 운명선의 지선으로 보아 창의적인 면이나 창작활동과는 상관없는 것으로 구분하기도 하였다.
  재물선은 굵기와 길이를 중시하는데, 굵으며 길게 약지 아래로 뻗어 있는 재물선이라야 재물운이 좋다는 표현을 쓸 수 있는 것이며, 가늘거나 짧거나 끊어지거나 연약한 재물선은 만족감이 많이 떨어지며 재물의 성취에 있어 장해가 많은 것으로 해석한다.
  그런데 재물선은 '돈을 잘 번다'의 관점이 아니라 '돈을 남길 수 있다'의 관점에서 봐야한다. 즉, 조그만 월급을 받아도 알뜰하게 살아가며 착실히 저축하여가는 사람의 경우엔 재물선이 나름대로 잘 나와있을 것이지만, 수억원을 버는 사람이라도 이것저것 다 떼고나니 남는 돈이 없고 오히려 적자인 경우엔 재물선이 약하며 장해선마저 강하게 나와있는 경우를 많이 볼 수 있기 때문이다. 그래서 사업가의 경우엔 재물선이 잘 나와있는지 아닌지가 현재와 미래의 사업운을 저울질하는 잣대가 되기도 한다.
  재물선은 오른손잡이에 있어 오른손은 현재와 가까운 미래 시점을 나타내는 것으로 보며, 왼손은 내면적인 만족감, 타고난 재물운, 그리고 조금 먼 미래의 재물운을 나타내는 것으로 보면 된다. 양손의 재물선은 서로 비슷한 모습을 보여야 정상이며, 그 차이가 현저할 경우엔 운세의 변동기에 들어와 있을 경우가 많으니 다소 주의가 필요하다고 하겠다.

강한 재물선

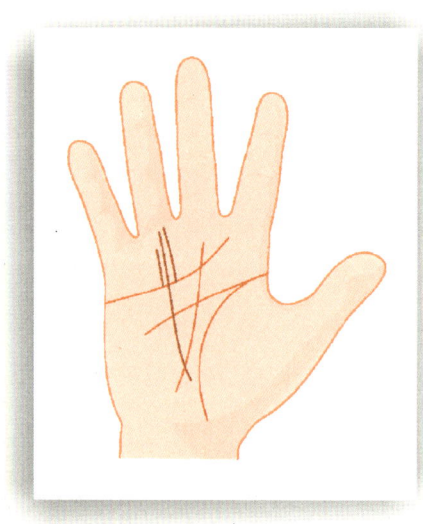

재물선이 강하다는 것은 재물선이 굵고 길게 손바닥 아래에서 약지 바로 아래까지 끊어지지 않고 쭉 잘 뻗은 모습을 가리킨다.

감정선 윗부분의 재물선은 가닥수가 최소한 두가닥 이상은 되어야 좋다.

밝고 사교적이며 재능이 많고 매력적인 인품의 소유자로 부와 명예가 늘 따라다니는 사람으로 남들보다 쉽게 성공을 이루는 행운아라고 할 수 있다.

재물운이 강한 사람은 손바닥 아랫쪽에서부터 재물선이 잘 발달하여 올라가는 편이지만, 부자들 중에도 감정선 윗부분에만 굵고 길며 강한 재물선이 나타나 있는 사람들도 상당수 볼 수 있다. 감정선 윗부분의 굵고 강한 재물선은 '내가 돈 좀 가지고 있다'는 자신감과 만족감의 표시라고도 볼 수 있는 것이다.

보통 대부분의 사람들에게서 감정선 위쪽 태양구의 재물선을 발견할 수 있지만, 감정선 아래쪽에서는 재물선이 거의 없거나 재물선의 발달이 미약한 경우가 많다.

특히 두뇌선과 감정선 사이부분에서 강한 재물선을 가진 사람은 상당히 드문 편이라고 할 수 있다.

재물선이 약지 아래에 까지 굵고 길게 뻗어 있을 경우엔 자신이 죽을 때 자손들에게 유산을 남길 수 있다는 의미가 된다.

약한 재물선 또는 재물선이 없는 경우

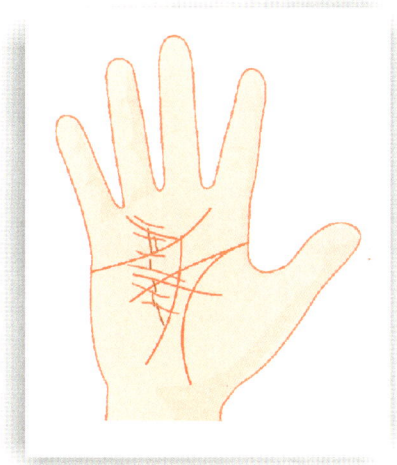

약한 재물선이란 재물선의 굵기가 운명선이나 사업선 등에 비해 가늘고, 중간중간 끊어짐이 많거나 연하고 흐릿하여 잘 보이지 않는 것을 가리킨다.

재물선이 약한 사람은 재물운이 잘 따르지 않고 직업적 성공이나 명예를 얻기가 무척 힘든 편이라고 하겠다. 열심히 일을 해도 돈이 잘 모이지 않고, 큰돈 나갈 일이 잘 생기며, 직장에서도 인정을 잘못받거나 승진이 늦어지기 쉽다.

그런데 재물선이 좋지않은 사람은 스스로 느끼는 자신의 인생 전반에 대한 만족감과 행복감도 많이 약하며, 의지력이 약해지며 비관적으로 되어가기가 쉬운 경향이 있는데, 이게 오히려 더욱 전반적인 손금의 상태를 나쁘게 만들기 쉬운 것이라 주의가 필요하다고 하겠다.

재물선이 약하여 가난하게 사는 사람의 경우에라도 인생길을 비관하지 말고 열심히 일해서 벌고 씀씀이를 줄이며 착실히 저축하여 재산을 늘여가게 되면, 어느덧 장해선은 연해져 없어지고 점차 재물선이 훌륭하게 자리잡게 됨을 볼 수 있게 될 것이다. 무릇 손금은 스스로의 노력에 의해 상당부분 좋게 변화시켜 갈수 있기 때문이다.

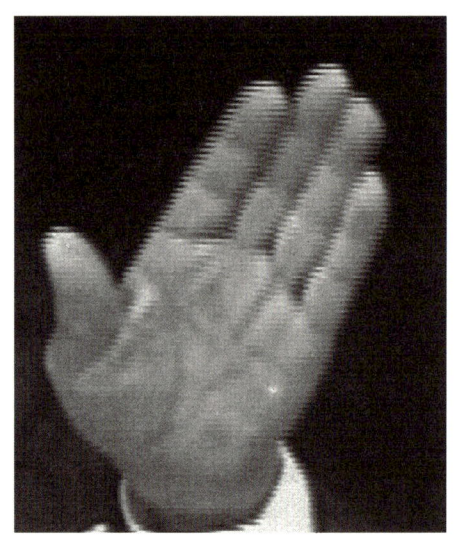

현대그룹 창업자 정주영 회장의 굵고 강한 재물선

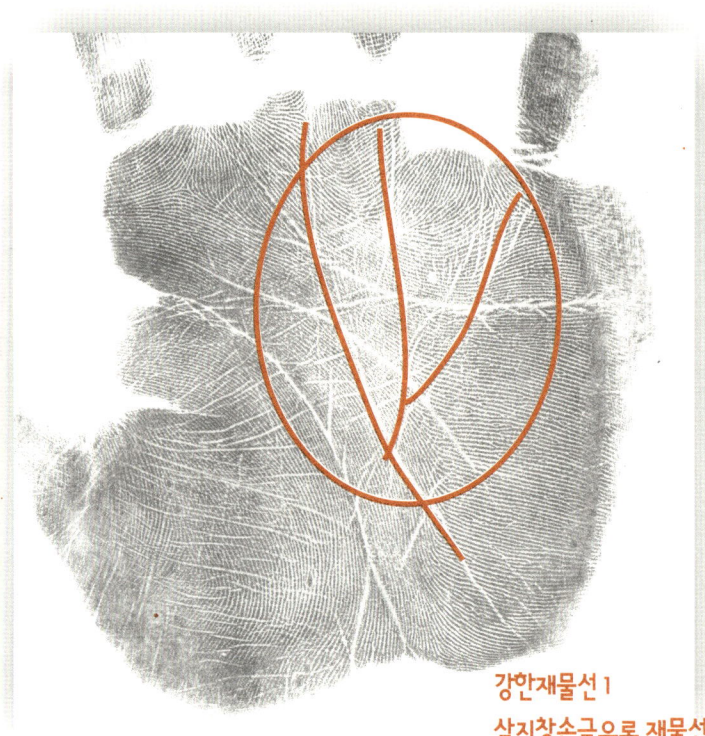

강한재물선 1
삼지창손금으로 재물선의 기세가 강하다

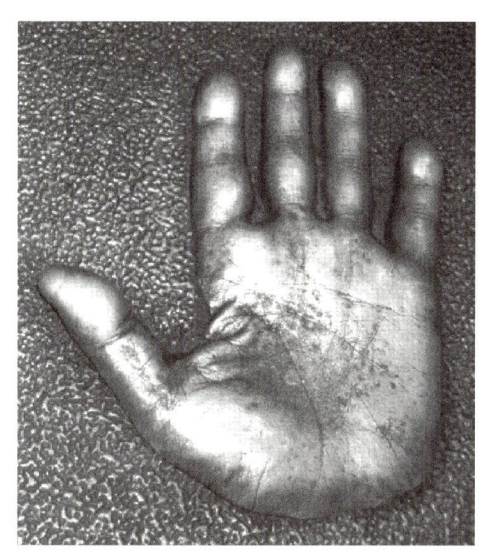

김영삼 전 대통령의 굵고 긴 재물선

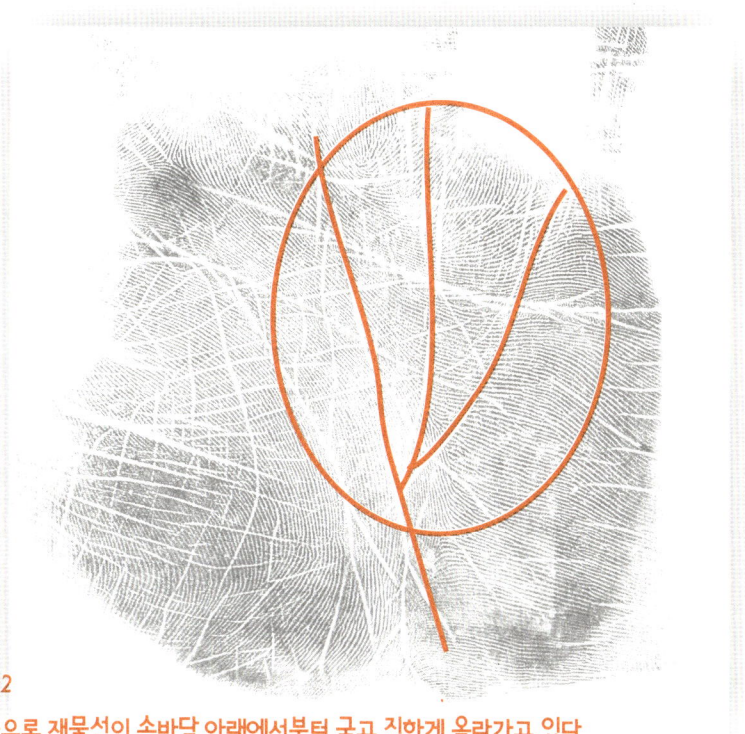

강한재물선2
삼지창손금으로 재물선이 손바닥 아래에서부터 굵고 진하게 올라가고 있다

약한재물선1
감정선 아래쪽에는 재물선이 아예 없고 태양구에 장해선만 강하게 나와있다

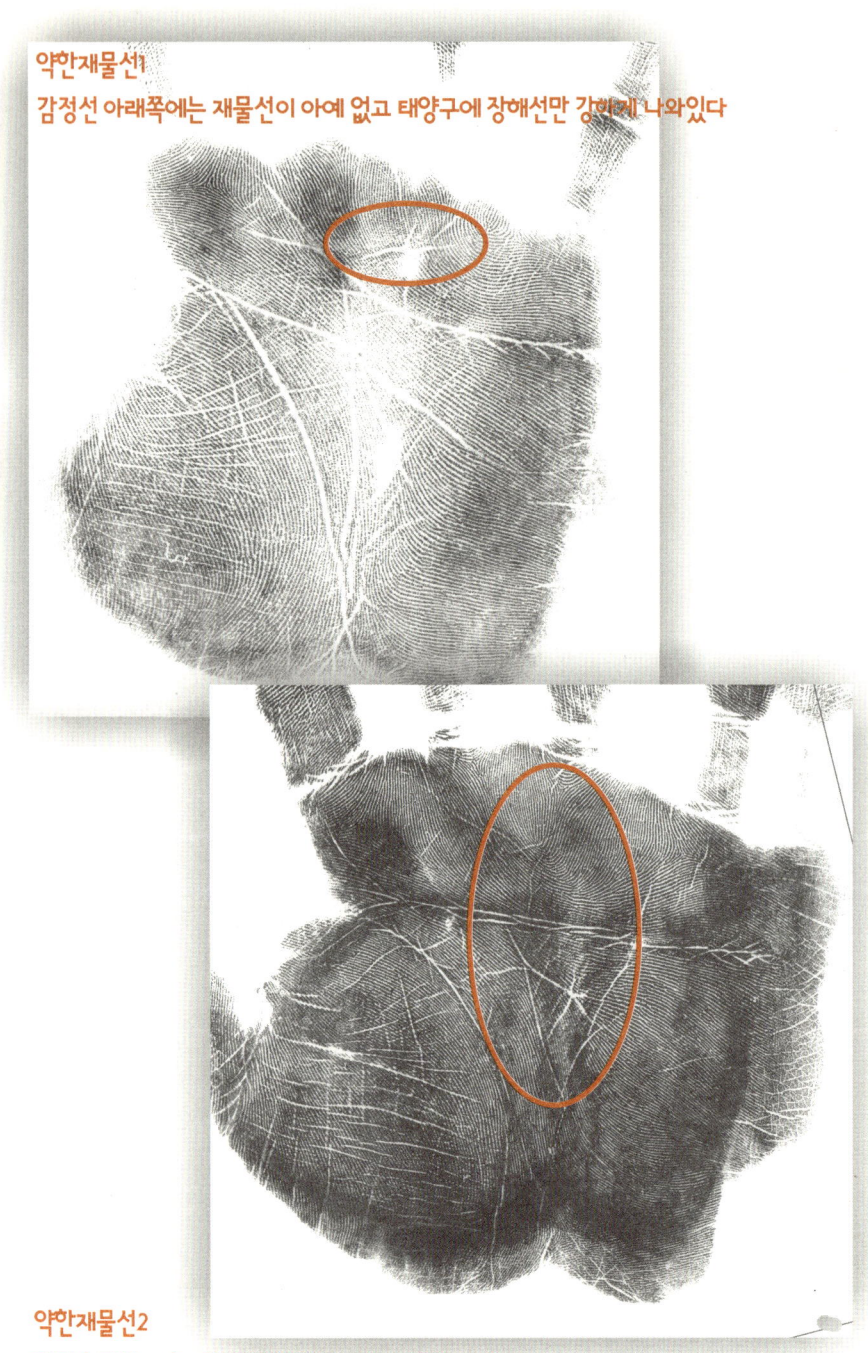

약한재물선2
막쥔손금인데 손바닥 중간부위 부터는 재물선이 없다

나. 재물선의 유형

손바닥 아래쪽에서 올라가는 일반적 재물선

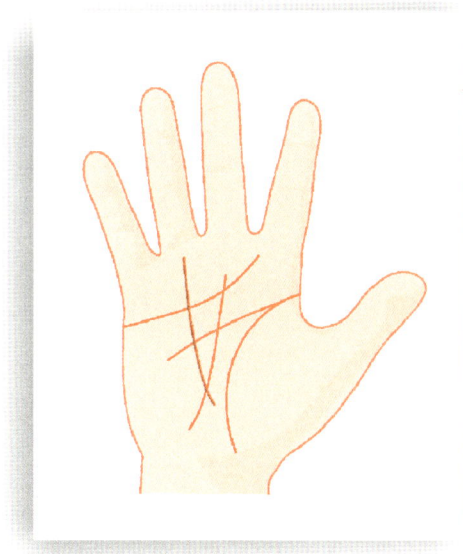

재물선은 손바닥 아랫쪽의 생명선 근처에서부터 시작하여 약지 쪽으로 올라가는게 일반적이다. 사람에 따라서 재물선 시작지점이 상당히 늦어지기도 하는데, 대략 직업적으로 안정되는 30대 초반무렵 이후에는 재물선이 올라가기 마련이다.

재물선이 유년법으로 보아 일찍 시작될수록 젊어서부터 명예와 재물이 따르는 의미가 되며, 늦을수록 직장내에서 승진도 느리고 인생길이나 직업운에 대한 전반적 만족감도 떨어지기 쉽다고 볼 수 있다.

운명선에서 뻗어나온 재물선

두뇌선 아래부위에서는 운명선에서 분기하여 약지 손가락으로 뻗어 올라가는 재물선을 가진 사람이 많은 편인데, 이런 경우 운명선에서 재물선이 뻗어 나오는 시점부터 재능을 인정받게 되어 명예가 올라가고 인생이 꽃피는 시기가 된다는 것을 나타낸다. 해당 유년은 운명선 유년법으로 살펴보면 된다.

이런 타입은 운명선 지선의 형태로 태양구로 향하는 재물선이 나오게 된 것이라서 직업운을 바탕으로 인생길에서 꽃을 피

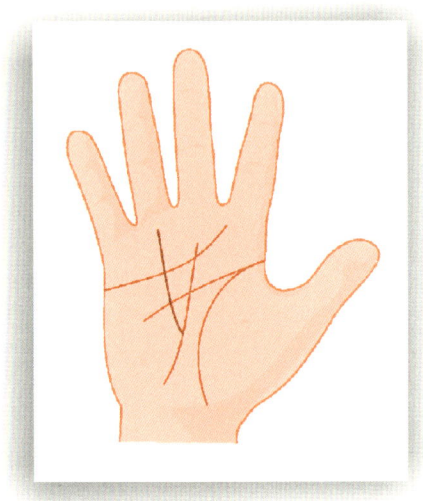

운다는 의미가 강해진다. 보통 그 나이대에 직장에서 승진을 하거나 연봉 인상과 같은 행운이 뒤따르기도 하며, 멋진 결혼을 하게 되는 사람도 있다. 사업가의 경우엔 사업적으로 행운이 따르고 돈을 많이 버는 시점이 될 수 있으며, 전업주부의 경우에도 정신적으로 풍족하고 행복한 시절이 되기 쉽다.

두뇌선에서 올라가는 재물선

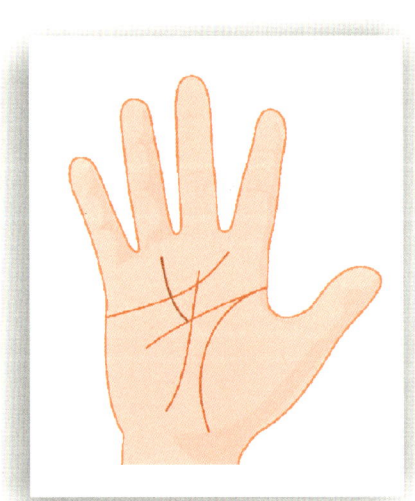

두뇌선에서 올라가는 재물선은 자신의 재능이나 아이디어로 명예와 재물을 획득하는 의미가 있다. 그리고 재물선이 올라가는 시점이 두뇌선을 지나는 나이대가 되므로 대략 37~38살 이후의 시점에서 인생길의 꽃이 피는 의미가 된다. 해당 유년은 두뇌선 유년법과 재물선 유년법 양쪽에서 따져봐야 할 것이다.

이런 타입의 재물선은 드문 편인데, 두뇌선에서 소지쪽으로 올라가는 지선이나 신비십자문양, 또는 장해선과 혼동해서는 안될 것이다. 보통 두뇌선에서 출발한 짧은 지선들은 약지쪽을 향하기 보다는 소지쪽을 향하는 경향이 많으니, 확실하게 약지쪽으로 올라가는 선만을 이 타입의 재물선으로 보아야 할 것이다.

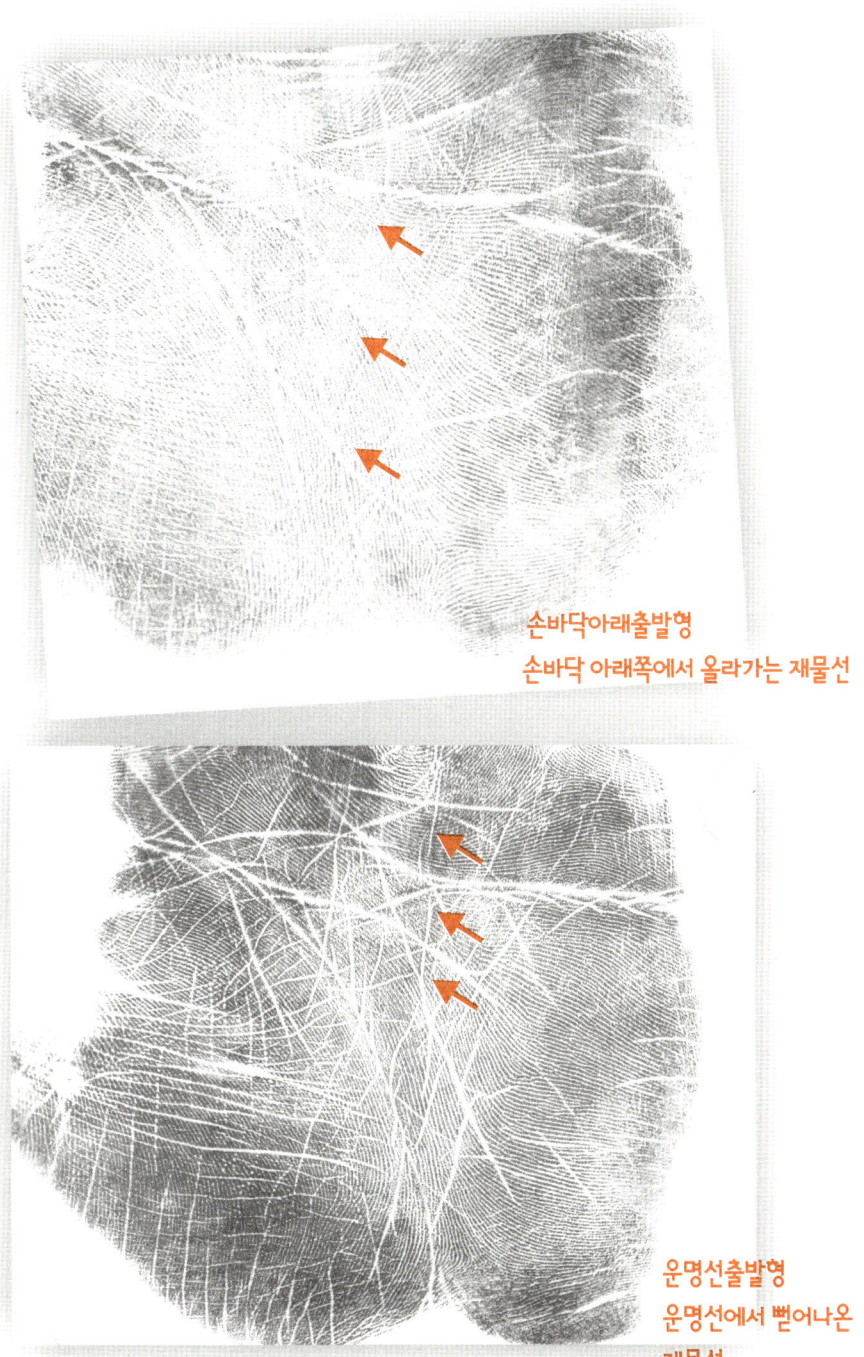

손바닥아래출발형
손바닥 아래쪽에서 올라가는 재물선

운명선출발형
운명선에서 뻗어나온 재물선

감정선 위에서 시작한 재물선

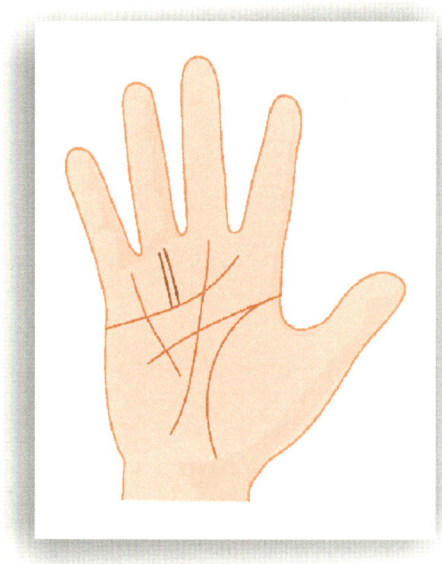

감정선 위에서 시작한 재물선은 노년기의 재물을 나타내기도 하지만 현재나 가까운 미래, 또는 먼 미래의 재물운을 함께 나타내기도 한다.

첫째, 일반적으로 오른손잡이에 있어 오른손의 감정선 윗부위의 재물선 상태는 현재나 가까운 미래의 재물운을 나타낸다. 재물선이 강한지 약한지, 재물선이 장해선에 끊어졌는지 아닌지를 기준으로 하여 재물운의 상태를 살펴보게 된다. 그리고 왼손의 감정선 윗부위의 재물선 상태는 타고난 재물운과 조금 먼 미래의 재물운을 나타낸다.

양손의 재물선의 상태가 다를 경우엔 재물운의 변화가능성이 높아진 시점이라고 볼수 있다. 왼손잡이의 경우엔 오른손잡이와 반대로 보면 된다.

둘째, 운명선과 사업선이 감정선 위쪽으로 올라가 있어서 노년기에도 직업적 활동이 가능한 것을 의미하는 경우, 감정선 위쪽의 재물선은 노년기의 재물운을 나타내는 것으로 보면 된다. 노년기에 있어서도 일을 할 운이 있는 것이고, 일을 하는 동안 재물을 벌어들일 수 있음을 나타내는 것이다. 이런 유형은 대개 강한 운명선을 가진 사람에게서 자주 볼 수 있다.

재물선이 감정선 위쪽에 확실히 잘 나와있는 경우엔 젊은시절에 다소 고생을 하더라도 꾸준히 노력하여 가면 궁극적으로는 인생길에 성공하여 물질적으로나 정신적으로 풍족하고 행복한 노년기를 보낼 수 있을 것이라고 기대할 수 있을 것이다.

월구에서 올라온 재물선

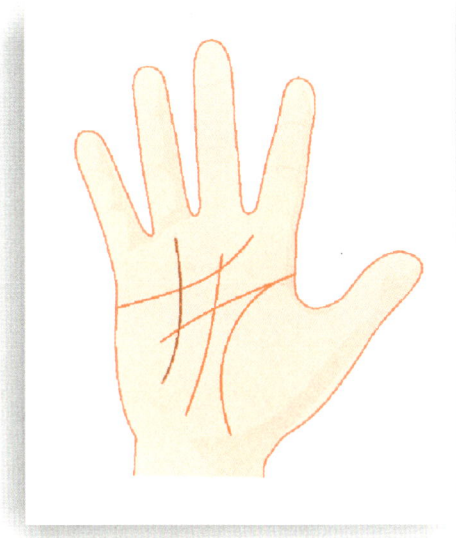

재물선이 월구에서 올라가는 경우엔 상상력, 창의력이 바탕이 되어 명예와 성공, 부를 거머쥐는 것을 의미하는데, 이런 재물선을 가진 사람은 상당히 드문 편이다.

이 재물선은 월구에서 출발하게 되는 인기선의 의미를 함께 가진다고 볼 수 있는데, 작가, 예술가, 대중매체나 미디어 관련분야, 예능, 엔터테인먼트 분야 등의 분야에서 성공하는 사람이 많다.

특히, 재물선이 태양구의 중심부를 향해 쭉뻗어 올라가는 경우엔 창의적 예능적 재능이 왕성한 것을 나타내며 자신의 작품활동을 통해 명예를 떨치거나 인기를 얻을 수 있음을 나타낸다.

이 타입은 재물선이 월구에서부터 시작하므로 유년법으로 보더라도 일찍부터 사회적으로 인정을 받고 인생길의 성공가도를 달리는 경우가 많다. 다만 휘어지면서 재물선이 올라가므로 성공에 이르기까지 숱한 고난과 역경을 겪기도 한다.

제2화성구에서 올라온 재물선 (제2화성구 태양선)

재물선이 제2화성구에서 올라가는 경우엔 제2화성구의 특질인 역경에 좌절하지 않는 정신, 생활력, 끈기, 지구력 등이 바탕이 되어 결국 명예와 성공, 부를 거머쥐는 것을 의미한다.

이 재물선은 일명 귀인선이라고도 부르는데, 어떤 신적인 존

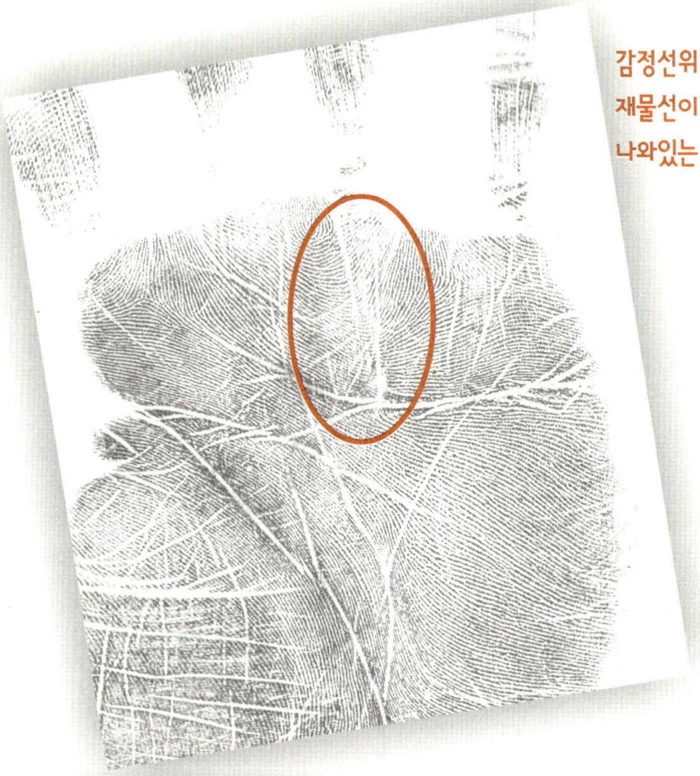

감정선위 재물선
재물선이 감정선 위에서만
나와있는 사례

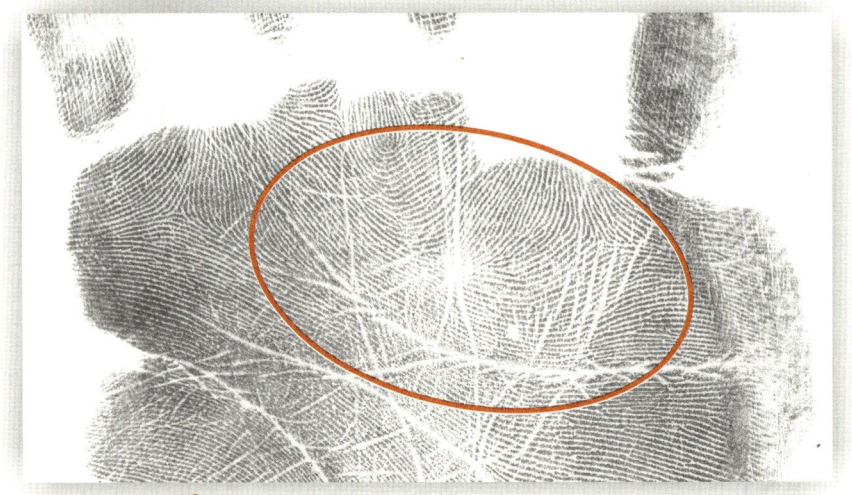

세로삼대선 모두 있음

운명선, 사업선이 재물선과 함께 나와있어서 노년기에도 계속 직업적 활동이 가능한 모습이다

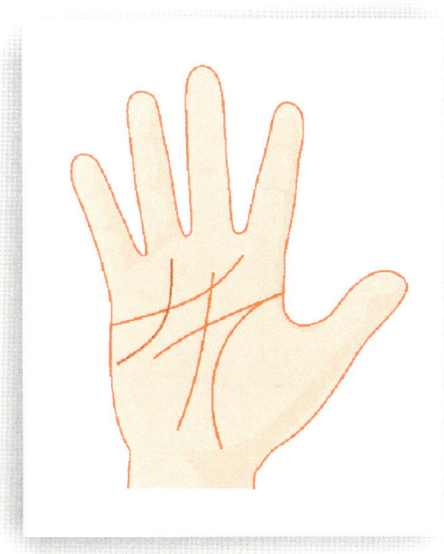

재가 나의 성공을 도와주는 의미가 있으며, 누군가의 도움이나 조언이 필요한 시점에 귀인이 나타나 주곤 한다. 흔히 조상의 음덕으로도 본다.

　귀인선이 나와있는 경우엔 '하늘은 스스로 돕는 자만을 돕는다'는 표현이 적합한데, 스스로의 노력이 바탕이 되어 주변에서 도움을 얻을 수 있음을 나타낸다. 대개의 경우 제2화성구가 의미하는 사업이나 현실적 직업분야, 또는 요식업 같은 서비스업에서 성공하는 사람이 많은데, 갑자기 유명해져 손님들이 몰려오는 의미가 있다.

　이 귀인선은 '신용과 믿음을 지키고, 어떠한 역경이나 난관에도 좌절하거나 포기하지 않으며, 꼭 성공할 수 있다는 믿음을 가지고 노력하면 반드시 성공한다'는 메시지가 있다고 할 수 있다. 사업가에 있어서는 제2화성구 재물선이 하나의 행운마크에 해당하는데, 어떠한 사업적 곤경에 처하더라도 위에서 언급한 전제조건들만 지킨다면 절대 망하지 않고 기어코 성공하고야 말기 때문이다. 정말 어쩔수 없이 사업을 접게 되는 경우에도 최소한의 피해로 막을수 있는게 또한 이런 귀인선의 도움 때문이라고 할 수 있다.

　그런데 귀인선이 중간에 끊어져 있거나 약해진다면 그 시기엔 이런 귀인선의 도움을 기대하기가 어려워지게 된다.

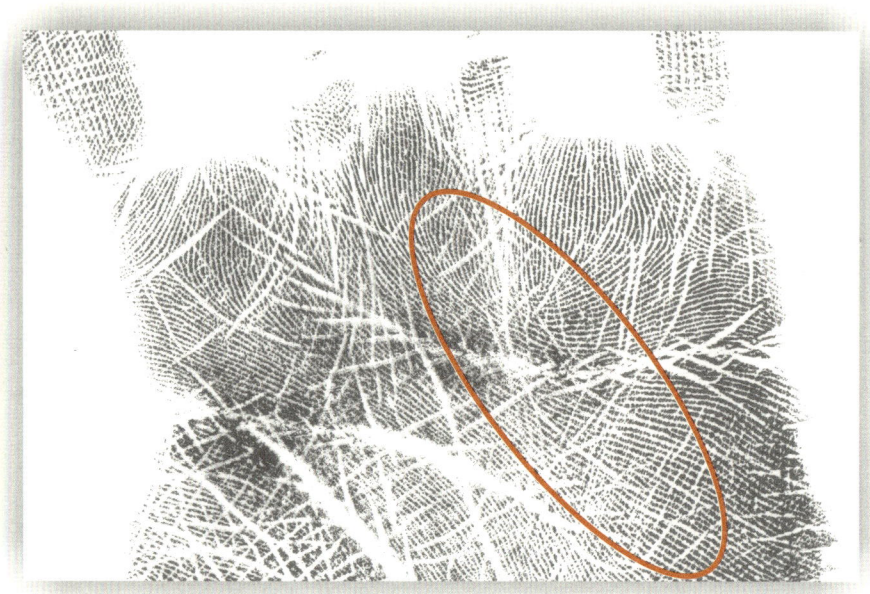

제2화성구 태양선 사례 1
제2화성구 태양선이 약지 아래까지 굵고 강하게 뻗었다 (외국계 펀드매니져)

제2화성구 태양선 사례 2
제2화성구 태양선이 주된 재물선이다 (변리사)

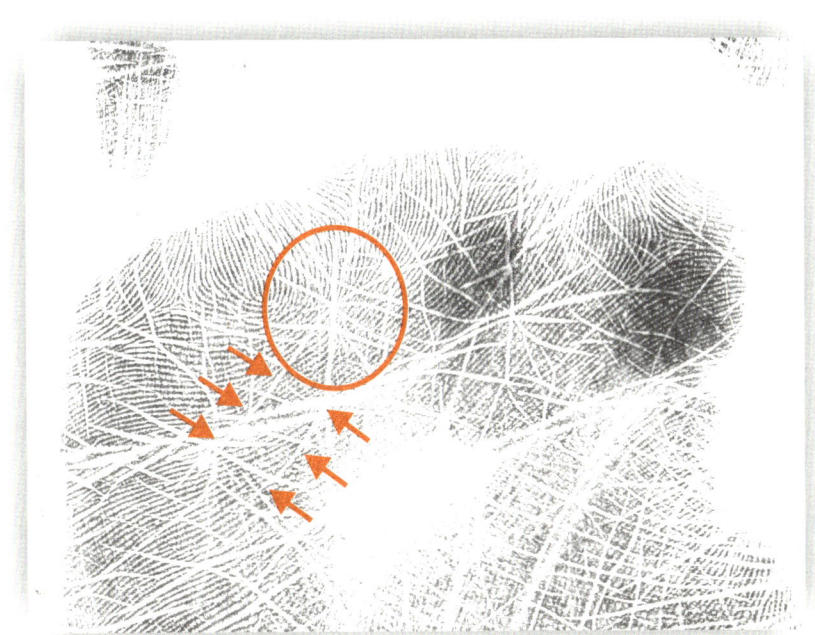

제2화성구 태양선 사례 3
제2화성구 중심과 상단에서 2가닥의 귀인선이 올라가 태양구 별문양을 만들고 있다

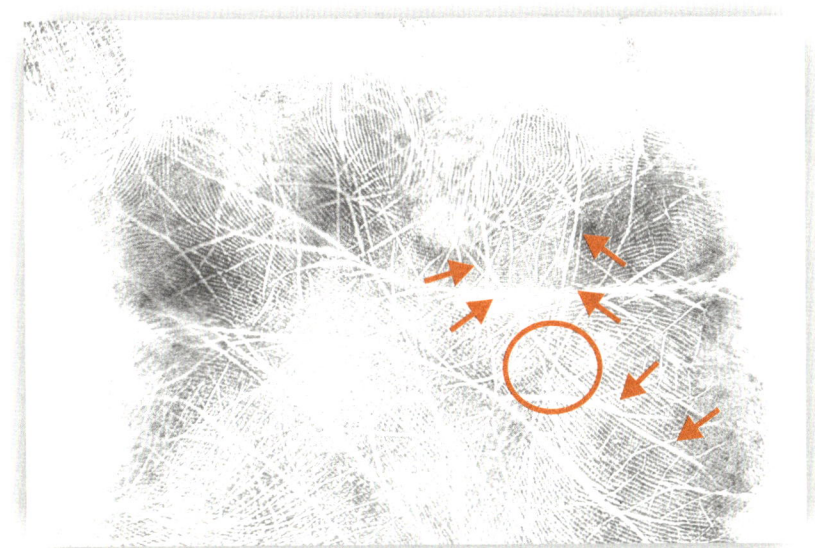

제2화성구 태양선 사례 4
제2화성구 태양선에서 횡재선이 나와 있다 (대기업 임원)

생명선에서 뻗어나온 재물선

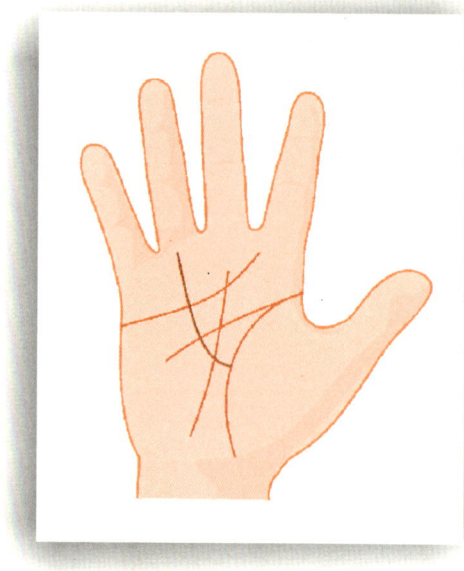

재물선이 생명선에서 올라가는 경우도 드문 편인데, 이런 재물선은 크게 다음과 같은 두가지의 의미에 속하는 경우가 많다.

첫째, 생명선 유년법에 의한 해당 나이대에 자신의 생명에너지를 분출하여 성공과 재물을 얻는다는 의미가 있다. 따라서 '세상으로 나아간다', '세상사람들의 주목을 받는다', '작품이 인정을 받는다'는 등의 의미가 있다.

둘째, 자수성가선과 비슷한 해

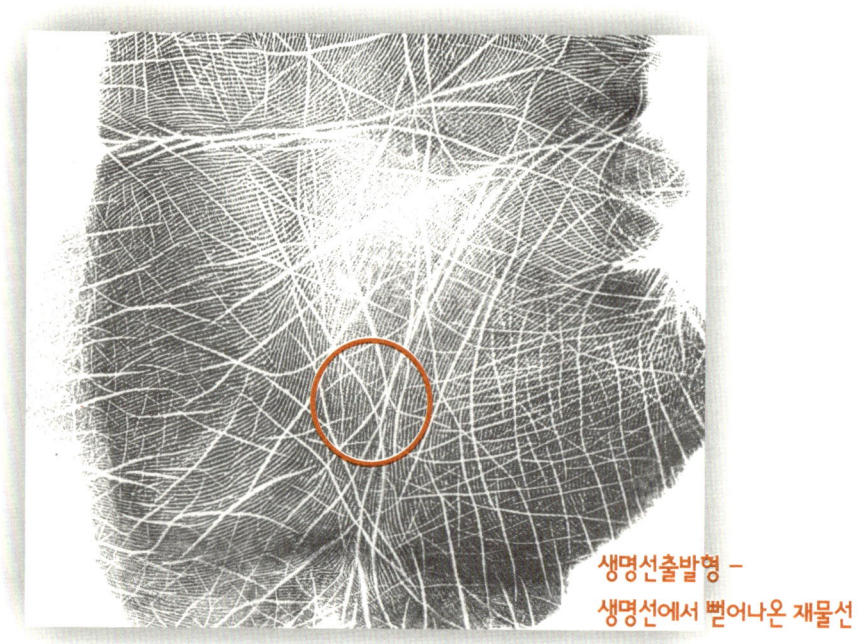

생명선출발형 –
생명선에서 뻗어나온 재물선

석인데, 스스로의 각고의 노력을 통해 성공과 재물을 이루게 된다는 것을 나타낸다. 따라서 집안친척의 도움을 기대하기는 어려울 것이다.

　이 재물선은 대개 선이 가늘고 길게 올라가는게 일반적인데, 재물선 자체가 끊어짐이 없이 잘 뻗어가고 있는지가 중요하다고 하겠다. 중간중간 장해선에 끊어졌다 새로 시작하는 모습의 재물선은 성공을 이루는데 있어 몇차례의 시련에 의한 고통이나 좌절을 의미한다.

금성구에서 시작하는 재물선

　생명선 안쪽의 금성구에서 시작하여 태양구로 올라가는 재물선은 가업을 잇는다든지 유산을 상속받는 의미가 있다. 그런데 이 타입에선 간혹 이혼으로 인한 위자료를 받는다든지, 가족

금성구출발형 - 금성구에서 시작하는 재물선

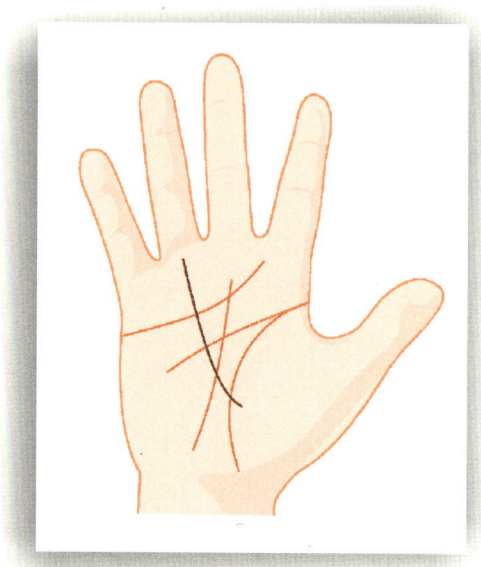

의 사고로 인해 보험금을 탄다든지 하는 경우도 있으니 생명선 안쪽에 나온 영향선의 모습을 함께 살펴봐야 할 것이다.

그런데 이 재물선은 생명선을 끊고 소지쪽을 향해 올라가는 장해선과 혼동해서는 안될 것이다. 태양구로 재물선이 잘 올라간 경우에만 해당하는 것으로 보면 될 것이다.

다. 재물선의 가닥수

재물선의 가닥수는 재물이 생기는 원천의 가짓수를 나타낸다. 재물선의 가닥수는 많을수록 좋지만, 가느다란 가닥의 경우 갯수만 많다고 재물적인 만족감이 높아지는 것은 아니다. 굵고 진한 가닥수가 많다는 것은 무척 좋은 일이지만, 재물선들의 길이와 상태, 그리고 장해선의 모습 등을 함께 참고하여 분석해야 할 것이다.

재물선의 가닥수는 운명선이나 사업선의 개수와 관련되는데, 운명선이나 사업선이 직업적 활동의 가짓수를 나타내기 때문이다.

한가닥의 재물선

재물선이 한가닥이면 들어오는 재물의 원천이 하나밖에 없

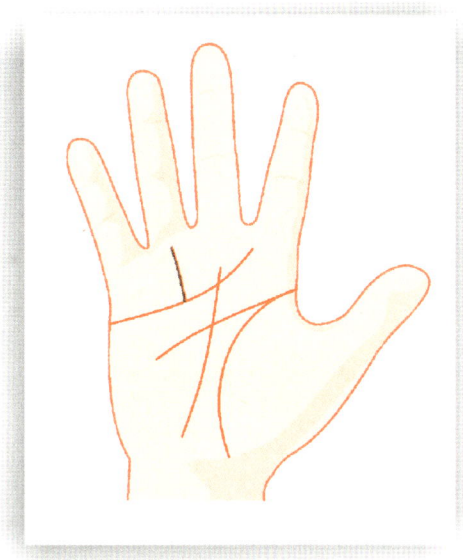

는 것을 나타낸다. 운명선이나 사업선이 두세가닥이면 직업적 활동을 두세개 할 수 있는데, 재물선이 하나라면 돈은 한군데에서 밖에 들어오지 않는다는 의미가 된다.

　재물선이 한가닥이라면 좀 부족한데, 이 한가닥이라도 약지 아래로 길고 굵게 잘 뻗어 있다면 꾸준한 수입으로 안정된 생활이 가능하다는 의미이다. 또한 이것은 노년기에도 계속 안정된 생활자금이 있는 것을 의미하여 편안하고 행복한 노후생활이 가능할 것이다.

　한가닥 밖에 없는 재물선의 상태가 좋지 않다면 직업적 성공을 위한 노력이나 재능이 부족하고, 모아둔 재산이 적으며, 금전적 수입도 불충분하거나 일정치 않아서 재물적인 근심이 따르기 쉬운 타입이라고 볼 수 있다.

여러 가닥의 재물선

　재물선이 여러가닥이면서 재물선들의 상태가 굵고 진하며 길다면 들어오는 재물이 많으며 그 원천이 여러가지인 것을 나타낸다. 이런 경우 운명선이나 사업선의 개수도 함께 참고하여야 할 것이다.

　재물선이 여러가닥인 사람들은 직업적으로도 여러가지 왕성한 활동을 하고 재테크에도 밝은 편이라서 풍족한 물질적 성공을 이루는 경우가 많다. 관심분야도 다양하며 재능이 많고 사교

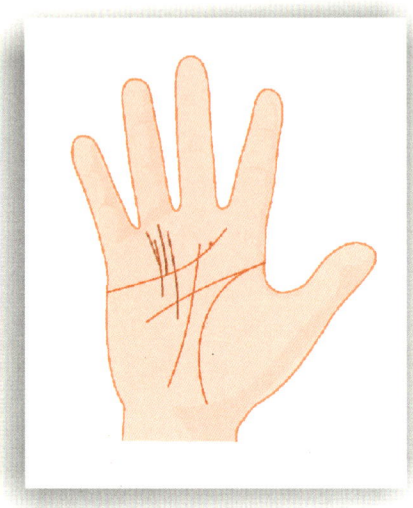

적이며 남들 보다 쉽게 성공을 이룰수 있는 타입이라고 하겠다.

운명선이나 사업선은 한가닥 밖에 없는데 반해 재물선이 여러가닥이라면 부동산 임대수입이나 이자수입과 같이 별다른 직업적 노력을 하지 않고도 들어오는 고정적인 수입원이 두세 군데 있다는 의미가 된다.

그런데 재물선이 여러가닥이더라도 가늘고 연약한 모습이라면 재물적으로 풍족하다는 말을 하기는 어렵다. 가느다란 재물선일수록 그 만족감이 적고 장해선에 의해 쉽게 끊어질 수 있기 때문이다.

재물선이 올라가면서 지선을 만들어내는 경우도 있는데, 이것도 역시 재물적인 가짓수가 늘어나는 행운의 의미로 보면 된다.

태양구의 지저분한 재물선

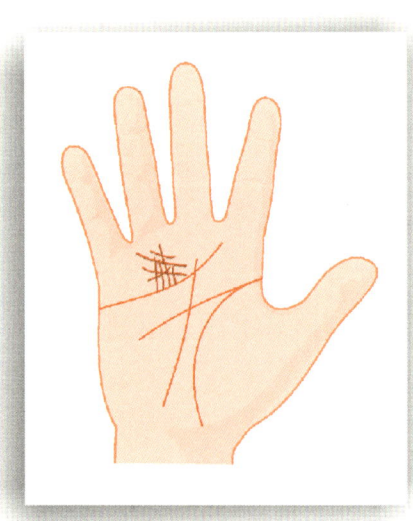

재물선이 여러가닥 나와있지만 장해선들이나 금성대와 어울려 그 상태가 지저분하게 그물모양 같이 되거나, 재물선들이 약지로 길게 올라가지 못하고 중간에 잘린 듯한 모습이 되는 것을 '태양구가 지저분해진다'는 표현을 쓴다.

이것은 다재다능하여 다양한 분야에 관심을 두게 되지만, 실제로는 실속을 잘 챙기지 못하여 재물이 잘 모이지 않는 것을 나타낸다. 허영심이

나 낭비벽이 많은 사람들도 있으므로, 생활패턴이 재물이 새는 곳이 많다든지 하여 결국 돈이 잘 모이지 않고 흩어지는 모습을 나타내는 것이다. 이러한 경우엔 자신의 재능을 한두가지에만 집중하도록 하며 씀씀이를 통제할 필요성이 있다고 하겠다.

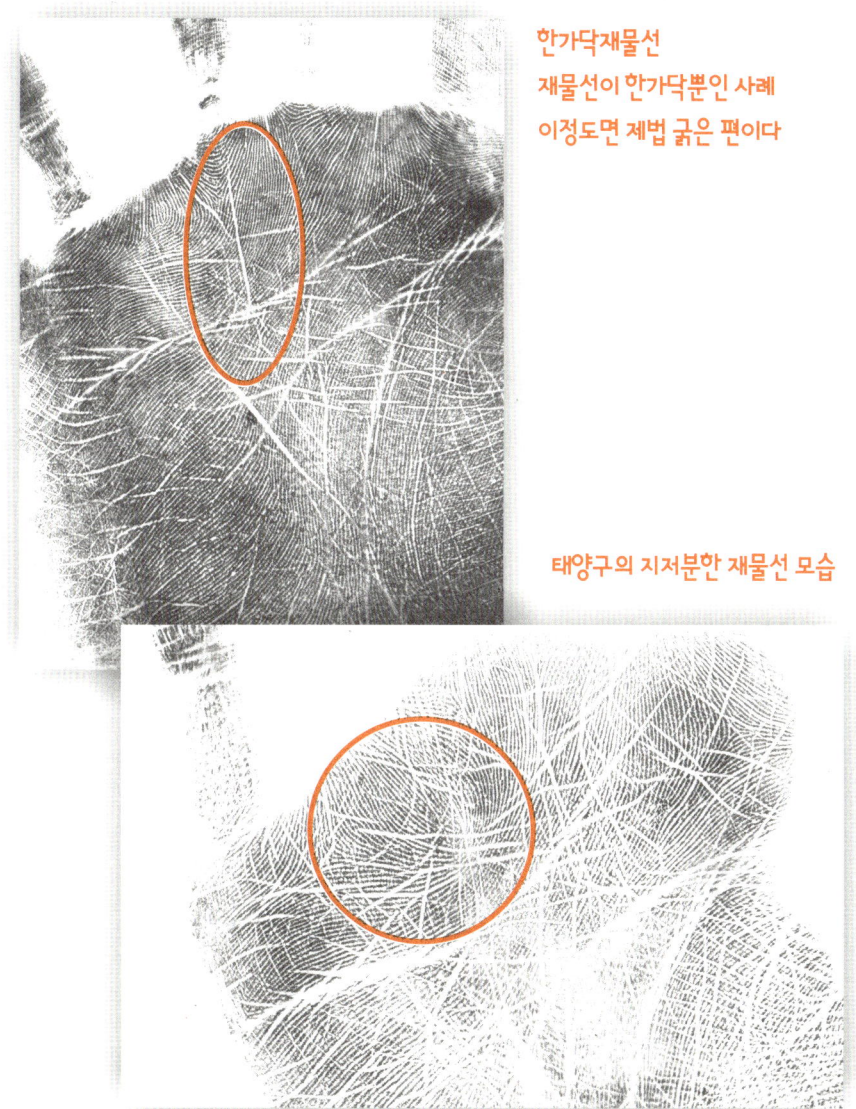

한가닥재물선
재물선이 한가닥뿐인 사례
이정도면 제법 굵은 편이다

태양구의 지저분한 재물선 모습

라. 재물선의 이상증세

　재물선은 인생길과 직업적 활동에 있어서의 성과가 총체적으로 반영되어 나타나는 선인데, 이 선에 이상증세가 생기는 것은 곧바로 재물적 손실과 명예실추, 직업적 곤란이나 좌절, 불행이나 사고 등과 연결될 수 있으므로 주의를 요한다.
　주요한 이상증세로는 재물선이 사라진다든지, 굵은 장해선이 출현한다든지, 태양구에 활선이 나온다든지 하는 것들이다. 이런 이상증세는 어느 정도의 시간적 여유를 두고 나타나는 경우가 많으므로 미리 살펴보고 대비하는 지혜를 발휘해야겠다.

재물선 상에 나타나는 장해선, 십자문양 및 끊어짐

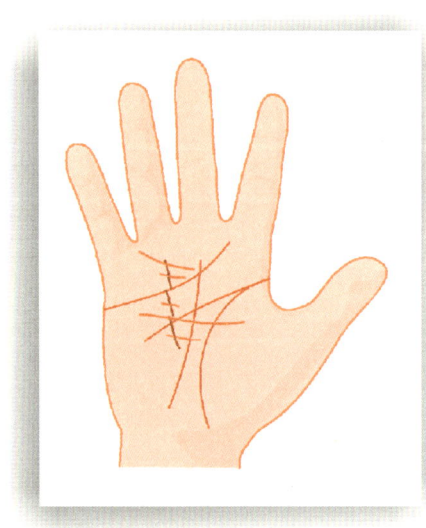

　재물선 상에 나타난 장해선은 재물운을 떨어뜨리고 성공으로 가는 길에 방해물이나 장해가 발생하는 것을 의미한다. 굵거나 가는 장해선들로 인해 재물선이 끊어져 사라지거나 약해지는 것은 해당 장해선이 구체적인 장해를 일으키는 모습이라고 하겠다.
　재물선의 장해선이 영향을 주는 시기는 재물선의 유년법에 의해 추정이 가능한데, 대개 이런 시기는 운명선이나 사업선, 두뇌선 등에서도 이상증세를 보이기 쉬우니 종합적으로 살펴보는게 도움이 될 것이다.
　십자문양의 장해선은 주변의 사람이 자신의 명예를 실추시

키거나 재물적 손실을 가져오는 것을 나타내며, 굵게 끊고 지나가는 장해선은 재물과 명예, 신용에 큰 위기를 가져올 수 있다는 것을 나타낸다.

태양구에 나온 재물선의 장해선

약지와 소지 사이에서 굵고 긴 장해선이 비스듬히 사선으로 내려오면서 재물선을 끊는 경우가 있다. 그 굵기에 따라서 장해의 정도를 짐작할 수 있는데, 재물선이 이 장해선의 장해를 받게 되면 위로 뻗어 올라가지 못하고 끊어져 버리게 된다.

장해선 사례3의 그림에서는 비스듬히 내려온 장해선 두가닥에 의해 재물선 두가닥이 각각 끊어져 있는 것을 볼 수 있다. 이런 장해선이 오른손에 나와있다면 현재 또는 가까운 미래의 재물운 상태가 장해선이 지나가는 시기라고 생각하면 된다. 그런데 이런 장해선이 왼손에만 나와있다면 내 마음속으로 느끼는 게 그렇다는 의미도 있고, 또 조금 먼 미래의 모습이 그러한 장해의 시기를 감지하고 있다는 의미가 된다. 미래에 닥칠 장해선의 시기 자체는 운명선이나 사업선을 살펴볼 필요가 있겠다.

장해선의 굵기에 따라 손재수나 불명예, 구설수, 사고수 등의 정도가 달라지는데, 굵을수록 그 장해의 정도가 크다고 볼 수 있다. 또한 장해선이 지나간 이후에 재물선이 위로 올라가지 못하고 끊어져 사라져 버렸다면 해당 장해선이 복구가 힘든 정도의 상처나 손실을 줄 수 있음을 나타낸다. 장해선이 강한 시기에는 재물이 나가면 쉽게 돌아오지 않는 경우가 많으니 재물관리에 유의하고, 재테크에 있어서도 증권과 같은 위험성이 많은 쪽은 피하는게 좋으며, 사업가의 경우엔 당분간 아주 보수적이고 안정적으로 사업을 꾸려가야 할 것이며, 시험을 준비하는 사람에게도 좋지 않은 모습이니 더욱 노력하고 분발하여야겠다.

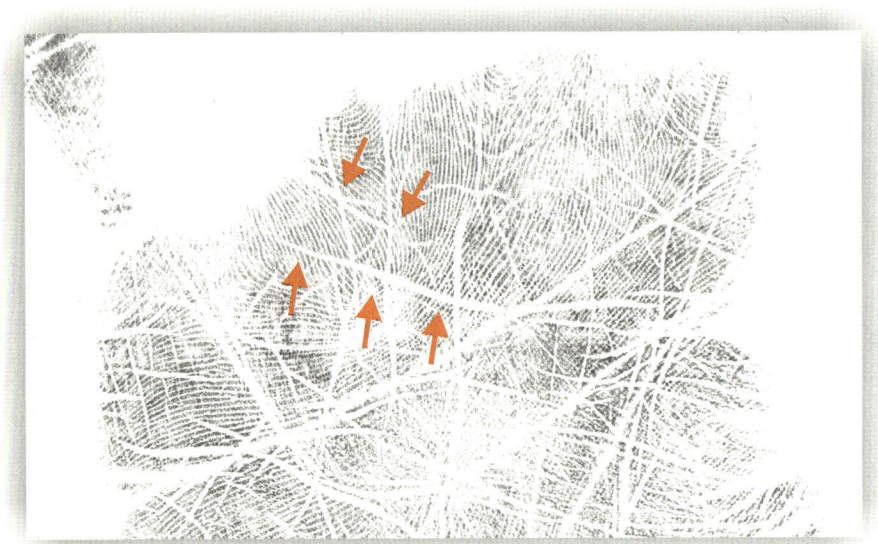

태양구 재물선의 장해선 사례 3
굵은 장해선이 길게 뻗어서 재물선들을 자르고 있는데, 아직까지는 버틸만해 보인다.
장해선이 계속되면 결국 굵은 재물선도 약해지게 될 것이다

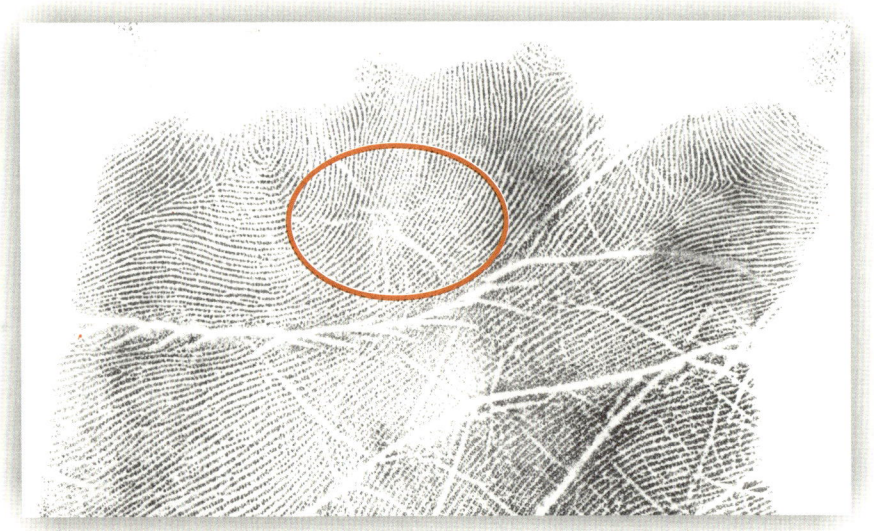

태양구 재물선의 장해선 사례 4
원래 부실했던 재물선을 장해선이 위에서 누르고 있는 모습이다. 재물, 명예, 행복감, 어느 것도
안풀릴 수 있으니 헛된 꿈을 버리고 착실히 저축해가야 할 것이다

재물선이 약지아래까지 길게 뻗지 못한 경우

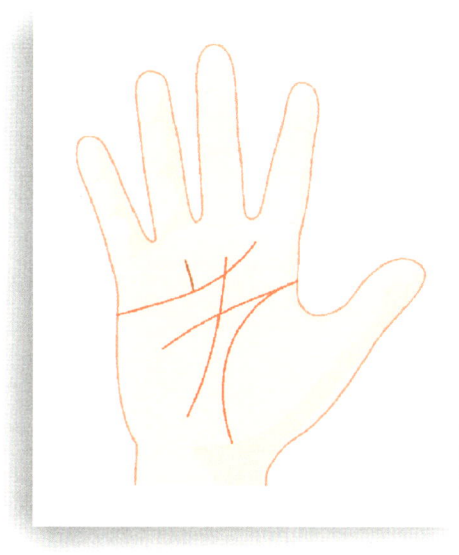

재물선이 약지 손가락 바로 아래까지 뻗어 올라가지 못한 경우엔 재물운이 충분하지 못하여 재물적 근심이 생기기 쉬움을 나타낸다. 노년기를 앞둔 사람일 경우엔 노년기에 재물적인 근심이 생길 수 있음을 의미하는데 모아둔 재물이 적어서 충분치 않음을 나타낸다. 인생길이나 직업운에 대한 만족감이나 행복감도 약한 모습이라고 하겠다. 이런 모습의 손금을 가진 사람은 요행을 바라지말고 젊을 때부터 부지런히 벌어서 착실히 저축을 해가야만 하겠다.

두뇌선 위쪽부위의 재물선의 장해선

두뇌선 위쪽부위의 재물선은 나이대로 보아 40대~50대초반에 해당하는 시기인데, 여기 부위에서는 굵은 재물선을 가진 사람을 만나기가 상당히 힘든 편이다.

이 시기는 일반적으로 가계지출이 많아지고 자녀들의 성장에 따라 교육비 등의 부담이 증가하는 시기라서 저축이 잘 안되는 시기에 해당하는 점을 감안하여야겠다.

다음 그림에서는 두뇌선을 약간 끊으면서 나온 두뇌선의 지선이 재물선을 끊어버려서 장해선 위쪽으로 재물선이 더 이상 올라가지 못하고 있음을 볼 수 있다. 이런 경우엔 사업경험 부족이나 사업계획상의 허점 등으로 인해 그동안 쌓아두었던 재물이나 명예를 모두 잃어버리고 빚더미에 올라앉게 될 가능성이 있음을 나타내는 것이다. 구체적 장해의 시기는 재물선과 운명선, 사업선의 유년법으로 살피면 되겠다. 두뇌선을 약간 끊고 나온 지선이 바로 이런 사업적 역량의 부족이나 사업상의 잘못된 판단이나 예측과 같은 것을 의미한다. 여기서는 장해선에 끊어진 이후의 재물선이 한동안 나오지 않는 모습이라서 장해선이 지속되는 기간동안 재물적으로 곤란을 겪게 될 가능성이 많다고 하겠다. 태양구에도 장해선이 많이 나와있는 모습이니 이런 의미가 더욱 강해짐을 알수 있다.

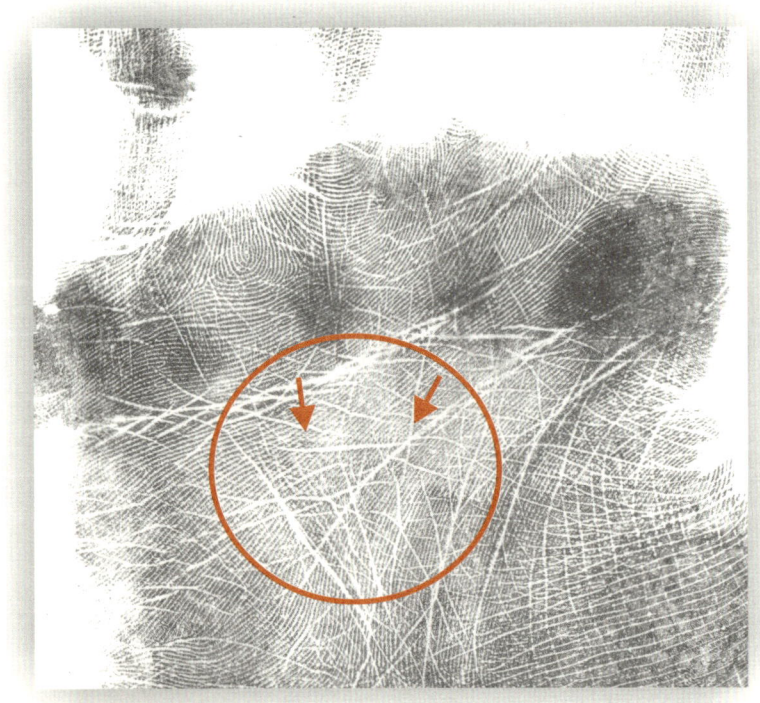

두뇌선 지선에 끊김
두뇌선 위쪽 부위의 재물선의 장해선 사례 – 재물선이 잘 올라가다가 두뇌선의 지선을 만나서 강하게 끊어진 모습이다. 이 두뇌선 지선은 두뇌선을 살짝 끊고 있는 모습이다

태양구에 나온 활선 (어둠의 기운)

태양구는 말 그대로 태양빛이 비치는 부위라고 할 수 있다. 여기는 밝고 강한 햇살이 내려쬐는 것 처럼 재물선이 선명하게 나와있어야 하는데, 이상하게도 재물선은 전혀 보이지 않고 굵은 칼날 모양의 활선만 보이는 경우가 있다.

이것은 뭔가 심상찮은 어둠의 기운이 태양구를 뒤덮고 있는 것을 말한다. 이런 시기는 매우 조심해야할 시기로서 사고수나 급병수, 큰 재물적 손실이나 불명예 등을 당하기 쉽고, 갑자기 자살충동이 생기거나 인생길에 큰 상처를 남기는 재난이나 불운을 겪게 될 수도 있다. 마치 인생길에 광풍이 몰아치는 것과 같은 것이니 이런 시기는 각별히 근신하며 지내야 무사할 수 있을 것이다.

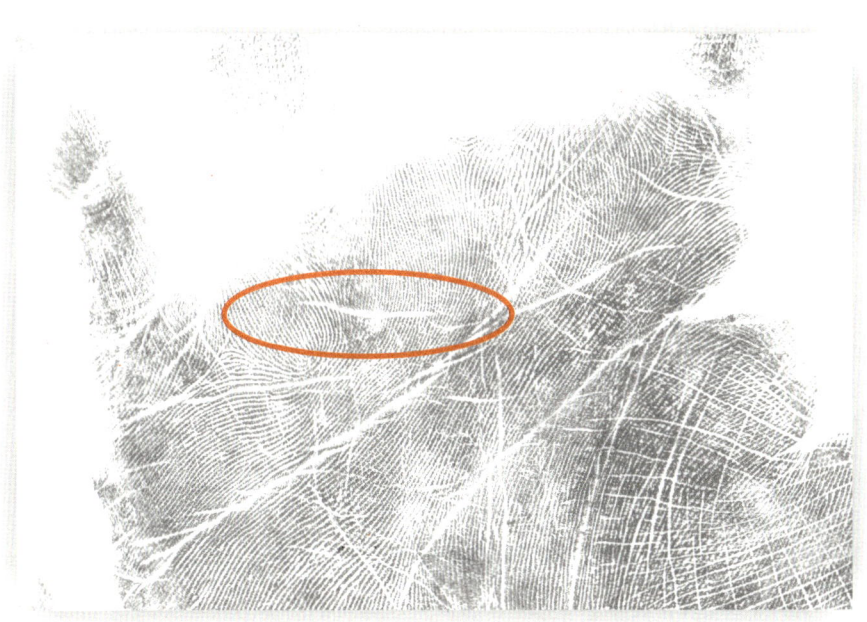

태양구에 나온 활선 - 지금 현재가 매우 조심할 시기임을 나타낸다

태양구에 재물선이 전혀 없는 경우

태양구에 활선은 나와있지 않지만 재물선이 하나도 보이지 않는 경우가 있다. 이런 것도 태양구가 어둠으로 뒤덮힌 것을 나타낸다.

역시 어두운 암흑의 시기에 해당하는 것이라 손재수, 구설수, 사고수, 급병수, 집안우환 등의 나쁜 일들을 당하기 쉬우므로 각별히 근신하고 조심하여야 할 것이다.

그런데 이렇게 태양구가 어두운 사람들은 인생의 행복감이나 만족감을 전혀 느끼지 못하고 사는 경우가 많다. 스스로의 마음속에 어두운 기운이 많아서 삶을 고달프고 힘들게 느끼기 쉽다. 마음속에 다시금 빛이 들어오게 해야 할 것인데 신앙적인 귀의를 권유해볼만 하겠다.

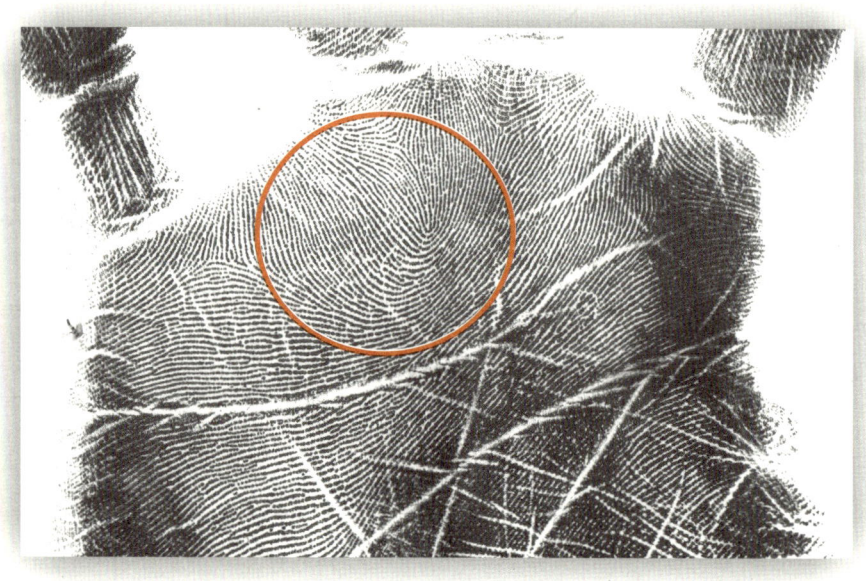

태양구에 재물선이 전혀 나와있지 않음

마. 재물선의 행운표시 - 별문양, 삼지창

재물선과 관련된 행운의 표시도 있는데 재물선의 별문양이나 태양구의 별문양, 그리고 삼지창손금을 들수 있다. 별문양이 손바닥에 나오면 대체로 나쁘게 해석되지만 재물선이나 태양구만은 예외이다. 아주 좋은 의미가 있는 것이다.

삼지창손금은 운명선, 사업선, 재물선이 모두 시원하게 쭉 뻗어 올라가는 모습을 가리키며 큰 부자가 되고 인생의 성공을 이루는 것을 말한다. 아무에게나 흔히 나오는 손금의 모습은 아닌데, 부모에게 물려받은 재산으로 별다른 노력없이 부자가 된 사람들에게선 찾아보기 어려우며, 힘든 역경을 이겨내고 스스로 큰 사업을 일으켜 부자가 된 사람들에게서 삼지창 손금이 자주 발견되곤 한다.

재물선 위에 나타난 별문양

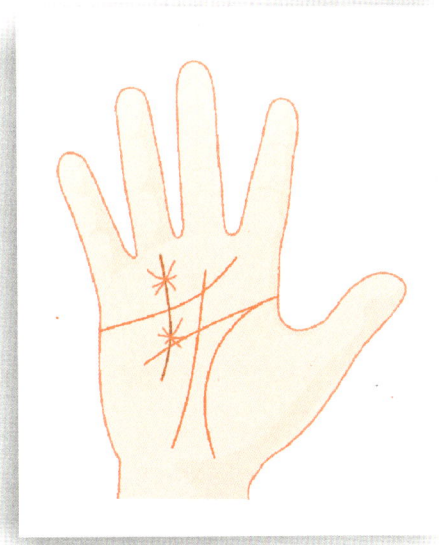

별문양이 재물선 위 또는 태양구에 나오면 아주 좋은 행운으로 해석된다. 그런데 이 별문양에 대해 제대로 분간할 필요가 있는데, 장해선이 중첩해서 나온 경우를 별문양으로 잘못 보기 쉽기 때문이다.

별문양은 기존 재물선에 세개의 선이 더해져서 생기는 것을 말하며, 별문양 위로 재물선이 힘차게 잘 뻗어 올라가야만 별문양으로 판단할 수 있는 것이며 그렇지 못할 경우는 오히려 장해가 중첩된 의미가 된다.

별문양이 나타내는 재물선 상의 유년에 갑자기 재능과 노력을 인정받게 되거나, 직업적 사업적 대성공의 기쁨으로 재물과 명예가 크게 상승하는 경험을 하게 된다.

별문양은 갑자기 닥친 행운, 뜻밖의 횡재, 큰 명예를 얻거나 귀한 상을 타거나, 하루 밤에 스타가 되는 듯한 성공을 맛보는 사건들이 생길 것을 암시하며, 재물선의 유년법 상 해당시기 근처가 중요한 인생의 승부처가 될 수 있다. 태양구의 별문양은 언젠가 이러한 행운의 시기가 온다는 것을 나타내는 것인데, 별문양이 선명해지며 재물선이 강해지는 시기라든지, 운명선이 강해지는 시점이나 개운선이 올라오는 시기 등에 그런 행운이 찾아올 가능성이 많다고 하겠다.

재물선 위에 나타난 별문양 사례 1
두뇌선과 감정선 사이의 재물선에 예쁜 별문양이 만들어져 있는데,
기존 재물선 두가닥이 잘 올라가고 있고 귀인선과 두뇌선 상향지선이 함께 만나서
별문양이 된 모습이다

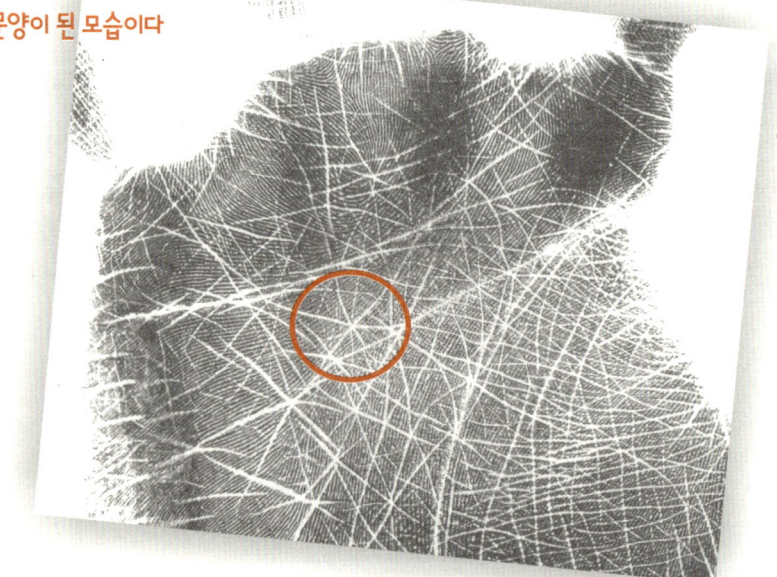

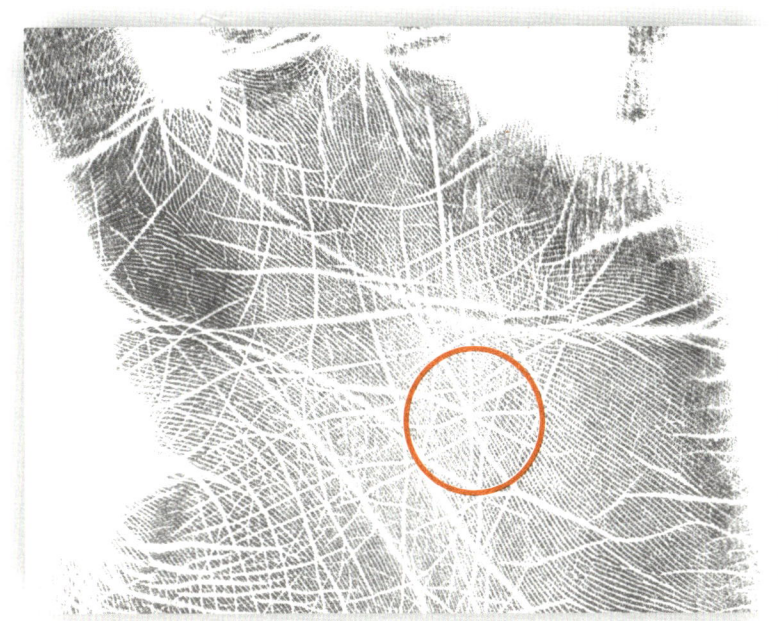

재물선 위에 나타난 별문양 사례 2
두뇌선 위쪽의 재물선에 예쁜 별문양이 만들어져 있는데, 기존 재물선이 굵게 잘 올라가고 있고 굵은 귀인선과 두뇌선 지선들이 함께 만나서 별문양이 된 모습이다

태양구 별문양 사례 1
태양구에 예쁜 별문양이 만들어져 있는데, 별문양에 있어서도 원래의 재물선은 굵고 길게 약지로 올라가야만 좋게 해석한다

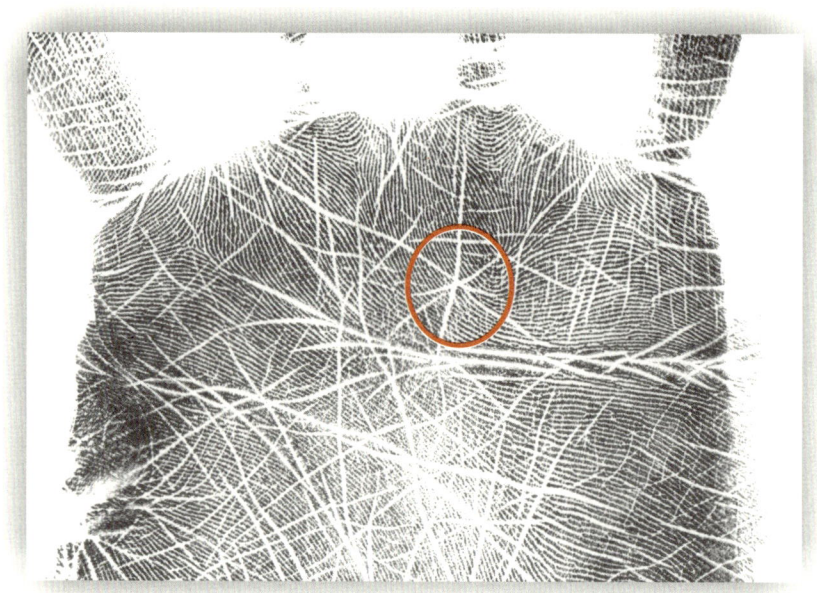

태양구 별문양 2
태양구의 재물선을 가는 선들이 살짝 자르면서 별문양을 만든 모습이다

삼지창 손금

　삼지창손금은 세로삼대선이 모두 손가락쪽을 향해 굵고 길게 잘 뻗어 올라간 것을 말하는데, 마치 그 모습이 삼지창과 같다고 하여 붙여진 이름이다.

　직업운과 인생길을 나타내는 운명선, 사업운과 직장운을 나타내는 사업선, 재물과 성공을 나타내는 재물선이 모두 잘 발달한 것을 말하며, 스스로 노력하여 큰 사업을 이루고 부를 축적한 사람에게서 발견되는 손금이다.

　다음 사례1의 손금은 평생 남다른 비범한 재능으로 사업적 성공을 일구어 수백억대의 부자소리를 들으셨던 84살 먹은 할머니의 손금이다. 두뇌선 아래와 위에서 두차례 삼지창이 만들어지고 있는 모습이다.

삼지창 손금 사례 1
84세 부자할머니의 손금
삼지창 손금에 독립적 두뇌선,
굵은 인복선,
두뇌선에서 올라간 사업선,
자수성가선 등 아주 뛰어난 손금의
소유자인데
평생 여러차례 사업을 일으켜
큰 부를 이루었던 분이다.

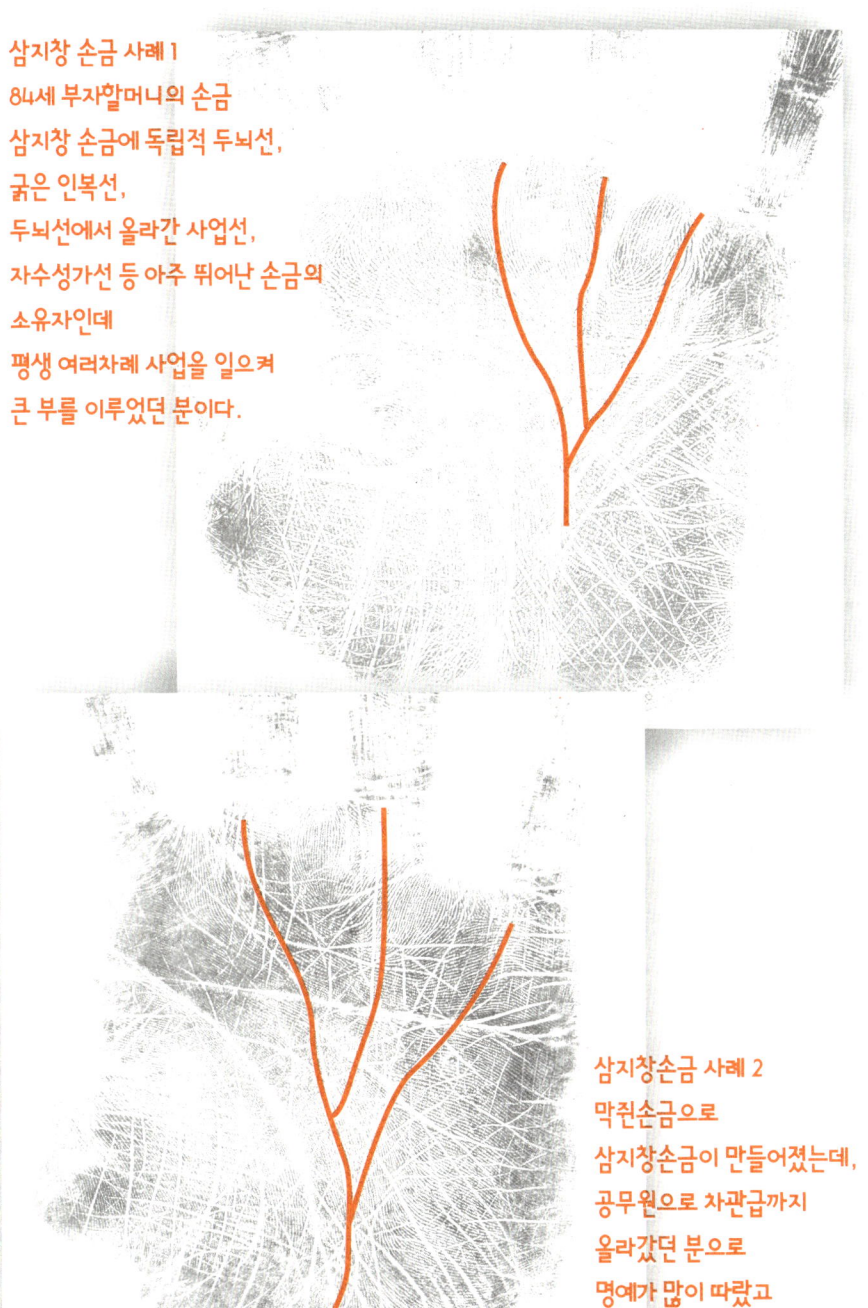

삼지창손금 사례 2
막쥔손금으로
삼지창손금이 만들어졌는데,
공무원으로 차관급까지
올라갔던 분으로
명예가 많이 따랐고
재산도 많은 분이다

삼지창손금 사례 3
여성국회의원 손금으로 감정선이 막쥔금 형태로 이어졌으며, 두뇌선에서 출발한 사업선이 기존 사업선과 합하여 강하게 올라가고 있다

삼지창손금 사례 4
외국계 펀드 매니져 손금으로 고연봉에 수십억대 재산을 형성하였다

바. 재물선 유년법

사업선과 재물선의 유년법은 운명선 유년법을 기준으로 하는게 제일 정확도가 높다. 유년법은 다음과 같은 요령으로 보면 된다.

첫째, 운명선 유년법에 의해 35살, 25살, 30살 지점을 각각 잡는다.

둘째, 운명선 유년대를 약간 휘어진 모양의 표준적인 두뇌선을 가정하여 그림에서 처럼 사업선과 재물선 유년대를 설정하면 된다.

셋째, 사업선이나 재물선이 감정선을 지나는 나이대는 55살로 보면 된다.

넷째, 사업선이나 재물선이 두뇌선을 지나는 나이대는 대략 37~38살에 해당하는데, 이것은 운명선 유년법에 의해 나온 결과를 위와 같은 요령으로 적용하면 된다.

다섯째, 25살 이전의 유년대는 따로 잡지 않는다.

여섯째, 막쥔손금이나 이중감정선, 이중두뇌선 등의 특이손금에 대한 유년법은 운명선 유년법을 참고로 하면 된다.

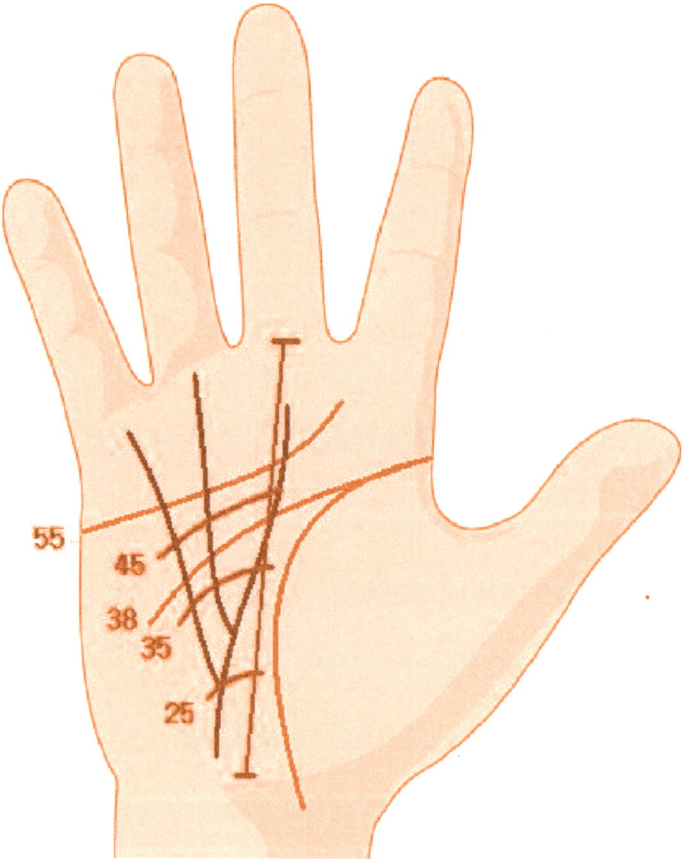

Q&A 개운비법은 어떤게 있을까요?

손금은 우주의 이치, 자연의 이치와 나의 삶이 얼마나 잘 조화를 이루고 있는가를 나타내는 것이다. 즉, 나의 육체, 정신, 마음과 영혼이 건강한 상태일 때 손금엔 잡선이나 장해선이 없어지고 좋은 선들이 자리잡게 되는 것이다. 손금의 상태가 얼마나 나쁜가를 보면, 자신의 삶이 얼마나 평화와 균형을 잃었는지가 드러나는 법이다.

따라서 손금이 나쁘면 다시금 평화와 균형을 찾아가려는 노력이 필요한 것인데, 비틀어진 생활습관을 개선하고, 허약해진 신체장기에 활기를 주어 건강관리에 힘쓰며, 평화로움에서 벗어난 마음을 다스려 안정시키고, 자신의 삶과 외부현실을 잘 조화시켜가려는 노력을 하는게 필요할 것이다.

신비십자 종족의 경우, 눈에 보이지 않는 영적인 세계에 눈을 뜨는게 인생길을 개선하는데 있어 중요한 계기가 되기도 하는데, 종교에 귀의하거나, 집안의 제사나 선산관리에 이상이 없는지를 챙겨 본다든지, 참선 명상을 통한 강한 영성을 키운다든지 하는 것이 좋은 효과를 가질 수 있다.

손금은 스스로의 노력에 의해 상당히 좋게도 바꾸어 갈 수 있는 것이다. 손금분석을 통해 자신의 손금 중 어떠한 요소가 우주의 이치나 균형상태에서 깨어져 있는지, 왜 그런 현상이 나타나 있는지를 잘 파헤쳐 가보면 거기에서 삶의 전환점을 긋게 될 아이디어를 얻을 수도 있을 것이다.

4부

기타 보조선

Chapter 01

결혼선 · 금성대

　기본삼대선과 세로삼대선 말고도 손금분석에 있어 중요한 위치를 점하는 손금 선들이나 문양이 다수 있는데, 여기서는 결혼선, 금성대, 신비십자문양, 비애선, 솔로몬링, 토성환, 부처의 눈 등에 대해 알아보자.
　보조선이나 문양들은 주요선들이 나타내는 의미를 다소간 강화시키기도 하고 약화시키기도 하면서 영향을 미치게 된다. 사람에 따라서는 보조선들이 아주 나쁜 형태를 하고 있어서 주요선들의 좋은 의미를 상당히 떨어뜨리기도 하고, 또 어떤 경우에는 보조선들이 주요선의 약점을 보완하는 역할을 하기도 한다.

1. 결혼선

결혼선은 소지손가락 아래와 감정선 사이에 가로로 나온 선들을 말하는데, 결혼을 나타낸다기 보다는 일생 어느 정도의 인연을 만나게 되고 그 인연과 얼마나 깊은 애정을 나눌지를 볼 수 있다. 결혼선은 굵고 진하며 직선형인 것이 제일 좋은데 결혼운이 좋고 애정문제가 잘 풀려갈 것을 말하며, 결혼선 끝이 갈라지거나 하향한다든지 장해선을 만난다든지 섬문양이 있게 되면 애정문제가 잘 풀리지 않는 것을 말한다.

결혼선의 굵기와 가닥수

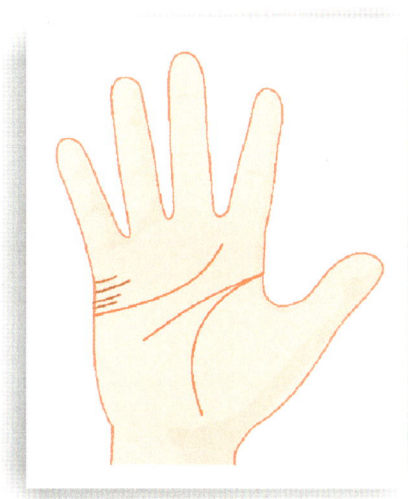

결혼선은 굵거나 가는 선이 두세가닥 정도 나와있는게 정상이다. 가늘거나 짧은 가닥은 연애 정도의 가벼운 인연을 말하며, 굵고 긴 가닥은 결혼이 가능한 깊은 인연을 나타낸다.

진한 결혼선이 두가닥 이상 나와있으면 결혼에 있어 신중할 필요가 있는데, 첫사랑에 실패하거나 재혼의 가능성이 많기 때문이다. 이런 타입은 생명선 안쪽의 배우자를 나타내는 영향선이 어떤 모습인지 함께 살펴봐야하는데, 배우자영향선이 결혼의 나이대 이후에도 새로 나오는 모습이라면 이혼가능성은 높아지게 된다. 물론 결혼이나 이혼과 관련한 문제는 당사자들의 가치관, 교육수준, 종교적 신념 등에 따라 달라질 수 있다는 점을 간과해선 안된다.

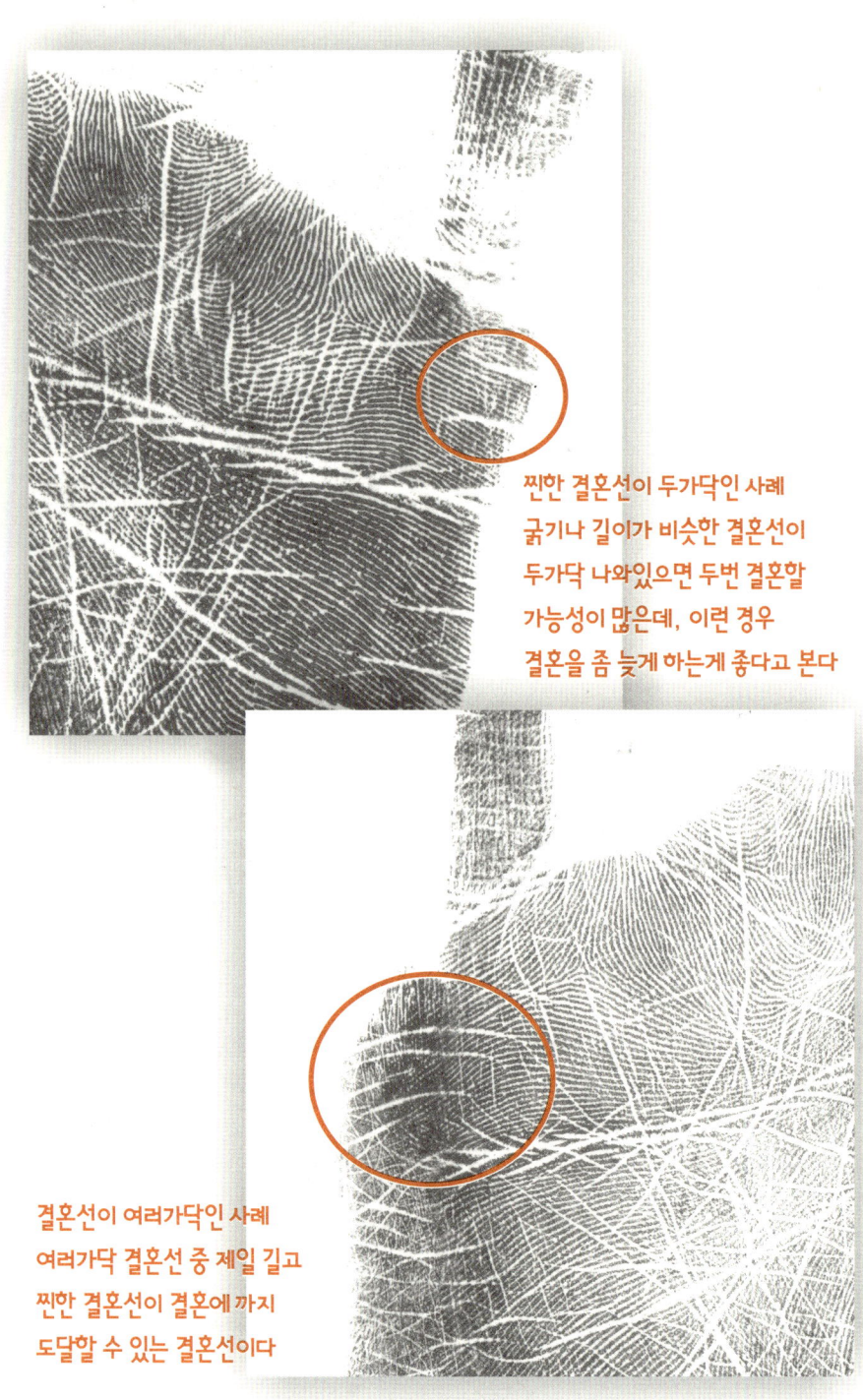

찐한 결혼선이 두가닥인 사례
굵기나 길이가 비슷한 결혼선이
두가닥 나와있으면 두번 결혼할
가능성이 많은데, 이런 경우
결혼을 좀 늦게 하는게 좋다고 본다

결혼선이 여러가닥인 사례
여러가닥 결혼선 중 제일 길고
찐한 결혼선이 결혼에 까지
도달할 수 있는 결혼선이다

결혼선의 유년법

결혼선을 통해 결혼 적령기를 추정해볼수 있다. 소지 아래쪽과 감정선을 기준으로 하여 그 중간쯤 되는 부위에 진하고 긴 결혼선이 나와있을 경우, 사회의 통상적인 기준에 따른 결혼적령기가 된 것을 나타낸다. 대개 우리나라의 경우 남자는 20대 후반, 여자는 20대 중반 무렵의 나이에 해당한다. 이 나이대 보다 위쪽에 진하고 굵은 결혼선이 나와있으면 결혼적령기 보다 좀 늦은 나이에 결혼을 하게 된다는 의미가 되며, 이 나이대 보다 아래쪽에 진한 결혼선이 나와있으면 좀 일찍 결혼을 할 수 있다는 의미가 된다.

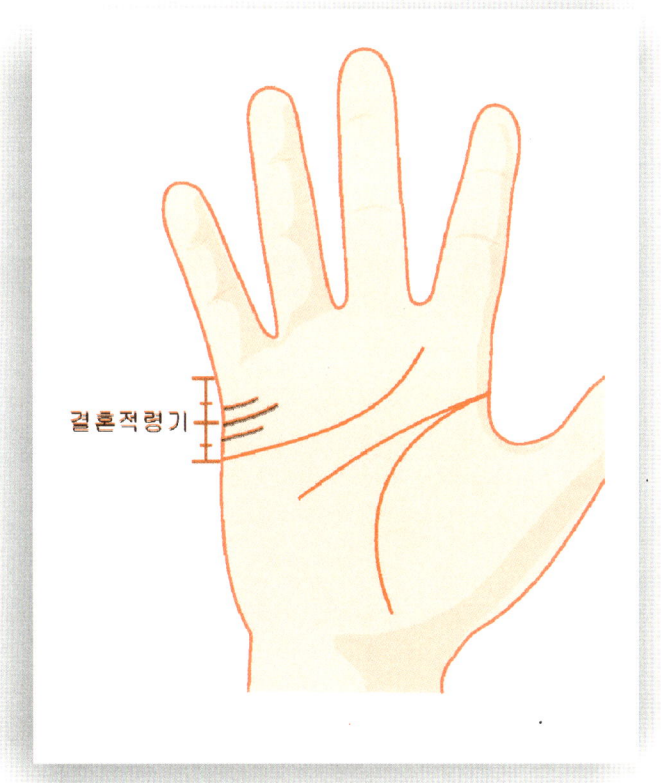

결혼선이 하향한 사례1
결혼선이 하향하여 감정선을 끊는 모습인데,
미혼자라면 결혼하기가 어려운 것을 나타내고,
기혼자라면 배우자와의 별거,
이혼, 사별을 암시한다

결혼선이 하향한 사례2
결혼선이 하향하고 있는데
그 아래로 잔선이 연결되려는
모습이다.
이런 잔선이 연결되면
결혼선의 하강이
더욱 빨라지게 된다

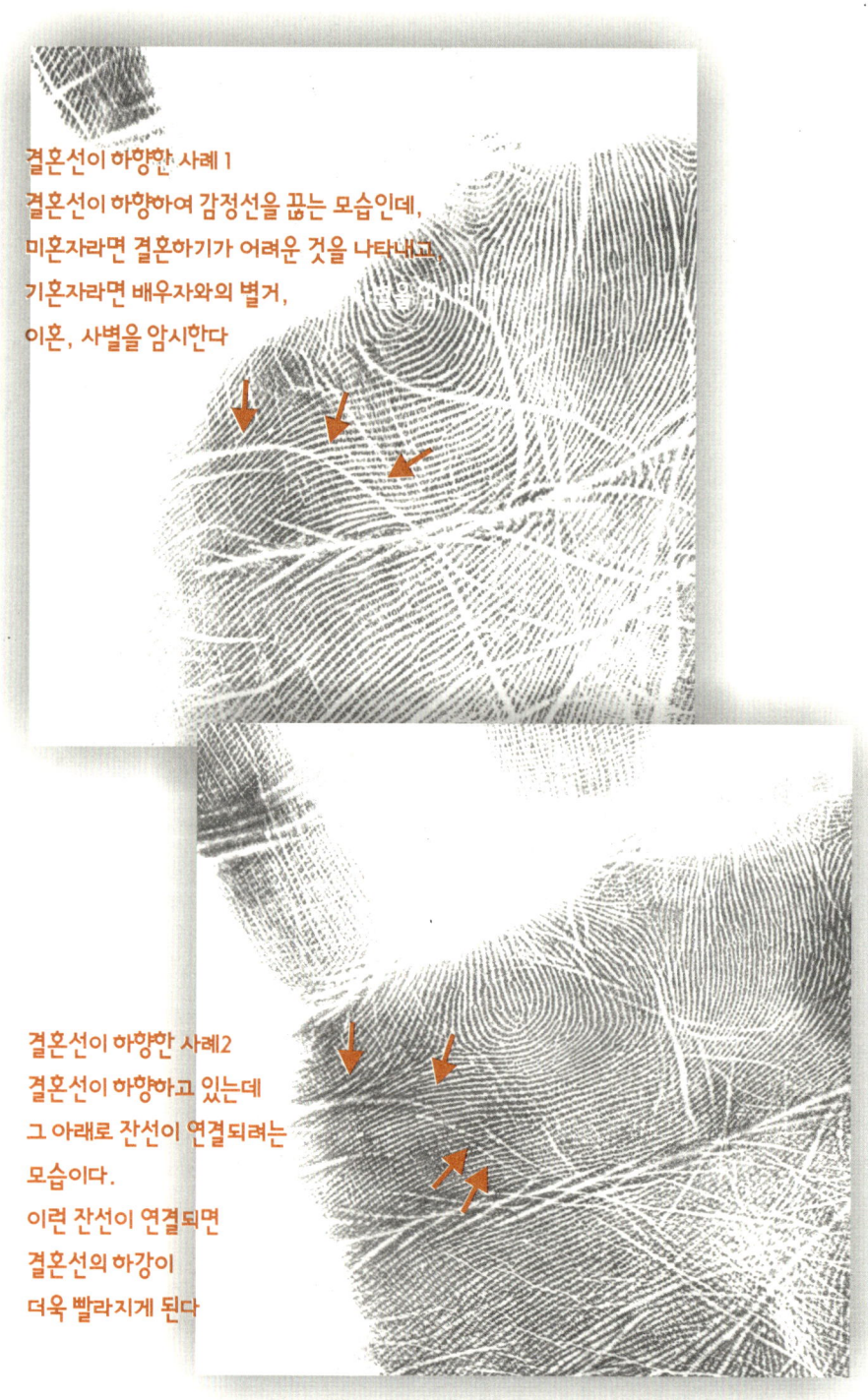

결혼선의 이상증세

결혼선 하향

 가장 흔한 결혼선의 이상증세는 결혼선이 감정선 쪽으로 하향하는 것이다. 결혼선 하향은 해당 결혼선이 나타내는 상대자와의 애정관계에 이상이 생기고 있는 징후에 해당하는데, 결혼선의 하향이 심해질 경우엔 해당 상대자와의 이별, 이혼, 사별 등이 임박한 것을 나타내게 되므로 기혼자의 경우 특히 결혼생활에 각별한 주의를 요하는 징후 중 하나이다.
 이럴 경우에도 자신의 문제인지 상대방의 문제인지를 살펴보는 방법이 있다. 그것은 오른손잡이에 있어 왼손은 자신의 내면세계를 나타내며 오른손은 외부적 현실적 세계를 나타내는데, 왼손에만 결혼선이 하향하면 자신이 상대방에 대한 애정이 식어가거나 헤어질 생각을 하는 의미가 있으며, 오른손에만 나타난다면 상대방이 그런 생각을 하고 있다는 의미가 된다. 기혼자에 있어서 종종 오른손의 결혼선 하향은 배우자가 이혼을 구체적으로 생각하거나 바람을 피우고 있거나, 또는 배우자의 사망을 의미하는 경우도 있으니 주의가 필요하다.
 독신으로 살겠다고 작심을 하여 결혼에 대한 마음의 문이 닫힌 경우에도 결혼선이 하향하게 되는데, 여성의 경우엔 자궁이나 생식기 계통의 건강상태가 상당히 나빠지게 되면 결혼선 하향증세가 나타날 수도 있다.
 미혼자의 경우에 결혼선의 하향이 나타나 있는 것은 옛 애인에 대한 미련이나 마음의 상처가 다 복구가 되지 않았음을 의미하는데, 결혼운이 들어오게 되면 하향했던 결혼선이 다시금 반듯하게 직선형으로 복구가 되어가는 것을 볼 수 있다.

결혼선의 섬문양, 장해선

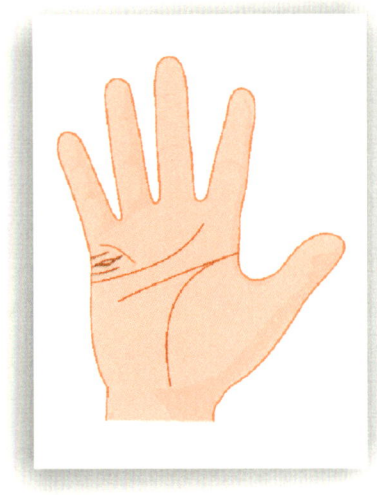

결혼선의 섬문양은 불륜문제로 고민하게 되는 수가 많다. 기혼자와 사랑에 빠져 고민하게 된다든지, 배우자 말고 다른 사람을 사랑하고 있다든지 하는 등의 문제가 생기기 쉽다.

결혼선의 끝에 비스듬한 장해선이 생겨서 결혼선을 자르거나 결혼선을 막아서는 것도 애정운에 장해요인이나 방해요인이 생기는 의미가 있어 주의가 필요하다.

끝이 두갈래로 갈라짐, 결혼선의 상향

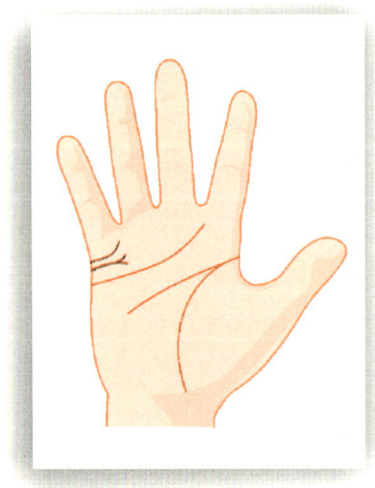

결혼선 끝이 두갈래로 나뉘어진 것은 좀 흔한 편인데, 결혼 이후에도 맞벌이를 한다든지, 주말부부를 한다든지 하여 부부가 함께 지낼 틈이 많지 않은 것을 나타낸다. 성욕이 감퇴되는 경우에도 결혼선 끝이 갈라지기 쉬운데, 갈라진 아랫쪽 결혼선 지선의 하향이 심해지지 않도록 유의할 필요가 있겠다.

결혼선이 위로 올라간 것은 이성에게 성적인 매력이 많아 인기가 있다는 의미인데, 사람에 따라 다소 바람기가 있거나 불륜으로 발전하는 경우도 있다. 또한 여자의 경우 나이차이가 많은 남자를 만나거나, 남자의 경우 연상의 여자를 만나는 경우가 많은 편이다.

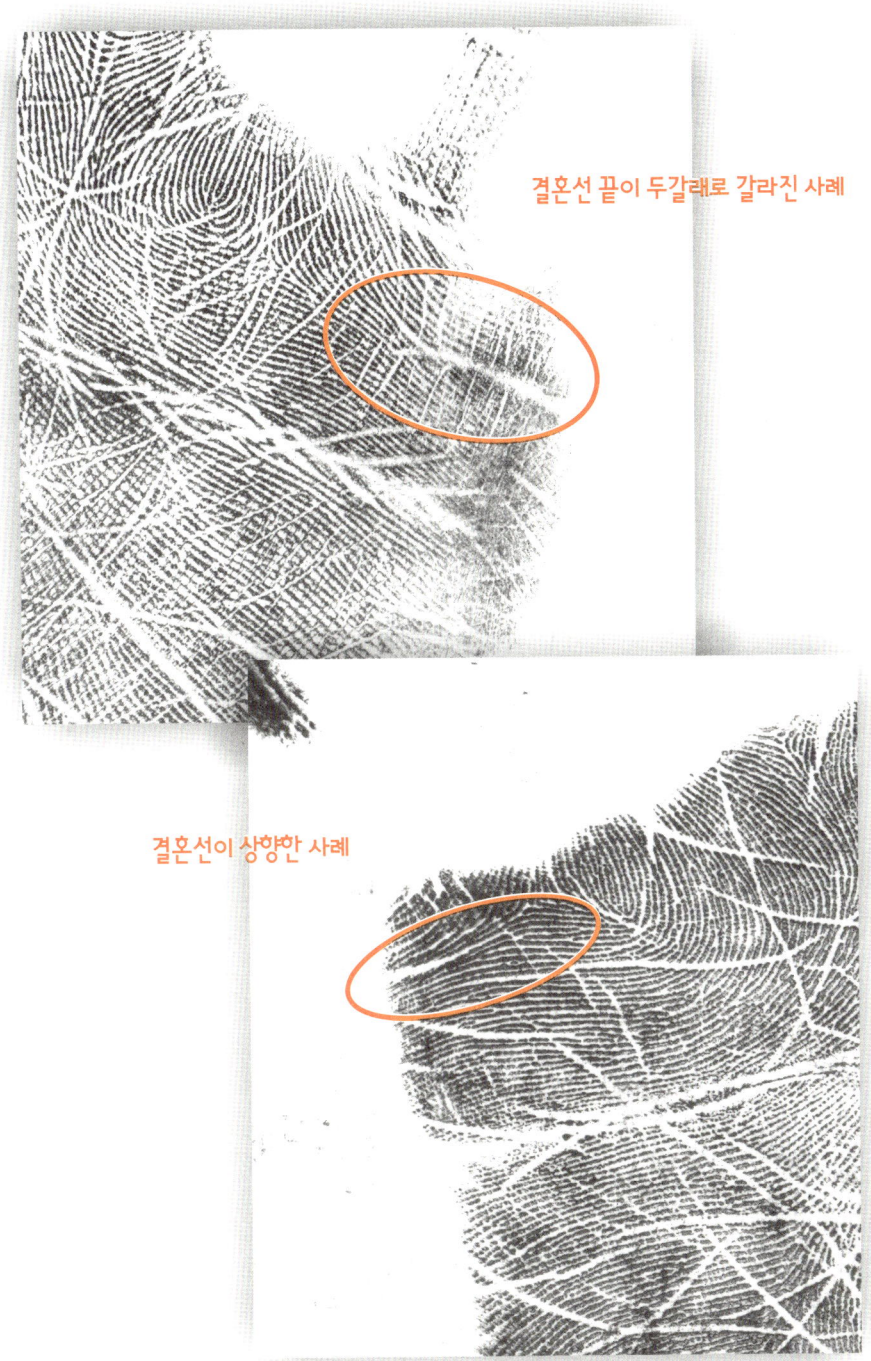

결혼선 끝이 두갈래로 갈라진 사례

결혼선이 상향한 사례

4부 | 기타 보조선

결혼선 위로 간장선이 나온 사례 길게 태양구로 뻗은 선은 간장선이다.
결혼선은 이렇게 긴 경우가 거의 없다고 보면 된다

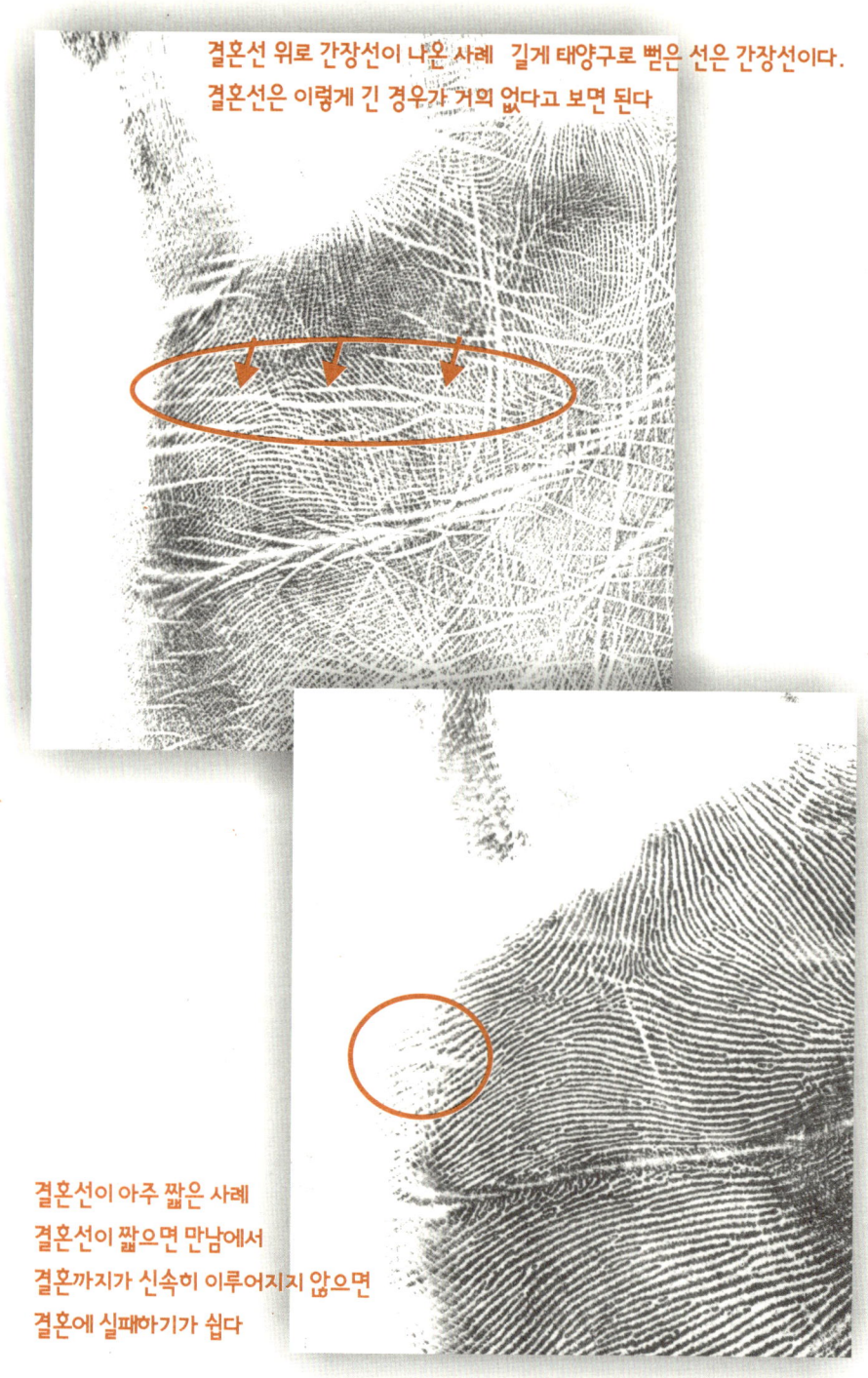

결혼선이 아주 짧은 사례
결혼선이 짧으면 만남에서
결혼까지가 신속히 이루어지지 않으면
결혼에 실패하기가 쉽다

결혼선에 섬문양이 나온 사례
불륜관계에 빠지거나
성적 불만족을 의미한다

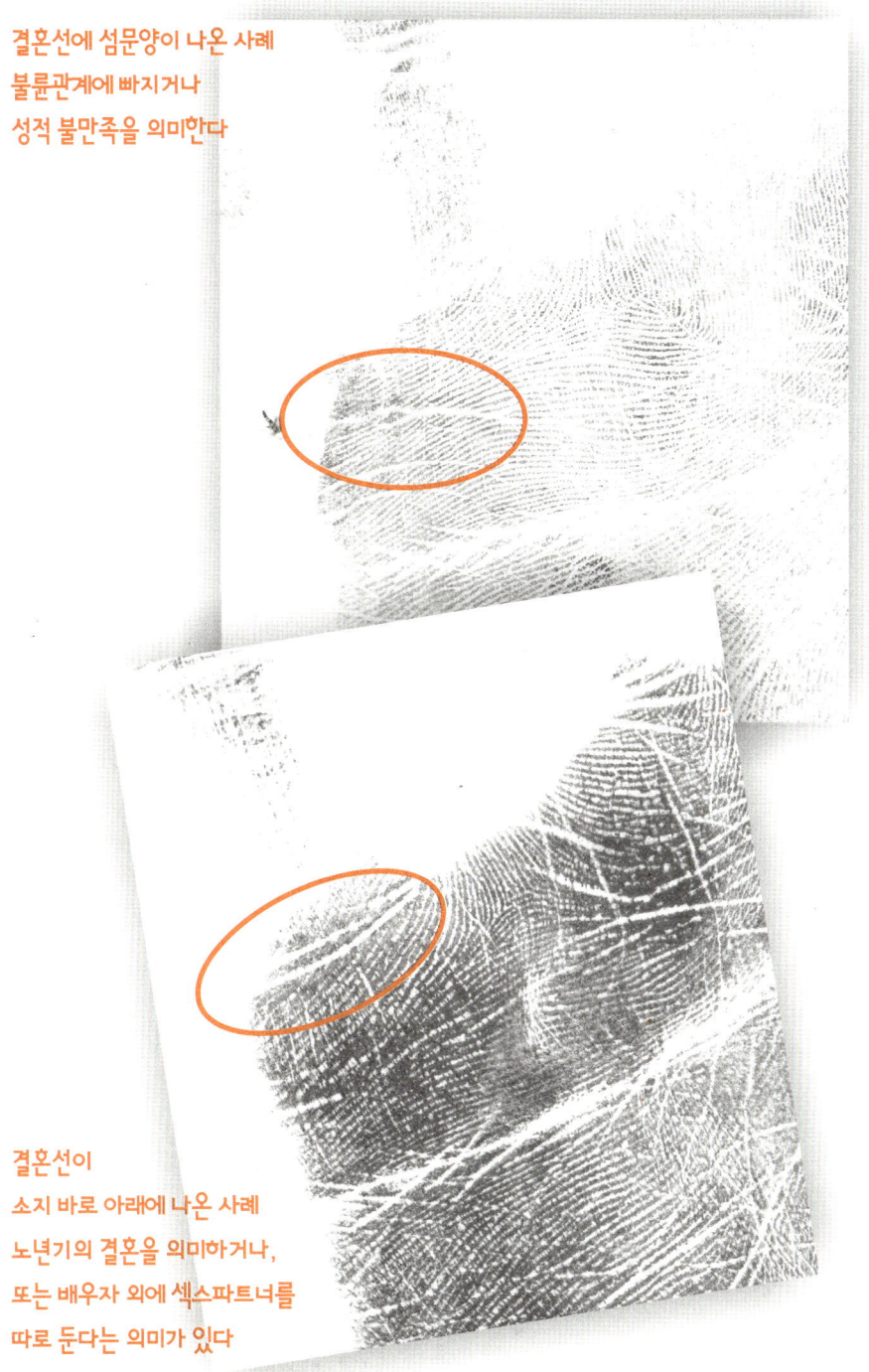

결혼선이
소지 바로 아래에 나온 사례
노년기의 결혼을 의미하거나,
또는 배우자 외에 섹스파트너를
따로 둔다는 의미가 있다

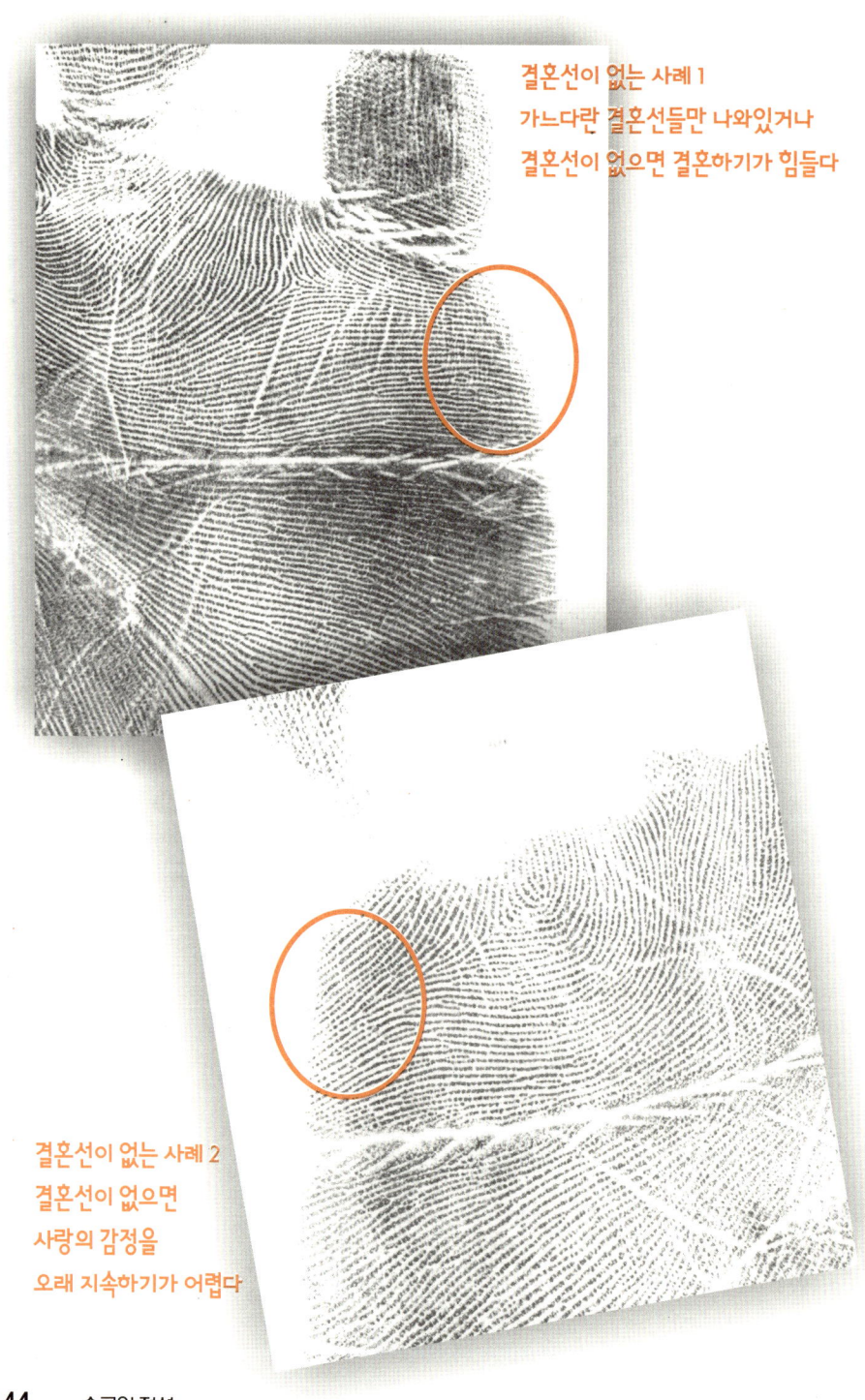

결혼선이 없는 사례 1
가느다란 결혼선들만 나와있거나
결혼선이 없으면 결혼하기가 힘들다

결혼선이 없는 사례 2
결혼선이 없으면
사랑의 감정을
오래 지속하기가 어렵다

2. 금성대

금성대는 감정선 윗부분으로 보통 검지와 중지 사이에서 시작하여 약지와 소지 사이로 들어가는 반원 모양을 하고 있다. 금성대는 주로 미적인 감각과 예능적 재능, 매력, 끼, 유행감각, 기획적 아이디어 등을 나타내며, 감정선이 짧거나 약한 구성인 경우 감정선을 보완하는 역할을 한다.

금성대는 주로 여성들에게 나오는데, 금성대가 없는 여성은 남성들에게 별로 매력적이지 못하게 느껴지기 쉽다. 반면, 남성에게 금성대가 나오면 여성적인 기질이 많아져서 성격이 유약해지며 우유부단함이나 게으름, 예민함, 음성적인 기질 등이 많아지게 된다.

금성대는 기혈의 순환상태와 밀접한 관련이 있는데, 금성대가 한두가닥 매끈하게 잘 발달한 것은 좋지만 금성대가 많아지는 것은 일종의 병적 증상으로 볼 수 있는데 심신의 건강상 좋지 않다고 하겠다.

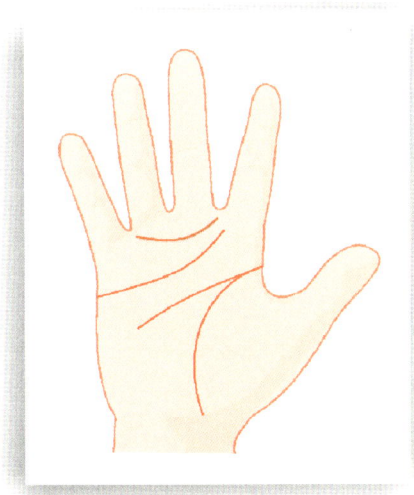

굵고 예쁜 한두가닥의 금성대

금성대가 한두가닥 반월형으로 매끈하게 나온 경우엔 금성대가 나타내는 심미적인 특성과 예능적 재능, 세련미, 유행을 보는 감각 등을 나타낸다.

심성이 아름답고 교양미가 있으며 지적인 수준도 높은 사람이 많다.

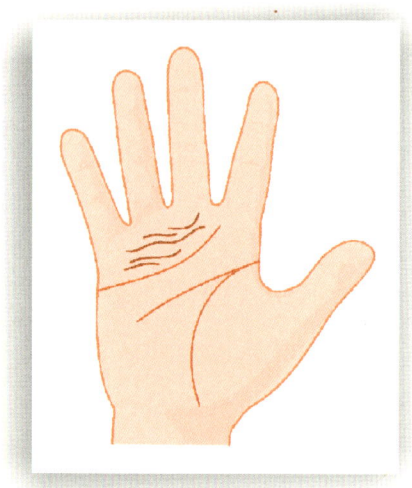

굵고 지저분한 금성대

굵고 지저분한 금성대는 불건전하고 허트러진 마음의 상태를 반영하고 있다고 할 수 있다.

심성이 밝고 명랑하지 못하고 음침하고 음습한 것을 좋아하거나 내면세계나 생활습관이나 성생활이 불건전한 경우가 많다.

금성대가 많으면 기혈의 순환상태가 좋지 않은 경우가 많은데, 이런 지저분한 금성대는 심신에 나쁜 기가 많이 채여있는 상태를 나타내고 있다고 하겠다. 굵고 지저분한 금성대는 재물선, 사업선, 운명선을 자르기 쉬우며 마음 속에 어두운 먹구름을 드리우기 쉬워 인생길과 직업운, 재물운에 있어 항시 경계의 대상이 된다고 하겠다.

심미적 감각의 금성대

감정선의 끝부위 근처에 굵고 매끈한 짧은 금성대가 만들어지는 경우가 있다. 이 금성대는 미적 센스, 예술적 기질이나 멋을 즐길 줄 아는 성향으로 나타나는데, 대개 세련되고 교양미가 있어 인간적 매력을 풍기는 사람이 많다.

남성의 경우 풍류를 즐기기도 하는데, 술과 음악, 여자를 좋아하는 경향이 있어, 결혼 이후에도 주색을 좋아하는 습성을 버리지 못하여 배우자의 속을 태우는 사례가 많은 편이다.

여성의 경우엔 대체로 높은 교양미와 지성미를 갖춘 사람들이 많은 편이고 미적인 감각이 남다른 사람이 많다.

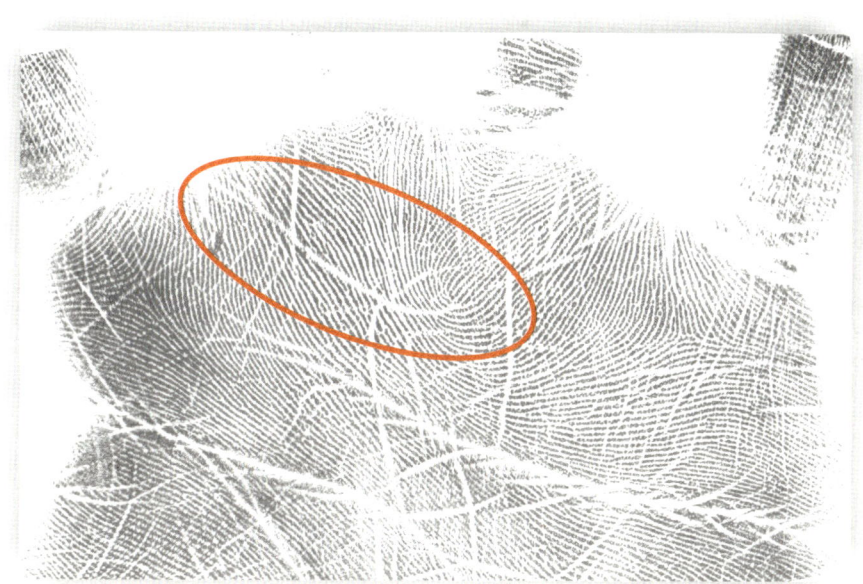

매끈한 금성대 사례 1
금성대가 한가닥 예쁜 모습으로 나와있어 미적 센스, 교양미, 세련미가 엿보인다

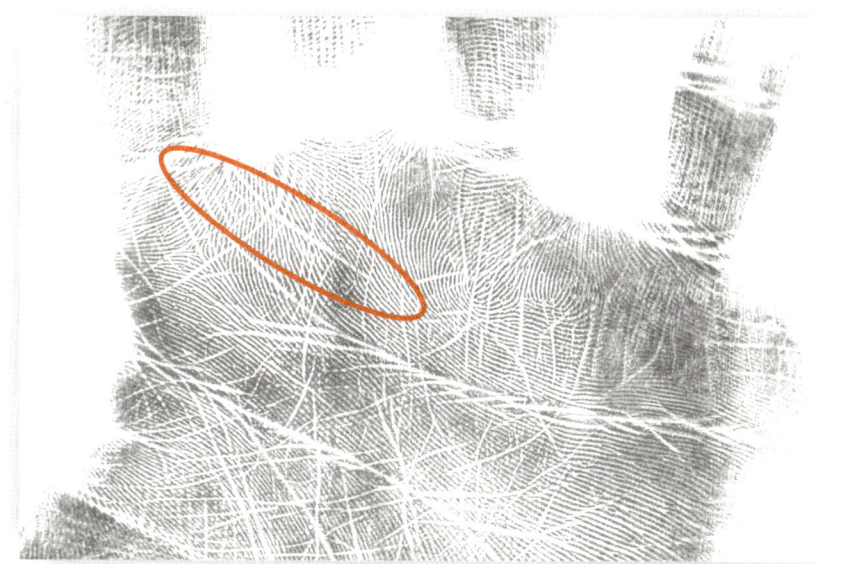

심미적 감각의 금성대 사례 2
금성대가 한가닥 예쁜 모습으로 나와있어 미적 센스, 교양미, 세련미가 엿보인다

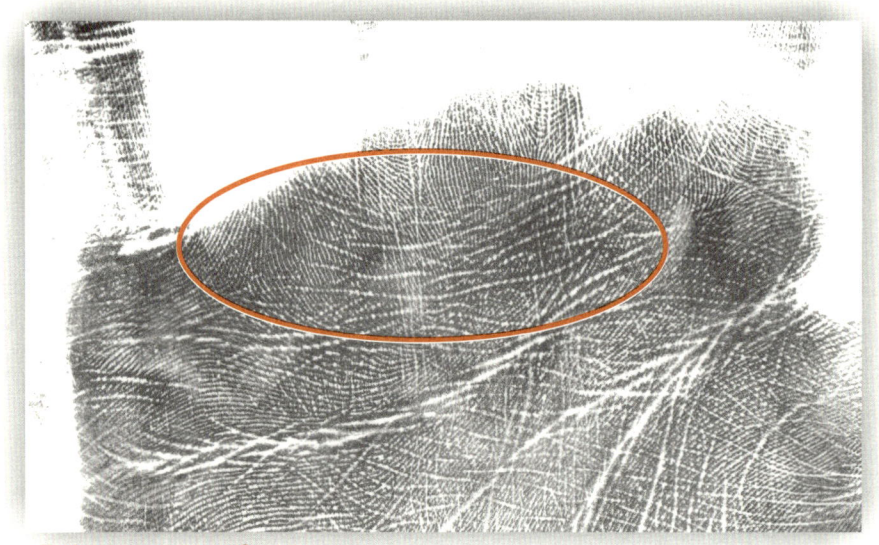

금성대가 여러가닥 많은 사례
금성대가 길고 가늘게 여러가닥이 흐르고 있다.
다소 예민하고 머릿속이 늘 복잡하고 기혈순환이 잘 안되는 모습이다.
이성에게는 매력요소로 비추어지기도 한다.

지저분한 금성대 사례 1
긴 직선형 감정선위로 금성대가 여러가닥 굵고 어지럽게 형성되어 있다.
예술적 기질과 성적인 고민을 수반하기 쉽고
마음속에 항상 그늘이 있는 모습이라 하겠다

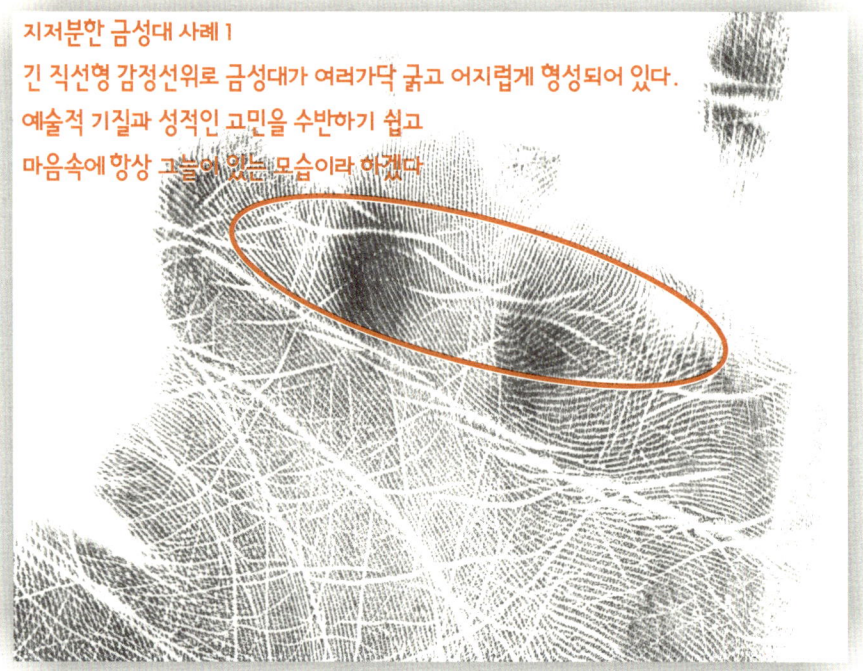

지저분한 금성대 사례 2
막쥔금 구성이 불안정한데 심장혈관기능이 좋지 않은 모습이다. 감정선 가닥이 나와있는데도 불구하고 굵고 길며 꾸불꾸불한 금성대가 두세가닥 나와있으니 금성대가 가진 예민하고 어두운 성향이 엿보인다

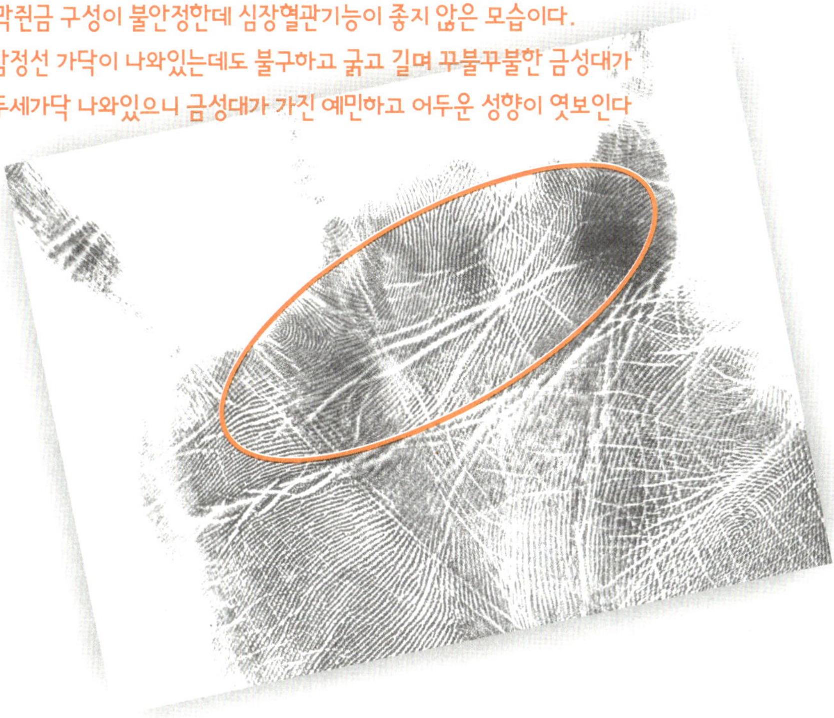

재미있는 이야기

손금과 애정운 보기

손금은 나의 내면과 나의 미래를 보는 영혼의 눈이다. 손금을 통해서 무척 많은 것을 짐작할 수 있는데, 여기선 애정운과 결혼에 대해 핵심적으로 살펴보았다.

O. 나는 이성에게 인기가 많을까?

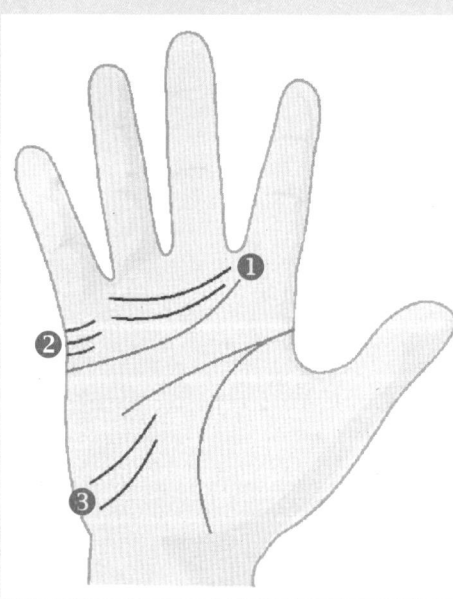

- 금성대, 결혼선 개수, 인기선으로 내가 얼마나 이성에게 인기가 있을지 한번 살펴볼 수 있다.

금성대(①번)가 두세가닥 되고, 결혼선(②번)이 진한 선 연한선을 합해 4가닥 이상 되며, 인기선(③번)이 진하고 굵으며 길게 올라가 있을 경우 이성에게 매력적으로 보이며 인기가 많다고 볼 수 있다.

ㅇ. 결혼을 혹시 두번하지는 않을까?

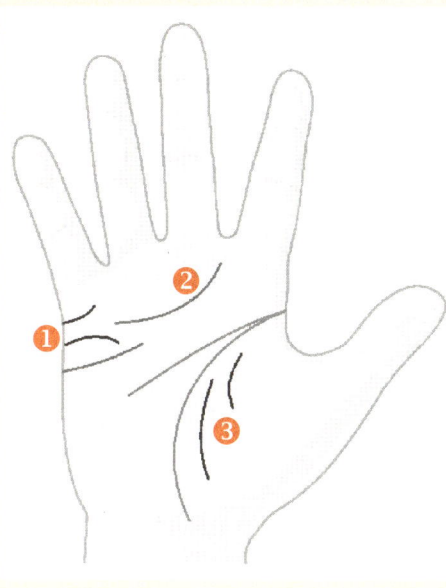

– 이혼율이 점점더 높아진다는데 이거 남의 일이 아니다. 혹시라도 내 손금에 그런 징조가 나와있지는 않을까..

손금에서는 결혼선과 영향선 상태, 그리고 이중감정선으로 이혼의 가능성을 짐작해볼 수 있는데, 결혼선(①번) 중 아랫부분의 진한선 끝이 하향하고 있으면서 위에 다시 진한 선이 나와있는 경우와 이중감정선(②번)의 경우 결혼에 한번 실패할 가능성이 많은 편이다.

이럴 경우 생명선 안쪽의 배우자를 나타내는 영향선(③번)도 2개가 되는 경우가 많다.

ㅇ. 자기 짝을 아주 늦게 만나지는 않을까?

– 30대 중반을 넘어서도록 결혼 못한 사람이 부지기수다. 혹시라도 내가 그런 경우에 해당될 가능성은 없을까.. 손금에서는 두뇌선과 생명선 시작지점(①번)이 떨어져 있을 경우엔 독립성이 강해서 남성에게 속박당하며 살지 못하는 타입으로 결혼

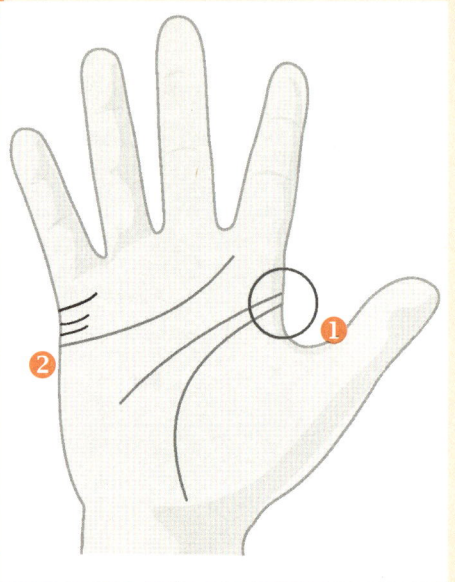

시기가 아주 이르거나 아니면 매우 늦는 경우가 많다.

또한 진한 결혼선(②번)이 아주 늦게 나와있는 경우에도 결혼이 늦어지는 경우다.

o. 현재 사귀고 있는 사람과 잘 될지..

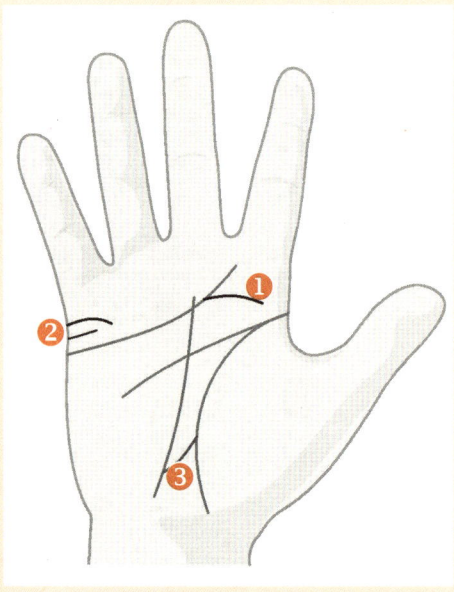

- 연애와 결혼은 별개라고 하지만.. 현재 사귀는 사람과 잘 되어갈지 궁금하다.

손금에서는 인연이 찾아올 나이대는 세밀하게 들여다봐야하지만 현재 사귀는 사람이 있다면 그 결과가 어떨지 감정선 끝모양(①번)과 결혼선 끝모양(②번), 인연선(③번)에서 대충 감잡아 볼 수 있다.

　감정선 끝모양이 하향하고 있는 경우엔 사랑의 슬픔을 나타내며, 결혼선 끝이 하향하는 경우엔 이별, 이혼, 사별을 의미하고, 인연선이 운명선에 붙는 경우엔 동거를 의미하므로 결혼에 골인할 가능성이 많다고 본다.

O. 나는 언제쯤 결혼할까?

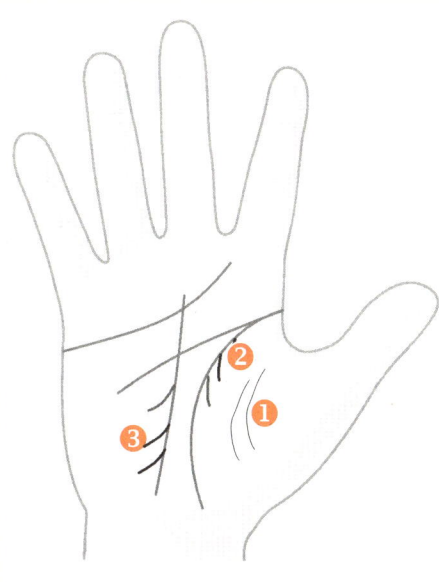

－혼자 살기엔 인생이 너무 아깝다. 손금에서는 영향선의 시작지점, 생명선 안쪽 지선, 운명선 합류지선을 통해 결혼이 가능한 나이대를 짐작해 볼 수 있다.

　생명선에 가장 가까운 영향선(①번)은 배우자를 나타내는데 이 선이 시작하는 나이대가 바로 인연이 시작하는 때이다. 그리고 생명선 안쪽으로 짧은 지선(②번)이 내려오는 시기가 일찍 나올수록 일찍 결혼하며, 운명선에 합류한 지선(③번)이 아래쪽에 나올수록 일찍 결혼하게 된다.

Chapter 02

문양 및 기타

1. 신비십자문양

　신비십자문양은 감정선과 두뇌선이 지선으로 서로 연결된 사이로 운명선이 지나가면서 십자모양이 만들어지는 것을 말하는데, 인생길에 있어 신비한 영향력이 많아서 신비십자문양이라는 명칭이 붙여졌다.

　신비십자문양은 왼손 보다는 오른손에 나와있을 때 그 영향이 더 강하며, 한쪽 손 보다는 양쪽 손 모두에 나와있을 때 그 영향이 더욱 강하다. 또한 신비십자문양이 길어져서 두뇌선을 끊고서 계속 길게 뻗어가서 생명선을 끊을 경우나, 신비십자문양과 함께 귀인선이나 비애선, 또는 월구두뇌선이 같이 있을 경우엔 신비십자문양의 특성이 강하게 발현되며 인생길에 미치는 영향이 무척 강한 경향이 있다.

신비십자의 주요한 특성으로는,

첫째, 마치 수호신이 있어 누군가가 자신을 지켜주는 것 처럼 평생 재난을 잘 당하지 않고, 큰 사고를 당해도 멀쩡하게 살아 나거나 상처를 입지 않아 주위를 놀라게 하는 경우가 많고,

둘째, 무의식 세계가 발달하여 꿈을 꾸면 잘 맞는 편인데 집안 이나 자신의 신변에 큰일이 닥쳐올 경우 미리 꿈으로 예지를 받는 경우가 많고,

세째, 직감력과 영감이 뛰어나며 남다른 창의적 재능이나 정신세계를 가지는 경우가 많아서 정신적, 영적, 예술적, 종교적, 창의적 분야에서 종사하는 사람이 많으며,

네째, 기도빨이 좋아서 간절히 기도하는 바가 잘 이루어지는 편이다.

신비십자문양은 이렇게 마치 어떠한 신(神)적인 존재가 자신

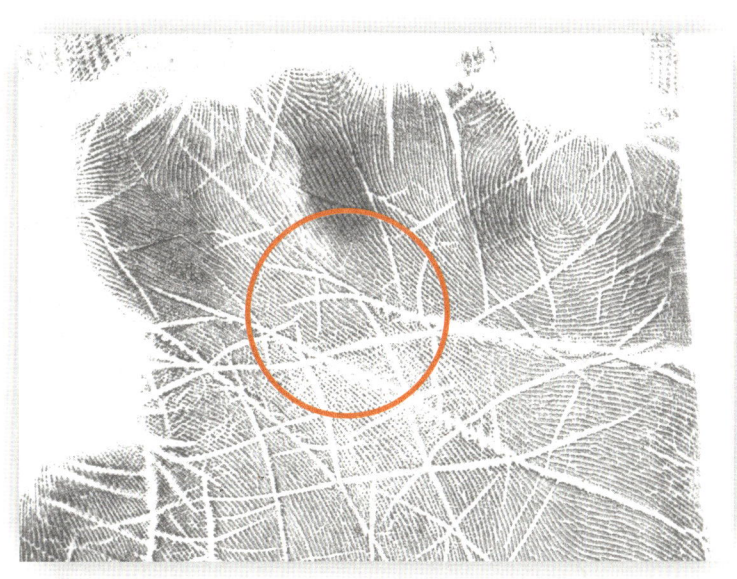

을 지켜주고 이끌어주는 의미를 가지므로 보통 신의 은총 또는 조상의 음덕으로 보기도 한다. 따라서 이런 신비십자문양을 가진 사람들은 일찍부터 신앙을 깊이 가지는게 필수적이라고 할 것인데 선대 조상에게 늘 감사하는 마음으로 살아가며, 조상의 제사나 선산을 잘 돌봐주는 것이 인생길을 평탄하게 이끌어 가는데 도움이 되기도 한다.

신비십자문양을 가진 사람들은 통계적으로 보아 외국 보다는 우리나라에 더욱 많아서 인구의 약 20~30%가 이런 신비십자문양을 가지고 있는 것으로 파악되고 있는데, 이는 우리나라 사람들의 정신세계나 영적인 세계가 매우 발달하였고 효(孝)와 제사의식을 중시하는 전통적 문화관습의 영향 때문이 아닌가 한다.

신비십자문양은 두뇌선과 감정선을 연결하는 선이 잘 붙어 있어야 하는데, 신비십자문양의 연결선이 떨어지거나 갈라지게 되면 그 이후의 재난에서는 더 이상 지켜주지 못하게 된다.

신비십자문양은 인생길의 굴곡을 증폭시키는 작용을 하는데 한번 어떤 수렁에 빠지면 끝도 없이 깊이 내려가버리는 경우를 겪기 쉬워서 무척 주의를 요한다.

이런 경향은 신비십자문양과 더불어 비애선이 있거나 비애선이 신비십자문양을 이룬 경우 인생길의 길흉에 있어 흉한 작용을 더욱 증폭시키게 되어 크나큰 비애감이나 좌절감, 배신감을 맛보게 하기도 하니 특히 주의할 일이다.

신비십자문양의 영향은 신비십자가 운명선을 끊고 지나가는 나이대인 보통 42~44살 근처나 신비십자가 두뇌선이나 생명선을 끊는 나이대에 특히 더욱 강해질 수 있다.

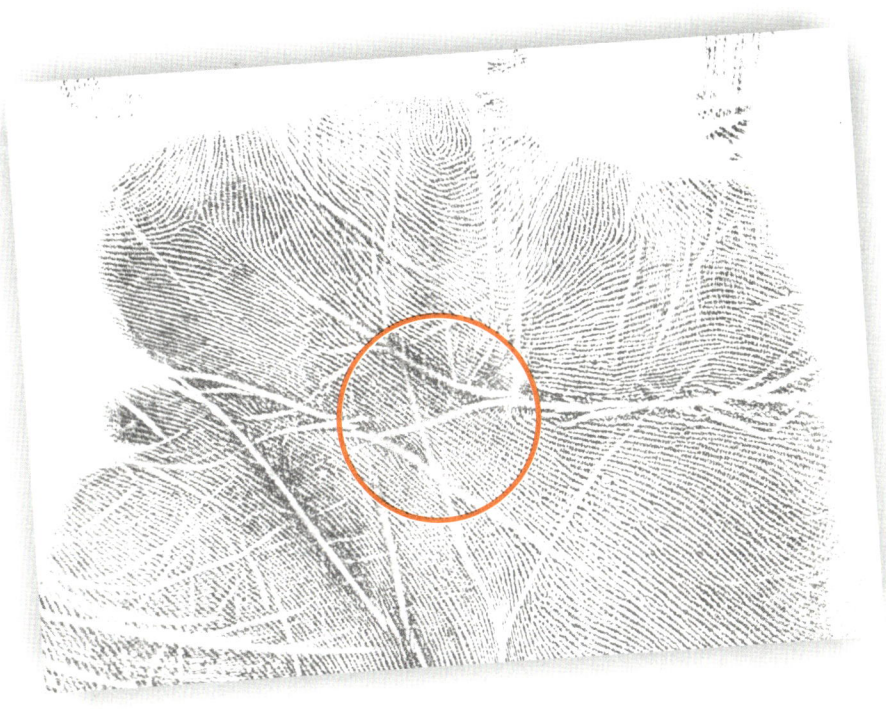

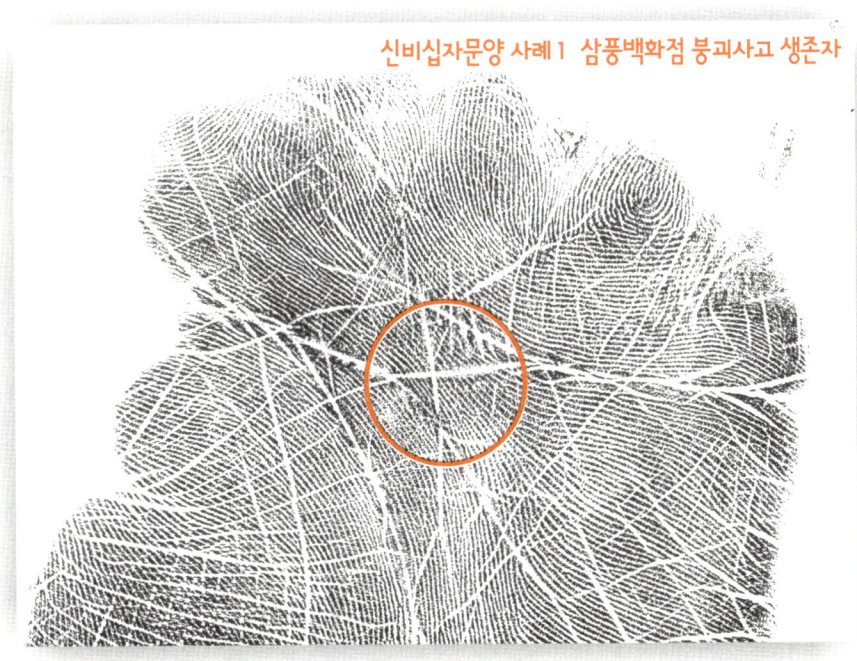

신비십자문양 사례1 삼풍백화점 붕괴사고 생존자

4부 | 기타 보조선

신비십자문양 사례 2
고층아파트에서 떨어져 살아남은 여자아이

신비십자문양 사례 3
벼락맞고 살아난 남자

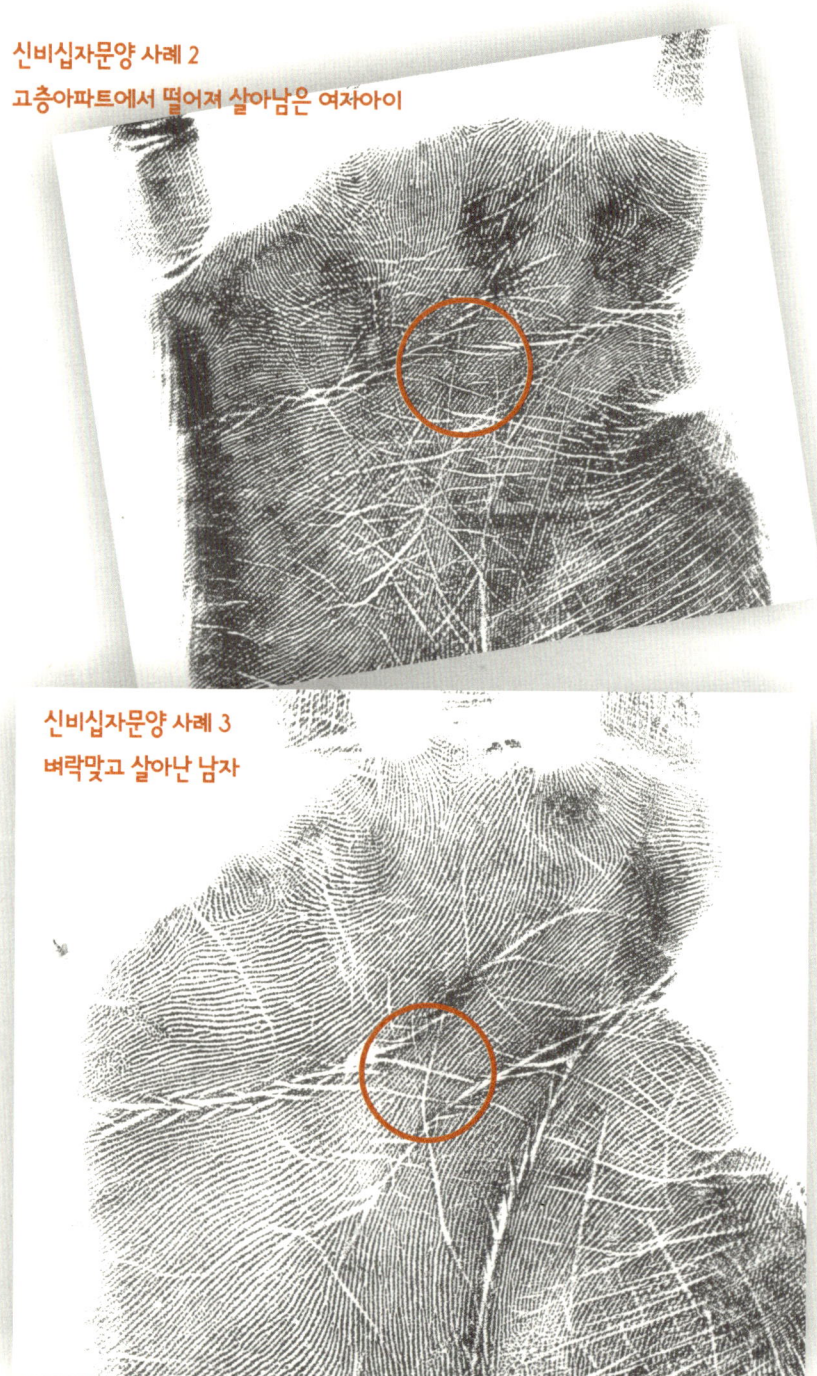

신비섭자문양 사례 4
중국민항기 추락사고 생존자

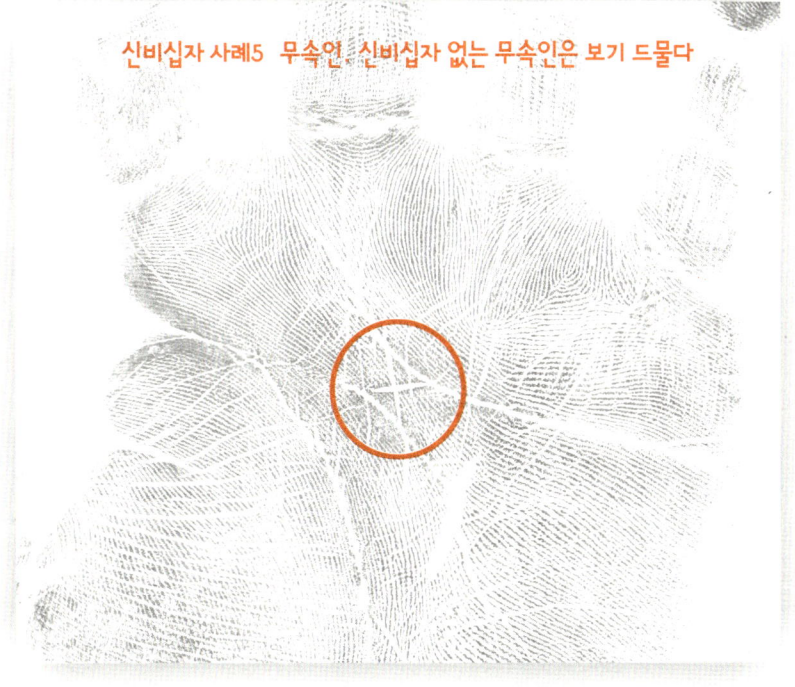
신비십자 사례5 무속인. 신비십자 없는 무속인은 보기 드물다

4부 | 기타 보조선

신비십자 사례6　더블형 신비십자, 음악가

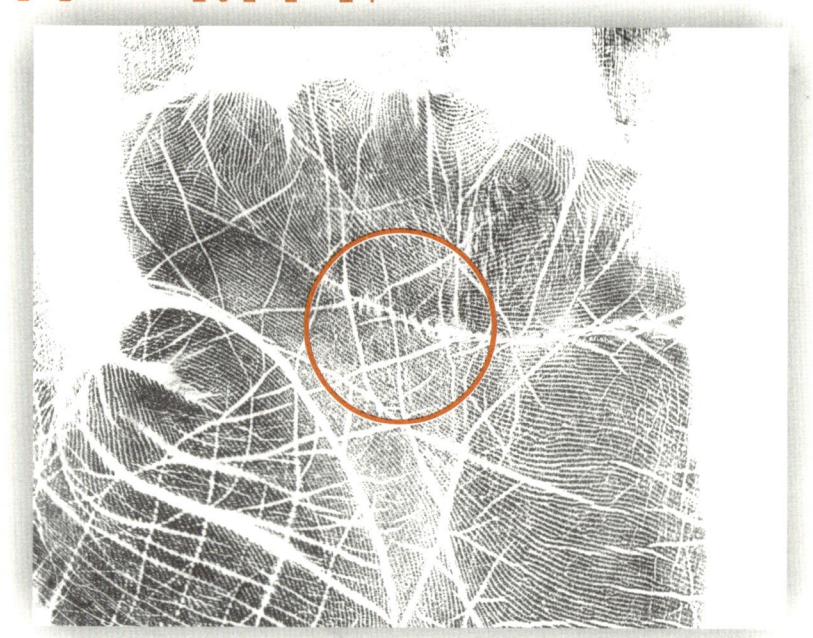

2. 비애선

비애선(일명, 배신선)은 약지와 소지 중간쯤의 감정선에서 지선이 생겨 두뇌선쪽으로 내려오는 것을 말한다. 비애선이 두뇌선을 끊거나 생명선까지 끊고 들어가는 경우도 있다.

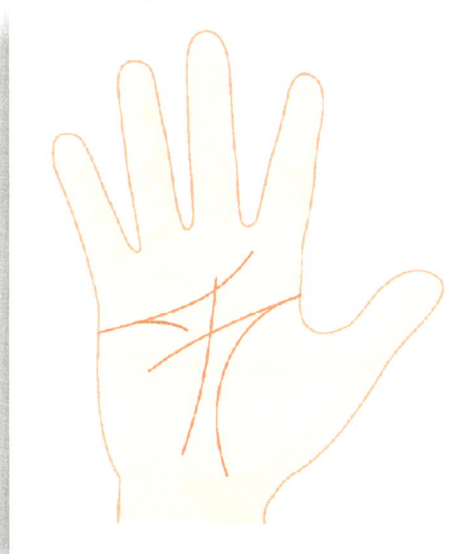

비애선은 인생길에 있어 아주 큰 비애감이나 배신감을 맛보게 되는 사건을 겪는다는 의미인데, 이로인해 평생 마음의 상처를 가지게 될 수도 있다. 사랑하는 사람을 불의의 사고로 잃는다든지, 믿었던 사람에게 큰 배신을 당한다든지, 인생길에 있어 장기간 불우한 시절을 보내게 된다든지 하는 등의 일이 생길 수 있다.

비애선은 심장기능의 중심부에 해당하는 약지와 소지사이의 감정선 부위에서 하향지선이 나오므로 심장기능의 이상증세와도 관련이 있는데, 비애선이 두뇌선을 끊게 되면 뇌졸중이나 중풍, 수족마비와 같은 증세를 겪을 수도 있어 주의를 요한다.

비애선이 재물선, 두뇌선, 운명선, 생명선을 끊고 지나가는 나이대의 유년을 살펴보면 비애선의 영향이 특히 심할 시기를 짐작해볼 수 있다.

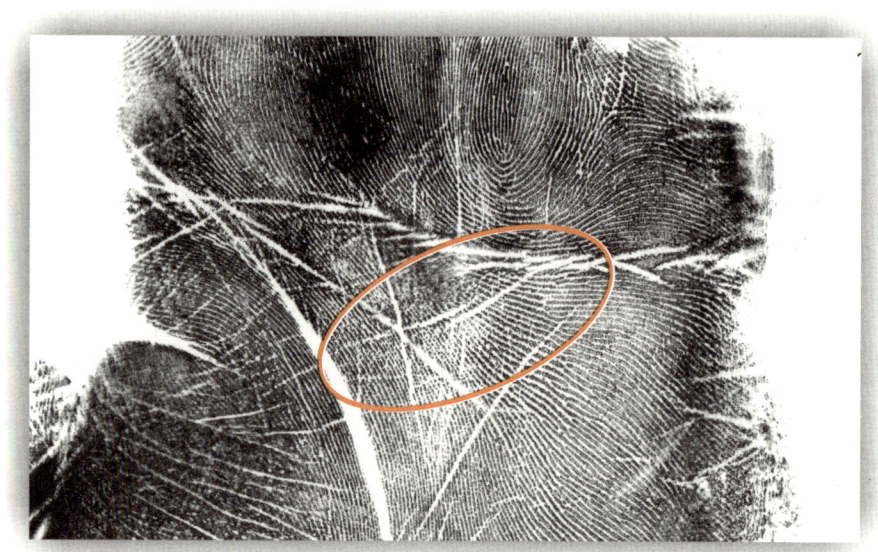

비애선 사례 1
비애선이 굵고 길게 내려가면서 재물선을 끊고서 계속 길어져
두뇌선으로 다가가고 있는 모습이다

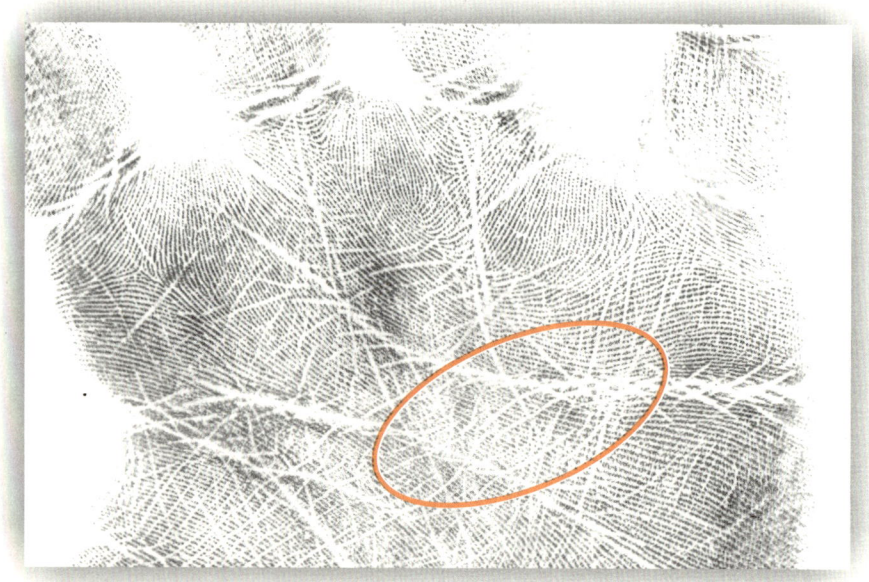

비애선 사례 2 중학생 손금인데, 비애선이 이미 두가닥 나와있다. 비애선도 신비십자처럼
태어날 때부터 가지고 있는 경우가 많다

3. 솔로몬링

검지손가락 아래쪽에 초승달 모양으로 나타나는 고리모양의 선을 솔로몬링이라고 한다.

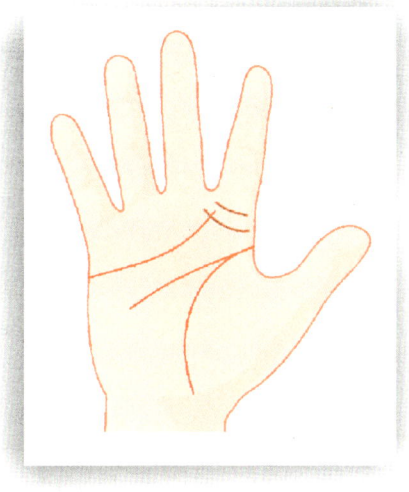

솔로몬링은 그 반경이 넓은지 좁은지에 따라 그 의미가 좀 다른데, 검지손가락 바로 아래쪽에 나온 좁은 반경의 솔로몬링을 가진 사람들은 직감력이 뛰어나며 사람을 만날 때 첫 인상을 매우 중요시하고 선입관을 강하게 가지는 경향이 있다. 실제로 첫인상이나 첫느낌이 잘 들어맞는 편이기도 하다.

솔로몬링의 반경이 커서 목성구의 중간을 지나게 되면, 목성구의 특성이 강하게 발현되므로 목성구의 자질인 명예욕, 권력욕, 성취동기와 리더십 자질이 발달한 것을 나타내게 된다. 이런 경우 종종 솔로몬링과 감정선 지선, 향상선 등이 만나 목성구 우물정자를 만들기도 한다.

솔로몬링이 있는 경우엔 종교적, 철학적인 영역에 있어 여분의 두뇌공간을 가지고 있는 것과 같아서 직감력과 이해력이 뛰어난 사람이 많으며, 교사, 정치가, 종교지도자, 정신적 지도자 등과 같은 직업에 종사하는 사람들에게서도 자주 발견된다. 또한 주변에서 고민하는 사람들의 말을 잘 들어주고 속마음을 풀어주는 사람들에게서도 자주 볼 수 있다.

반경이 좁은 솔로몬링을 가진 사람들은 의외로 많은데 전체 인구의 60~70%가 이런 솔로몬링을 가지고 있다. 반면 반경이 큰 솔로몬링을 가진 사람은 10%내외로 추산된다.

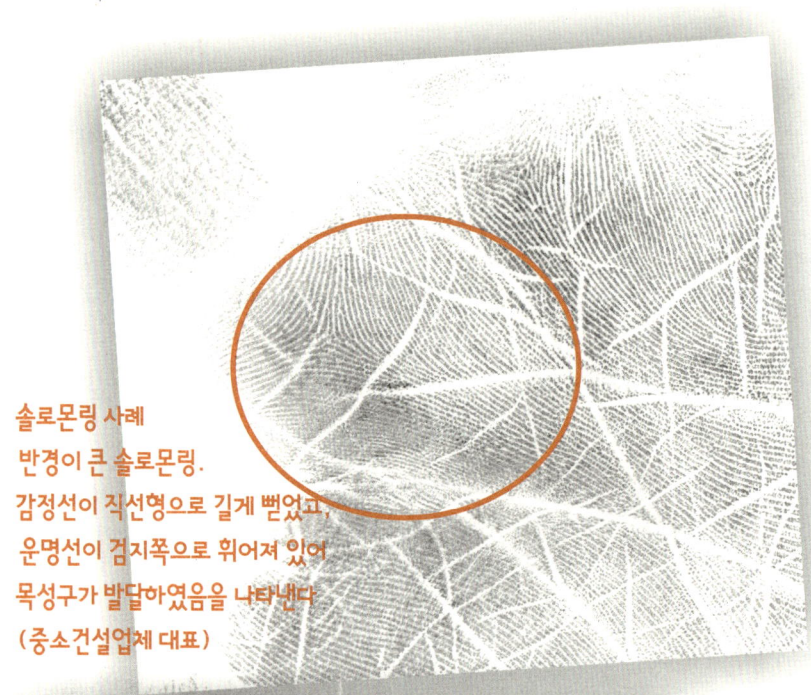

솔로몬링 사례
반경이 큰 솔로몬링.
감정선이 직선형으로 길게 뻗었고,
운명선이 검지쪽으로 휘어져 있어
목성구가 발달하였음을 나타낸다
(중소건설업체 대표)

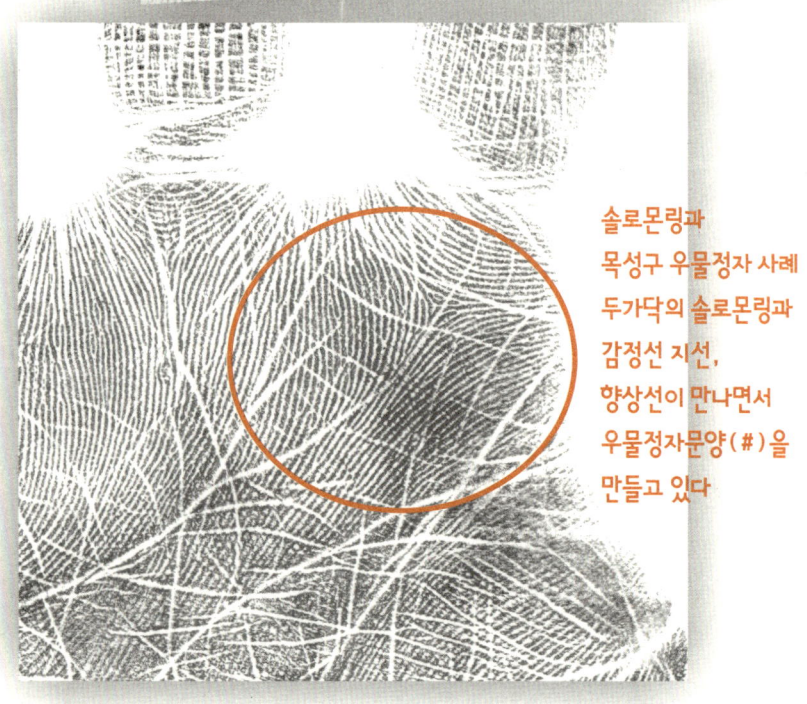

솔로몬링과
목성구 우물정자 사례
두가닥의 솔로몬링과
감정선 지선,
향상선이 만나면서
우물정자문양(#)을
만들고 있다

4. 토성환

중지손가락 아래쪽에 초승달 모양으로 나타나는 고리모양의 선을 토성환이라고 한다. 고리모양이 끊어진듯이 이어진 것도 토성환으로 본다.

토성환을 가진 사람들은 토성구의 특성이 강하게 발현된 것을 나타내는데, 현실 세계를 매우 불만족하고 비관적으로 생각하며 인간을 혐오하고 항상 우울한 기분에 젖어 사는 경향이 있다. 이런 특성으로 인해 어떠한 분야나 어떤 직장에서 일을 하더라도 만족치 못하고 곧바로 그만 둬 버리는 습성이 있으며, 결국엔 경제적으로 항상 쪼들리게 되어 범죄에 물들기 쉽다.

이런 토성환이 만들어질 조짐이 보이면 크게 유의해야만 하며 인생관을 고쳐 먹도록 노력하여야 할 것이다.

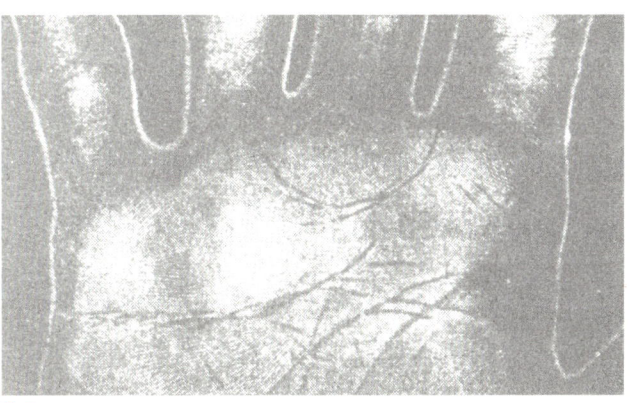

토성환 사례
미국의 흉악살인범 손금사진으로 감옥에 갇혀서도 감방에 접근하는 간수들에게 치명적 상처를 입히곤 하였다고 한다.
토성환이 분명한데 반하여 태양구는 어둡게 아무 선도 보이지 않고 있다

5. 부처의 눈

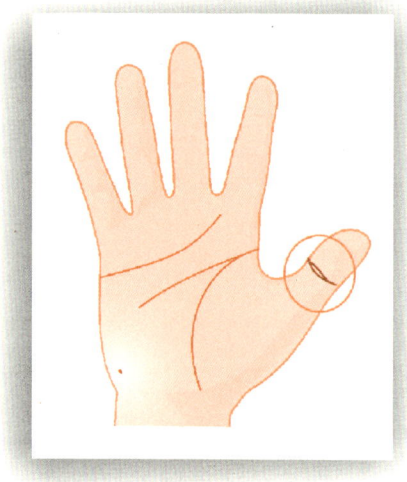

엄지손가락 첫째마디에 길다란 눈동자 모양의 섬문양이 만들어진 것을 부처의 눈이라고 한다. 눈꼬리 부분이 약간 떨어진 모습도 '부처의 눈'으로 분류한다.

남달리 영적인 감각과 직감력이 뛰어나며, 조상의 제사 집안어른을 모셔야 하는 입장에 서는 사람이 많은데, 항상 조상들에 감사하는 마음으로 살아가며 제사를 잘 모시고 선산을 잘 돌보면 인생길이 순탄해진다는 의미를 가진다.

이 '부처의 눈'에 대한 해석은 서양에선 찾아보기 어렵고, 우리나라 일본 같은 동양권에서만 그 의미를 부여하고 있는데, 실제 해석에 있어서 문화적인 배경이 강하게 작용하고 있는 것으로 생각된다.

부처의 눈 사례

Q&A 손금을 효과적으로 공부하는 방법

손금분석이란 우리의 두뇌를 찍은 사진을 마치 엑스레이 판독하듯이 분석해가는 것을 말한다. 따라서 일단 분석기법과 원리를 정말 제대로 배울 필요가 있다. 돌팔이를 찾아가면 돌팔이짓 밖엔 배울게 없는 법이다.

일단, 이 '손금의 정석' 책을 여러 차례 읽고 외워서 손금학의 구성이론을 충실히 익혀야겠다. 그 다음으로는 실전연습을 해야 할 것인데, 주변 친구나 식구들, 직장동료들 등 가깝고 잘 아는 사람들의 손금을 분석해 들어가보는게 효과적이다.

이때, 반드시 손금을 잉크지 등으로 채취하여서 원본은 보관하여 두고 사본을 가지고 여러 차례 연습해보는게 좋다. 자신이 이미 익숙하게 알고 있는 사람이니 그 사람의 성격, 과거행적, 결혼, 직업, 재산상태 등이 손금에 어떻게 반영되어 나타나 있는지를 파악하기가 쉽기 때문이다. 심도 깊은 분석을 많이 해보는게 장땡이다.

그리고 한발 더 나아가, 손금감정을 전문적으로 하고 싶은 사람의 경우, 필자에게 직접 배워보는 것도 도움이 되겠다. 깊은 손금의 경지 중 이런 책에서는 다루기 어려운 부분이 많기 때문이다.

손금학은 단순하지 않다. 그 세계가 연구하면 할수록 아주 깊다. 현대 과학기술로도 사람의 두뇌의 작용과정이나 인체의 신비를 다 파헤쳐내지 못하였는데, 어찌 두뇌사진을 연구하는 손금학에 끝이 있으랴..

한번 분석해본 사례들은 꼭 보관해 두도록 한다. 몇 년의 시간이 지난 후에라도 그 사람의 인생길에 어떠한 변화가 생겼는지, 그게 사전에 손금에 나와있었던 사항인지, 손금은 얼마나 변했는지 등을 살펴보면 손금공부에 많은 깨달음을 얻을 수 있기 때문이다.

실전분석 연습

일반손금 실전 분석
난이도 있는 사례 분석
손금 실전 종합 분석

Chapter 01

일반손금 실전분석

    손금에 대한 이론학습이 모두 끝났으면 곧바로 실전연습을 해보도록 하자. 아직 손금학에 자신이 없는 사람은 앞에서 다룬 기본삼대선과 세로삼대선을 두세번 반복학습하여 손금의 구성원리를 충분히 이해숙지할 필요가 있을 것이다.

    실제 타인의 손금을 분석하는 경우엔 필히 손금을 잉크로 채취하여 살펴보도록 하자. 그래야 손금을 더욱 정밀하게 살필 수 있고, 분석기록도 남길 수 있으며, 상대에게 쉽게 손금을 이해시킬 수도 있기 때문이다. 필자도 전문상담에 임할 때에는 꼭 피상담자의 손금을 직접 채취하여 분석하고 있다.

　손금분석을 잘 해내려면 많은 실전연습을 통해 손금학 이론과 분석방법을 내것으로 만들어가야 할 것인데, 자신이 익숙하게 잘 알고 자주 만날 기회가 있는 가족, 친지, 친구, 동료, 선후배 등의 손금을 채취하여 분석작업을 진행해보는게 실력을 빨리 향상시키는데 도움이 된다. 상대방의 성격적 특성이나 재능, 살아온 인생길에 대해 대략적 정보를 가지고 있는 상태이니 손금을 제대로 분석하고 있는지를 쉽게 확인해볼 수 있기 때문이다.

　손금분석에 자신감을 가지게 되려면 보통 한 200명 정도의 손금을 세밀하게 분석해봐야 할 것인데, 필자 같은 손금전문가가 세심하게 분석해둔 사례를 간접학습해보는 것도 실력향상에 상당한 도움이 될 것이다.

　'손금의정석 1권'에서는 형태가 비교적 단순한 아이들 손금을 가지고서 적성, 성격, 건강 등을 먼저 살펴보았다.

　이번 2권에서는 먼저 비교적 좀 쉬운 손금을 중심으로 주요 손금선들을 분간하는 연습을 좀 한 후, 좀 더 복잡하거나 난해한 손금분석쪽으로 넘어가 보기로 하겠다. 이렇게 다양한 손금들에 대해 실전분석을 해본 후엔 기본선 분석에서부터 보조선, 문양, 장해선 등과 함께 유년법까지 적용하여 종합적인 손금분석을 해보도록 하겠다.

성인이 된 사람들의 손금분석에 있어선 한두개 선만 가지고 봐서는 안되며, 항상 종합적인 분석접근법이 필요하다. 시중의 손금책들에 보면 어떤 선 하나만 좋으면 뭔가 대단한 인생을 살게 된다는 식으로 접근한게 많은데, 실제로는 그렇지 않다. 인간이란 존재가 그렇게 단순하지 않을 뿐 아니라, 재능이나 성격적 특성, 인생길의 특성 등도 그러하기 때문이다.

성인들의 손금을 살필 때엔, 항시 유년법을 염두에 두면서 살펴보아야 할 것이다. 즉, 지금 나이가 생명선, 두뇌선, 운명선, 재물선 등에서 어느 지점쯤 되는지를 잘 가늠하여야만 손금분석이 제대로 이루어질 수 있기 때문이다. 손금의 유년법에 있어 오차가 조금이라도 생기면 실제 나이로 보아 1년, 2년 정도의 차이는 금방 생길 수 있는데, 그만큼 신중을 기해야 할 것이다.

손금분석은 아이들이나 어른이나 모두에게 유용한데, 적성, 성격, 직업, 결혼 등의 문제들 뿐 아니라 인생사의 어떠한 고민거리에 있어서도 참고할만한 좋은 정보를 얻을 수 있다고 보면 된다. 다른 사람의 손금분석에 임하는 사람은 다음과 같은 사항을 준수하기를 권한다.

첫째, 한 사람의 인생은 소중한 것이니 손금분석에 있어 한 사람의 인생을 다룬다는 진지한 태도를 견지할 것

둘째, 툭 던지는 한마디에 상대방이 직접 간접적으로 영향을 많이 받게 되는데, 어떤 말을 꺼내기 전에 두번 세번 생각하여야 할 것이며, 상대로 하여금 쓸데없는 걱정, 근심, 불안감을 가지게 한다든지, 또는 거꾸로 무작정 대놓고 칭찬하기나 불건전한 충동질, 극단적 표현사용 등은 삼가야 할 것이다.

셋째, 손금분석결과를 설명함에 있어선 설명하려는 대상 손금 선이나 문양이 가지는 원론적인 의미를 충분히 설명해준 후에 자신의 분석의견을 덧붙이는 식으로 하는게 좋다.

넷째, 가능하면 손금을 직접 잉크로 채취하여 봐주도록 한다. 육안으로 들여다 보는 것과 잉크로 찍어서 보는 것은 그 해석에 있어서 서로 현저한 차이가 생길 수 있다.

다섯째, 손금분석을 해주는 사람이 스스로 세상 살아가는 지혜를 많이 가지고 있을수록 양질의 손금분석 및 조언이 이루어질 수 있다. 따라서 손금을 통해 다른 사람들에게 뭔가 유익한 조언을 하고 싶은 사람은 손금학 뿐만 아니라 건강관리, 자기계발훈련법, 처세술, 재테크, 다양한 전공 및 직업분야에 대한 이해, 종교, 관혼상제 등의 문제에 대한 폭넓은 지식과 경험을 비축해갈 필요가 있다고 하겠다.

자, 지금부터는 조금 쉬운 케이스를 중심으로 손금 선과 문양을 분류해내고, 각각에 대한 분석을 해보도록 하자.

Q&A 우리아이 손금 개선법

아이들은 몸과 마음, 정신이 모두 부드러운 상태라서 손금의 개선이 쉽게 잘 이루어질 수 있다. 손금을 통해 아이의 재능을 발견한 뒤, 그에 맞는 적합한 교육방법을 택하여 잘 키워가면 될 것이다. 어린 시절엔 신체 오장육부가 발달해가면서 균형을 잡는 시기에 해당하니, 손금상 어떠한 신체장기쪽이 약한지 강한지를 살펴서 체질에 맞게 식단을 잘 구성하고 좋은 식사습관을 들여주는 것이 필요하다.

특히 아이들은 아직 정신적, 영적으로 연약한 상태에 있으므로 정신건강이나 영적인 건강상태에도 주의할 필요가 있는데, 특히 예민한 기질에 가위눌림이 많고 일탈현상이 심한 아이의 경우엔 일찍부터 신앙생활로 이끌어줄 필요가 있다고 하겠다.

막쥔손금이나 이중감정선과 같이 손금이 특이손금에 해당하는데 그 구성이 불안정한 경우엔 반드시 부모가 이것을 안정되게 만들어주려는 노력을 기울여주어야만 할 것인데, 특이손금일수록 인생의 성패가 어린 시절의 부모의 노력에 의해 많이 좌우된다고 하겠다.

사례분석 실제   **사례1 : 37살 주부. 재물운과 사업운 궁금**

사례분석 실제

사례분석 실제 　　사례 1 : 37살 주부, 재물운과 사업운 궁금

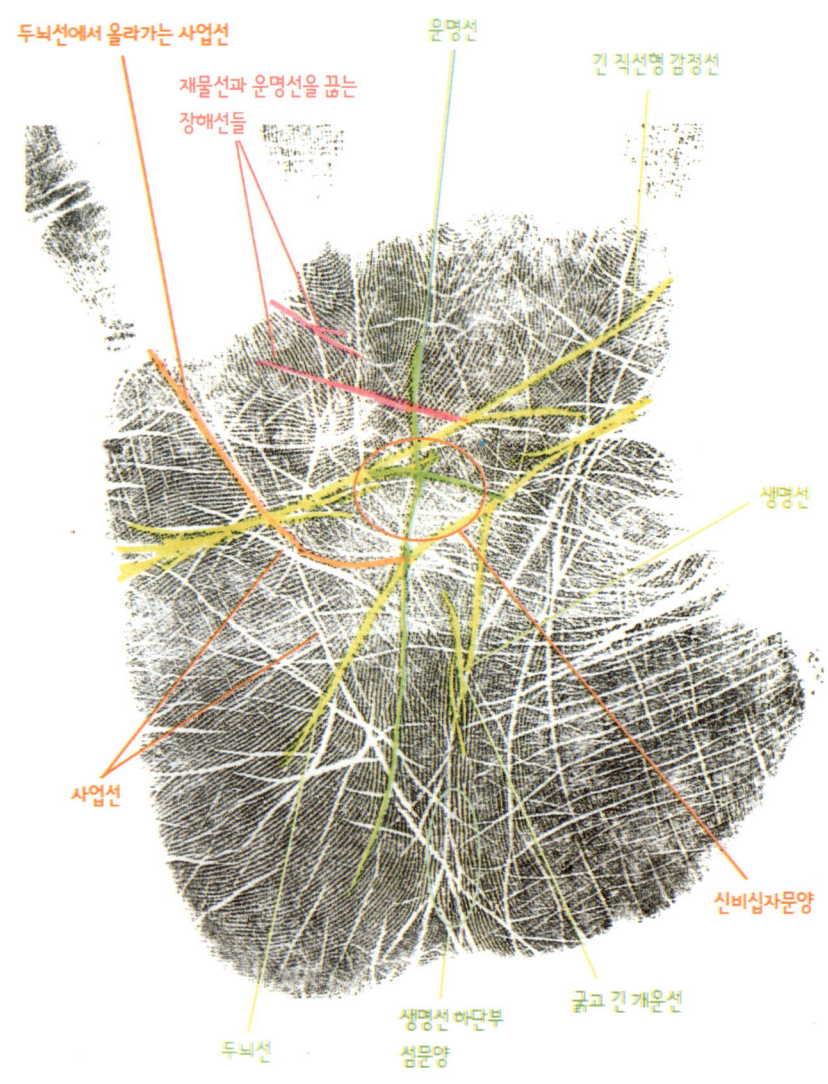

사례분석 실제

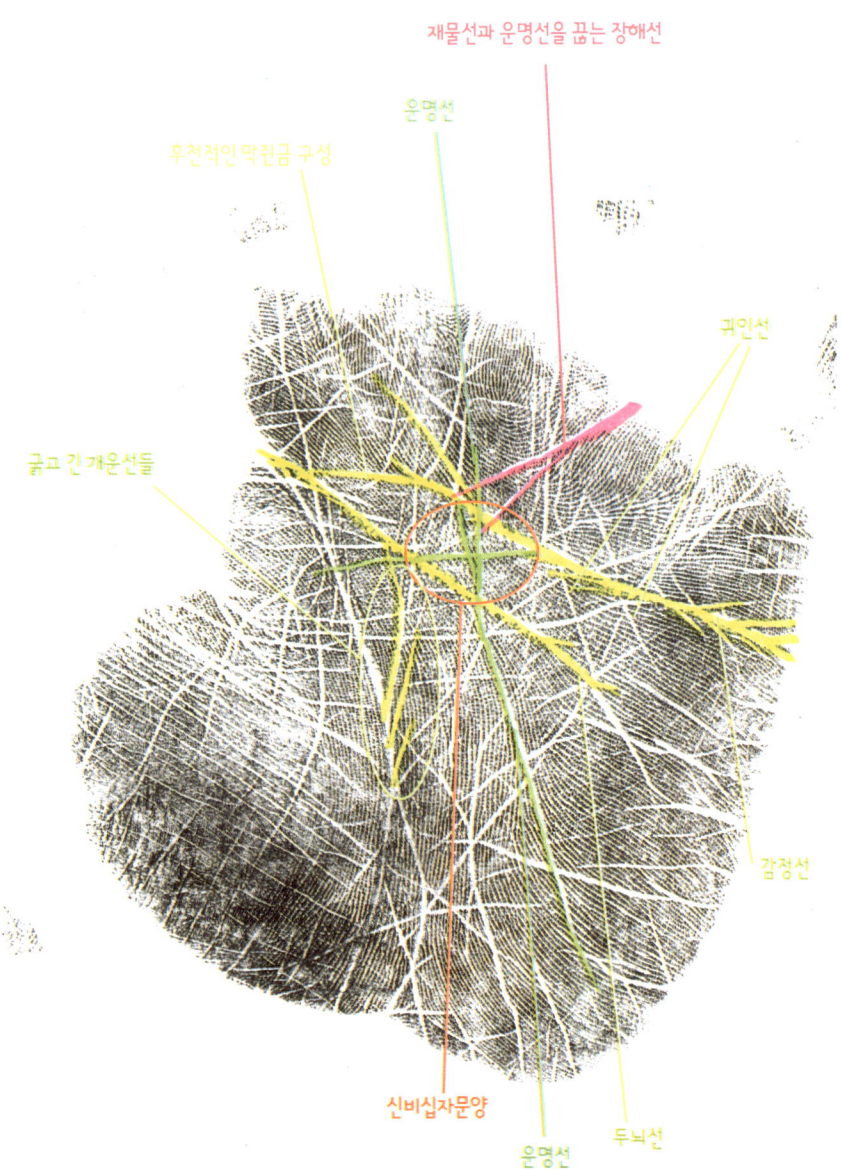

사례분석 실제   사례1 : 37살 주부. 재물운과 사업운 궁금

[손금상 특징]

- 왼손 감정선이 직선형으로 목성구 횡단. 오른손 감정선은 좀 짧은 편인데 막쥔금으로 변형된 모습
- 생명선 상에 개운선이 굵고 길게 여러가닥 나와있음 (생명선 유년법으로 45살, 48살, 53살, 55살 근처)
- 오른손 운명선이 월구에서 시작하여 감정선을 넘어서 올라가고 있으며, 두뇌선 위쪽에서 한가닥 더 나오고 있고, 감정선 근처에서 다시 한가닥 더 나오고 있어서 중지아래쪽으로 길게 올라가고 있음
- 양손 모두 대장해선이 굵게 지나가고 있음 (생명선과 운명선 유년법으로 37~38살 근처)
- 왼손 두뇌선에서 소지쪽으로 올라가는 사업선이 나오고 있음 (두뇌선 유년법으로 44~45살 근처)
- 양손 신비십자문양이 선명하며 오른손의 경우 신비십자문양이 생명선을 끊고 있음
- 왼손 생명선 하단부에 섬문양이 보이고 있음
- 솔로몬링, 굵고긴 향상선, 매끈한 금성대, 굵은 인복선이 나와있음
- 양손 재물선을 끊는 굵고 강한 장해선이 나와있음

[손금분석]

손금 주요선들이 굵고 선명하며 손바닥에 잔선이 많지 않다.

사례분석 실제

감정선과 운명선의 모습이 기세가 강하여 가정주부로 있기엔 적합치 않으니 적극적으로 직업적 활동을 하는게 좋겠다.

생명선 상에 개운선이 올라오고 두뇌선에서 사업선이 올라가는 40대 중반 근처부터 큰 행운찬스와 재산축적의 기회들이 찾아올 모습이다. 두뇌선의 모습이 좋고, 개운선이 굵고 길어서 꽤 큰 재산을 모을 타입이라고 하겠다.

다만, 현재의 나이대 근처에 대장해선이 양손 모두 나와서 생명선, 운명선을 강하게 끊고 지나가고 있고, 태양구에 강한 장해선이 들어와 있으니 당분간 근신하고 사고수, 급병수, 손재수, 불명예 등을 주의하는게 필요하겠다.

신비십자의 영향이 강해지는 40대 초반의 시기에도 다소 고생스런 인생길이 전개될 수 있겠지만 마음을 강하게 먹고 40대 중반이후의 행운찬스를 만들어내도록 노력해가야 하겠다.

오른손에 감정선 지선이 두뇌선과 연결되면서 막쥔금 모습을 띠고 있으니 후천적으로 강인한 사업가적인 기질이 강화되어 가는 모습이라고 하겠다.

사례분석 실제 사례2 : 42살 남성, 변리사. 직업운과 독립시기가 궁금

사례분석 실제

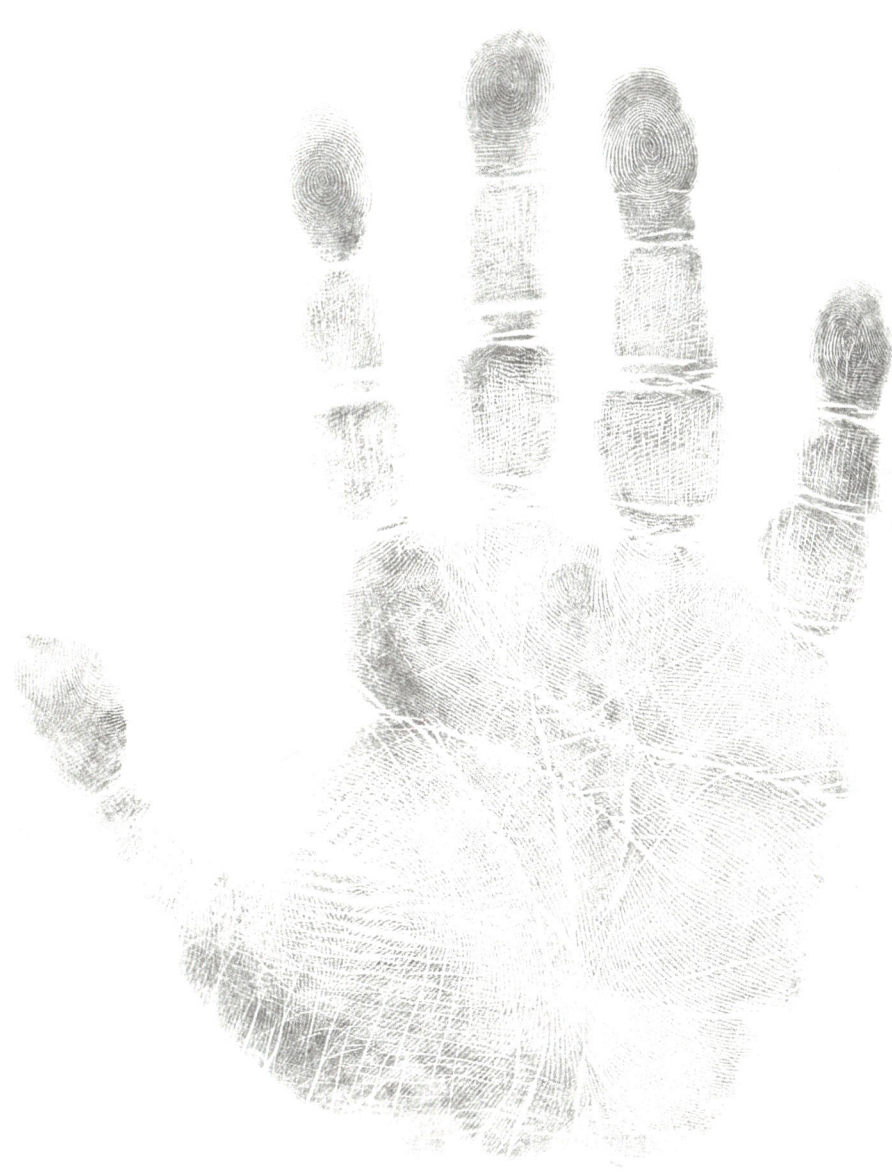

부록 | 실전분석 연습

사례분석 실제   사례2 : 42살 남성, 변리사. 직업운과 독립시기가 궁금

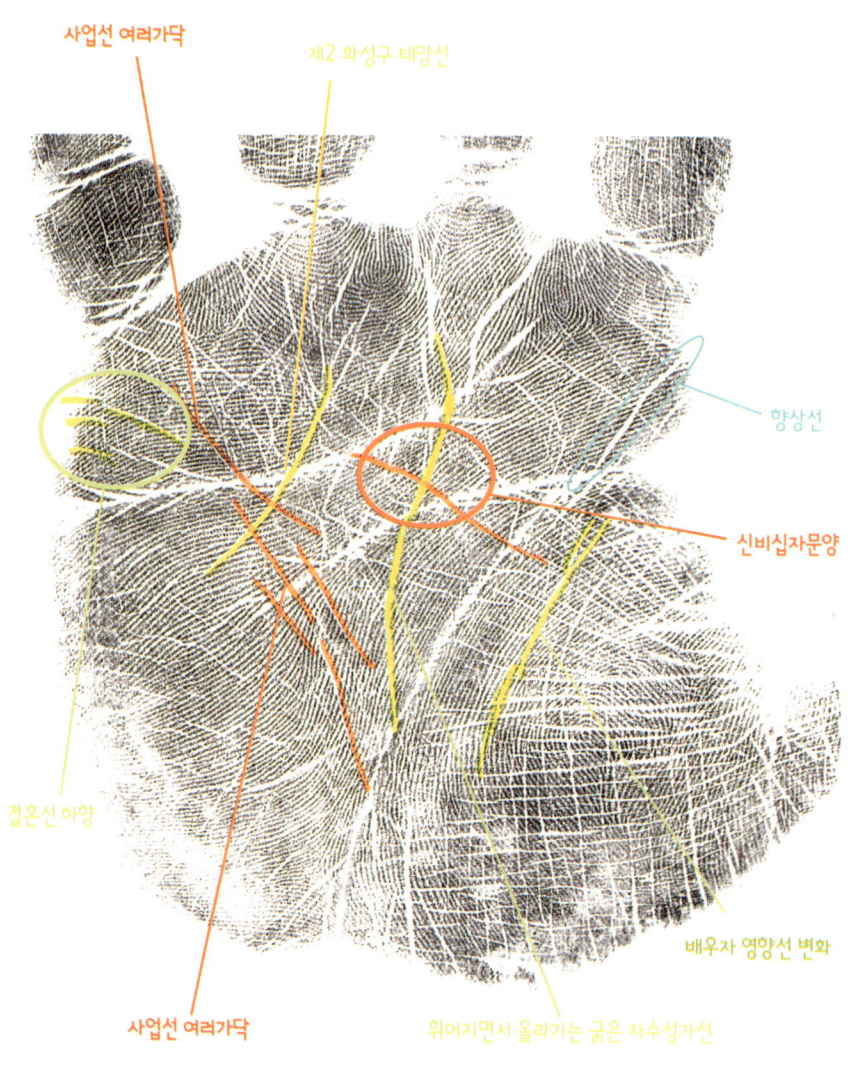

사례분석 실제

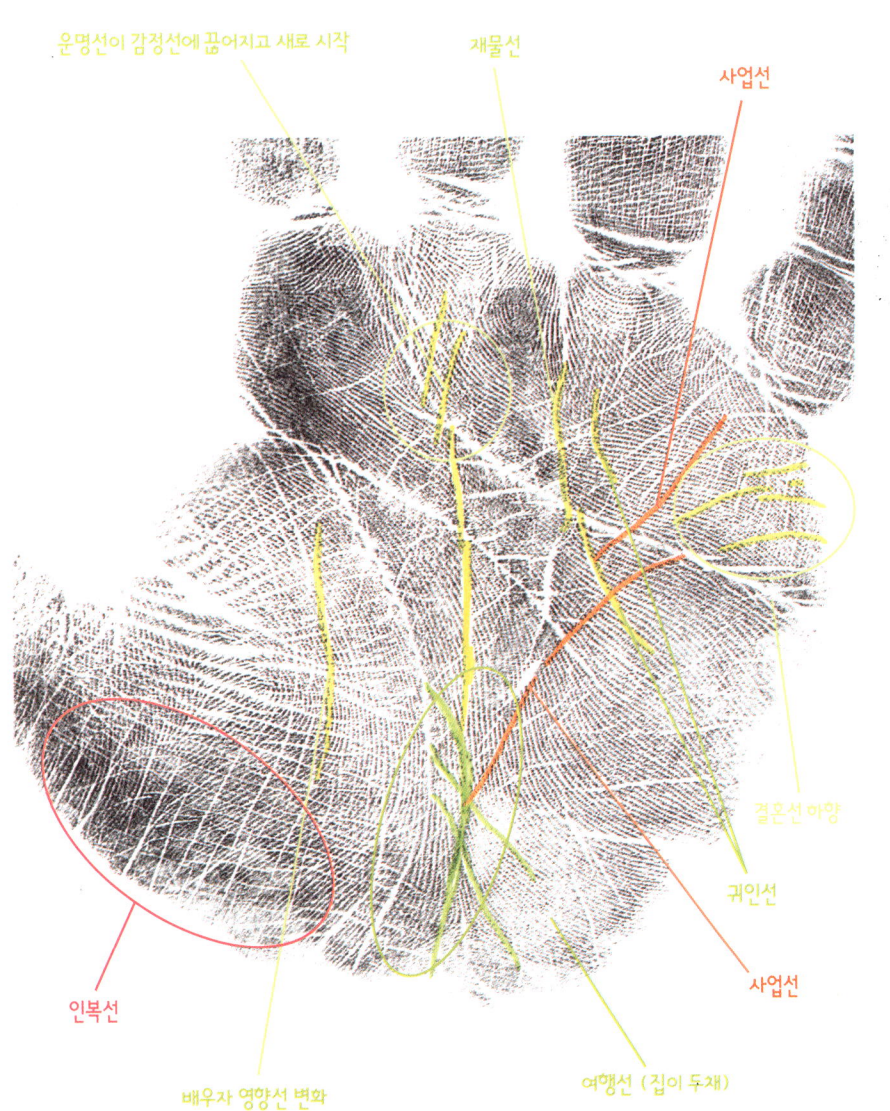

부록 | 실전분석 연습

사례분석 실제 사례2 : 42살 남성, 변리사. 직업운과 독립시기가 궁금

[손금상 특징]

o. 양손 기본삼대선의 구성이 굵고 선명하며 부드러운 모습

o. 왼손 생명선에서 굵게 자수성가선이 뻗어나가서 감정선 위쪽으로 올라가고 있음

o. 오른손 운명선은 손바닥 중앙 하단부에서 일찍 시작하여 감정선에서 끝나고 있음

o. 양손에 제2화성구 태양선이 올라가고 있음

o. 왼손에 신비십자문양이 두뇌선과 생명선을 끊고 있음

o. 결혼선이 여러가닥인데 모두 하향하고 있음

o. 사업선이 두세가닥 겹치면서 위로 뻗고 있음

o. 손가락이 짧은 편이고 손바닥이 정방형인 땅의손 타입에 해당

o. 오른손 생명선 하단부에 멀리 나가서 사는 여행선이 나와있음

[손금분석]

땅의 손 타입으로 손바닥과 손가락이 두툼한 모습이다. 왼손과 같이 자수성가선이 강한 경우 일찍 남들이 흔히 따기 어려운 전문자격시험에 도전하여 라이센스를 바탕으로 한 자영업이나 직업활동을 할 필요가 있는데 마침 변리사로서 활동하고 있다.

오른손 운명선은 손바닥 아래에서 일찍 시작하여 올라가는데 어려서부터 성실하고 책임감있게 학업에 매진한 모습을 나

사례분석 실제

타낸다.

 양손의 운명선이 감정선을 잘 넘지는 못하고 있으며, 감정선을 지나면서 방향이 휘어지거나 새로운 운명선이 출현하고 있는 모습이니 사업운이 강하다고 보기는 어려우니 그냥 큰 법인체에서 계속 일하는게 더 좋을 모습이라고 하겠다.

 양손에 사업선이 여러가닥 겹친듯 나와있어서 일복이 많을 모습이며, 제2화성구 태양선이 굵고 선명하게 올라가고 있으니 나의 직업적 성공을 도와주는 귀인들이나 조상의 음덕이 있음이다.

 다만, 결혼선이 하향하고 있으며 왼손의 배우자 영향선에 변화가 보이고 있으니 부부애정이 약해지지 않도록 주의할 필요가 있겠다.

사례분석 실제　사례3 : 33살 미혼 남성, 우유대리점 점장. 재물운과 결혼운 궁금

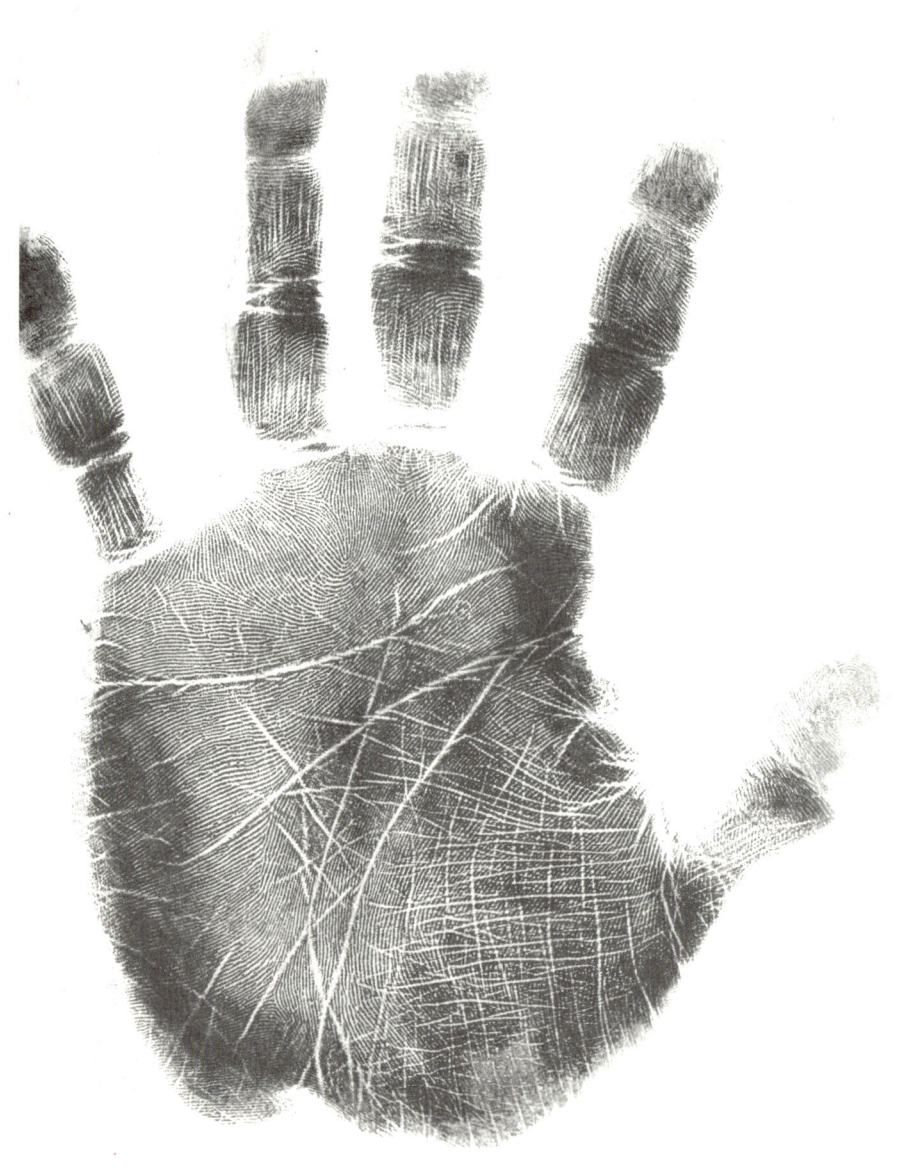

사례분석 실제

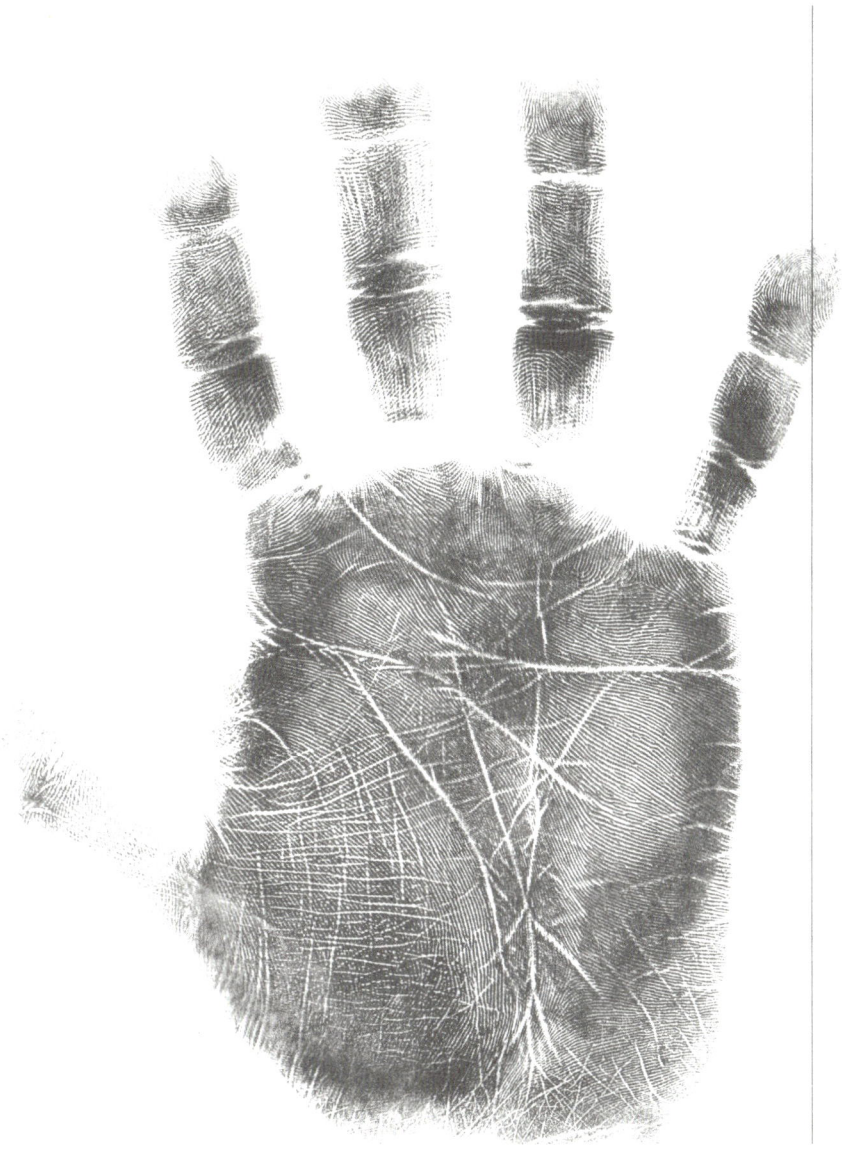

부록 | 실전분석 연습

사례분석 실제 사례3 : 33살 미혼 남성, 우유대리점 점장. 재물운과 결혼운 궁금

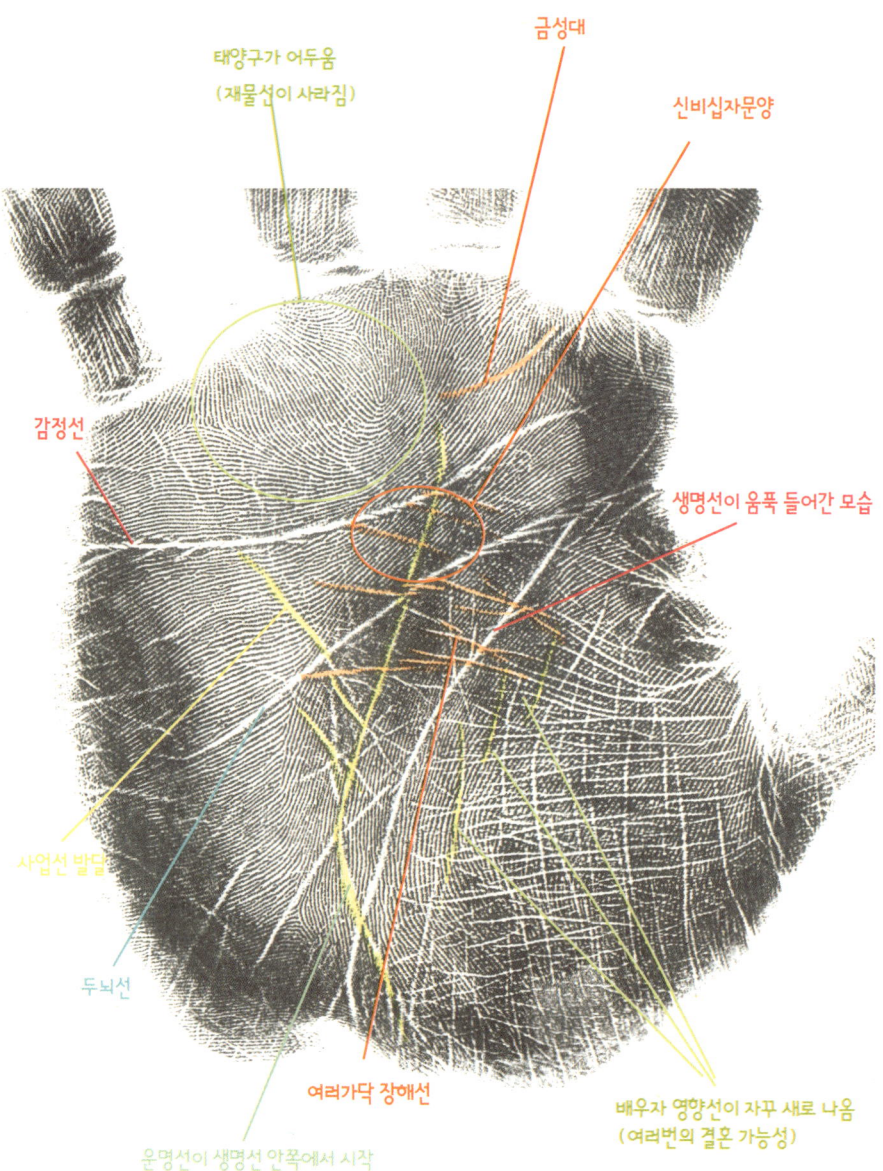

사례분석 실제

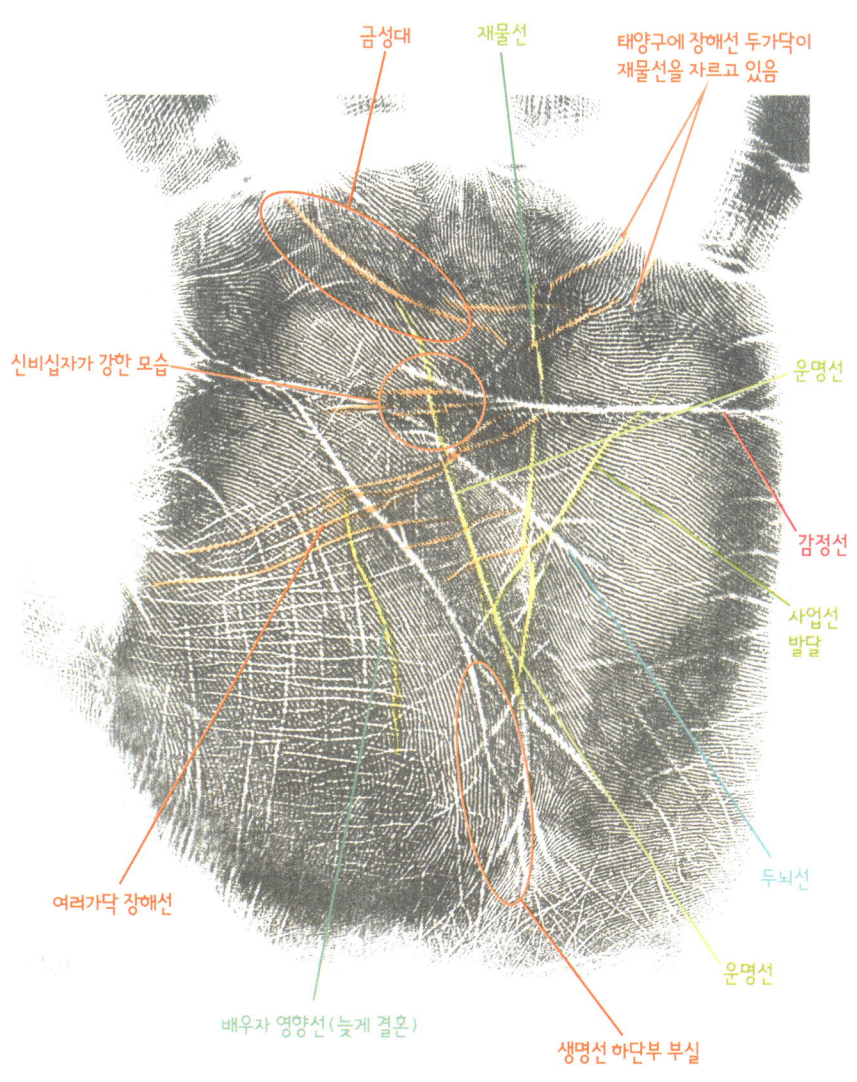

사례분석 실제   사례3 : 33살 미혼 남성, 우유대리점 점장, 재물운과 결혼운 궁금

[손금상 특징]

- 기본삼대선이 굵고 선명
- 왼손 태양구에 재물선이 없고, 오른손 재물선은 장해선에 잘려서 윗부분이 없어진 상태
- 제1화성구 부근의 생명선이 안쪽으로 움푹 들어간 모습이며 장해선들이 많이 지나감
- 오른손 생명선 하단부가 조금 짧고 헝클어진 모습
- 왼손에 배우자 영향선이 여러 차례 새로이 나오고 있으나, 오른손은 한가닥뿐임
- 왼손 감정선은 길게 목성구 중심으로 뻗었고, 오른손 감정선은 조금 짧은 편인데 감정선 위쪽에 길고 굵은 강한 금성대가 나와 있음
- 운명선과 두뇌선을 끊는 장해선들이 많음 (운명선 유년법으로 35살~38살 근처)
- 오른손 재물선은 35살 무렵부터 올라가며, 사업선이 굵고 길게 뻗어 있음
- 신비십자문양이 굵고 진하게 나와있으며, 오른손엔 더블 신비십자문양 형태임

[손금분석]

특이하게도 왼손 태양구에 재물선이 한가닥도 보이지 않는다. 태양구는 마음의 창이라 항시 재물선이 올라와 있어야 하는

사례분석 실제

곳인데, 이곳이 어둡다는 것은 마음 속에 불안감이 많고, 만족감, 행복감이 떨어지며 상당히 주의해야 할 운세가 가까이 다가와 있음을 나타낸다. 밤늦게 다니지 않도록 주의해야 하고, 자동차운전을 가급적 피하고, 주식투자라든지 빚보증 같은 것은 일체 삼가해야 할 것이다.

제1화성구 부근의 생명선이 쪼그라든 모습은 위장계통의 상태가 좋지 않음을 나타낸다. 오른손엔 금성대가 강하여 다소 예민한 기질이 나올 모습인데, 생명선 하단부가 약하니 소화기능에 문제가 생기기 쉬워 보인다.

운명선과 사업선이 발달하여 성실하며 책임감 강할 타입인데, 재물선이 35살 근처에서부터 올라오고 있으니 승진이나 연봉상승이 기대되는데, 30대 중후반의 장해선의 시기를 잘 견뎌내야 하겠다.

결혼운이 생명선 안쪽에서 배우자 영향선이 시작되는 35살 무렵에 있어 보이나, 태양구의 어두움이 걷힌 이후라야만 좋은 배필을 만날 수 있겠다. 배우자 영향선이 여러가닥이라 결혼 이후에도 부부운에 다소 주의가 필요하다고 하겠다.

사례분석 실제   사례4 : 50살 주부, 교육사업. 직업적 진로와 성공여부 궁금

사례분석 실제

부록 | 실전분석 연습

사례분석 실제   사례4 : 50살 주부, 교육사업. 직업적 진로와 성공여부 궁금

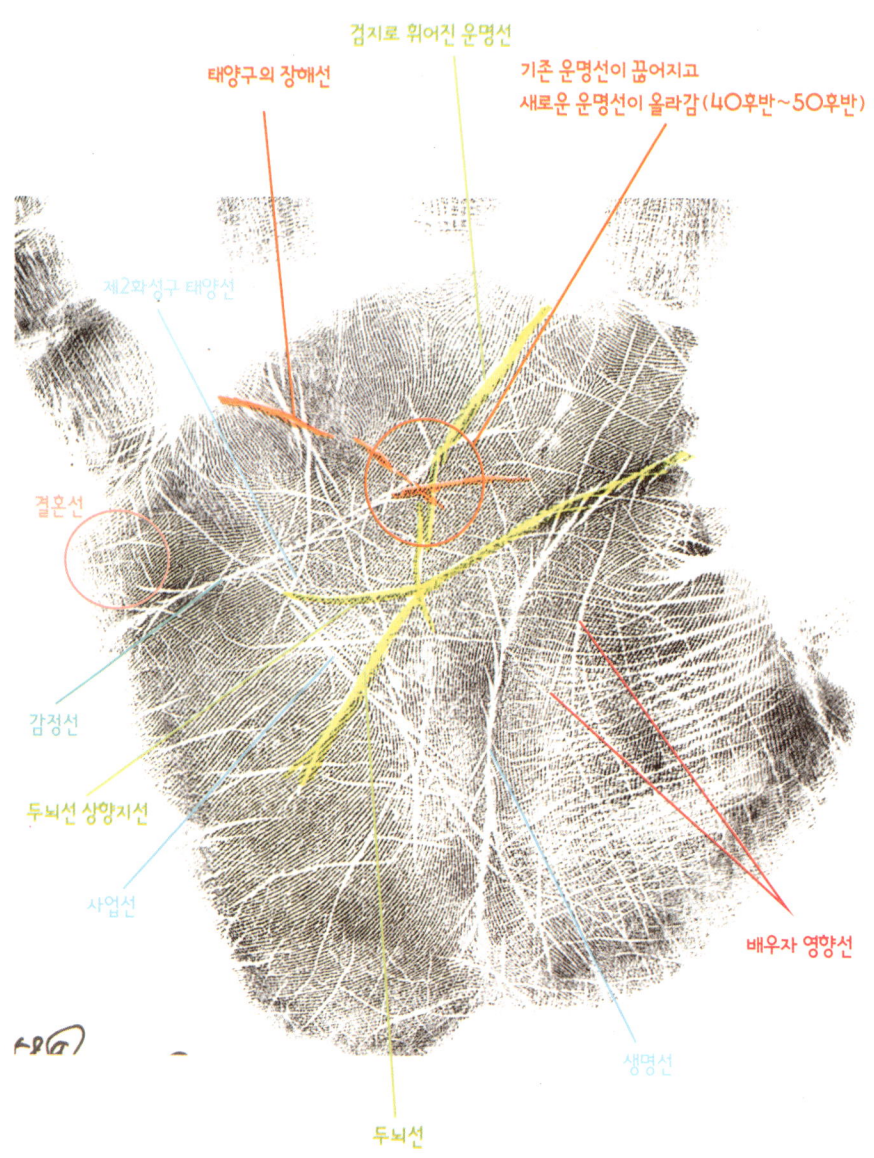

사례분석 실제

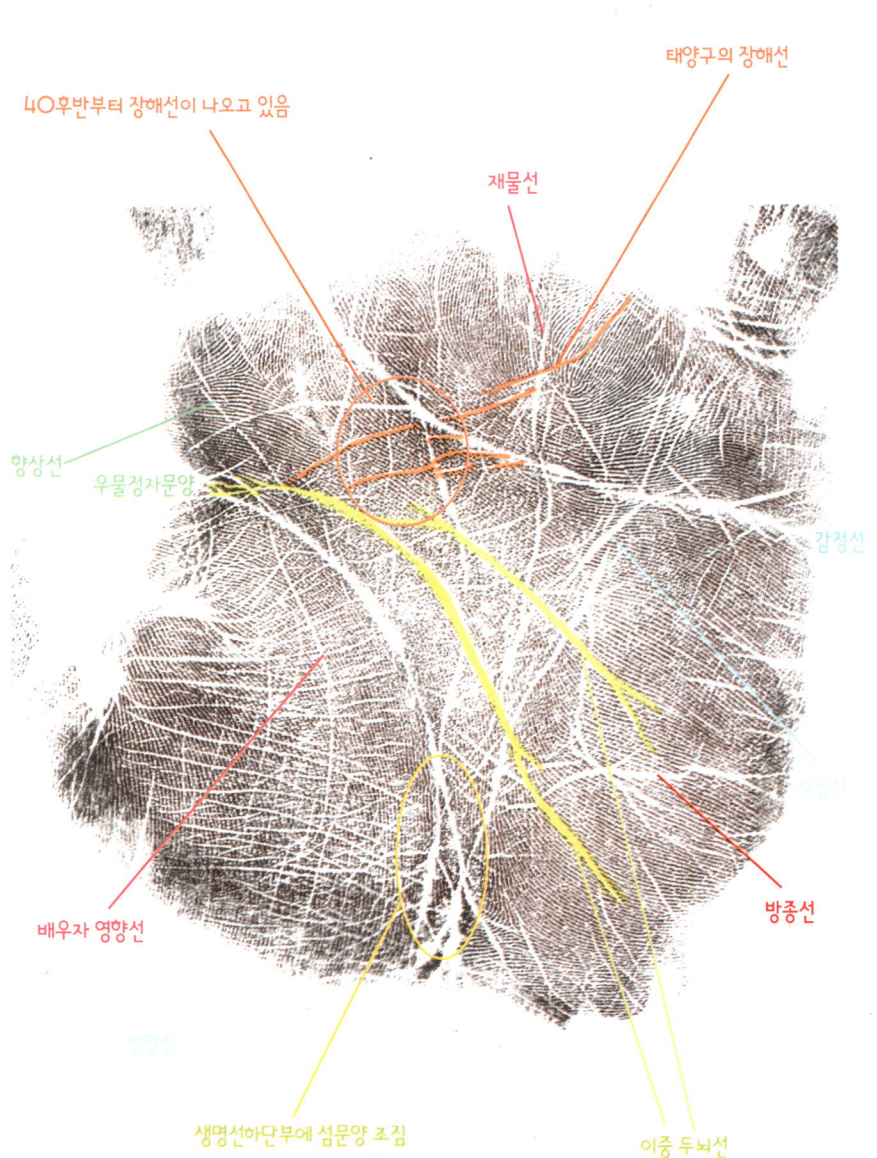

사례분석 실제   사례4 : 50살 주부, 교육사업. 직업적 진로와 성공여부 궁금

[손금상 특징]

o. 오른손이 이중두뇌선 구성으로 두가닥 모두 길고 선명하며 양호한 모습

o. 왼손 두뇌선에서 소지쪽으로 사업선이 올라가고 있음 (두뇌선 유년법으로 40대 후반 무렵)

o. 감정선이 중지와 검지 사이로 휘어져 올라가고 있고 감정선 끝 갈래가 두세가닥

o. 왼손에 제2화성구 태양선이 선명하게 나와있음

o. 목성구에 우물정자문양과 향상선 발달

o. 왼손 운명선이 감정선과 합하여 검지쪽으로 휘어지면서 올라가고 있음. 오른손 운명선은 가늘어지고 있는데 장해선이 두세가닥 지나가고 있음

o. 생명선 하단부에 여행선이 나와있음

o. 양손 재물선을 끊는 장해선이 다소 강한 모습

[손금분석]

오른손 손금이 이중두뇌선 구성인데, 두가닥 다 길고 모습이 양호하여 뛰어난 재능을 가지고 있음을 나타내고 있다.

두뇌선 두가닥 중 아랫가닥은 급하게 월구로 휘어지고 있는데 예능쪽 재능과 글재주나 말재주가 좋을 모습이며, 윗가닥은 현실적 실용적이고 사업적 수완이 좋을 모습이라고 하겠다.

사례분석 실제

왼손에 운명선이 감정선과 합해져서 검지쪽으로 휘어지는 모습은 명예운이 따르고 리더십 자질이 뛰어남을 나타내는데, 교육자, 경영자, 종교인, 사회지도층 인사 등에서 자주 발견할 수 있는 타입이다.

왼손의 두뇌선에서 상향하는 사업선은 투자감각과 사업적 역량이 강해짐을 나타내는 것인데, 이 손금은 사업선이 재물선보다 좋으므로 재테크에 있어서도 금융자산 쪽 보다는 부동산 투자쪽이 좋아 보인다. 교육사업을 하더라도 부동산 가치나 권리금이 올라갈 것을 염두에 두면 좋겠다.

감정선 근처의 운명선이 점차 가늘어지면서 장해선에 몇차례 끊어지는 모습인데, 오른손은 생명선 하단부에 자칫 섬문양이 생기게 될 염려가 있어 보이는데, 방종선도 나와있으니 건강과 생활습관에 주의해야 할 것이다.

양손 재물선이 장해선에 끊어지고 있는데 당분간 허욕을 부리지 말고 근신하는 태도로 지내는게 좋겠다.

사례분석 실제

사례5 : 29살 남성, 회사원, 사무직. 관광사업에 관심

사례분석 실제

사례분석 실제 사례5 : 29살 남성, 회사원, 사무직, 관광사업에 관심

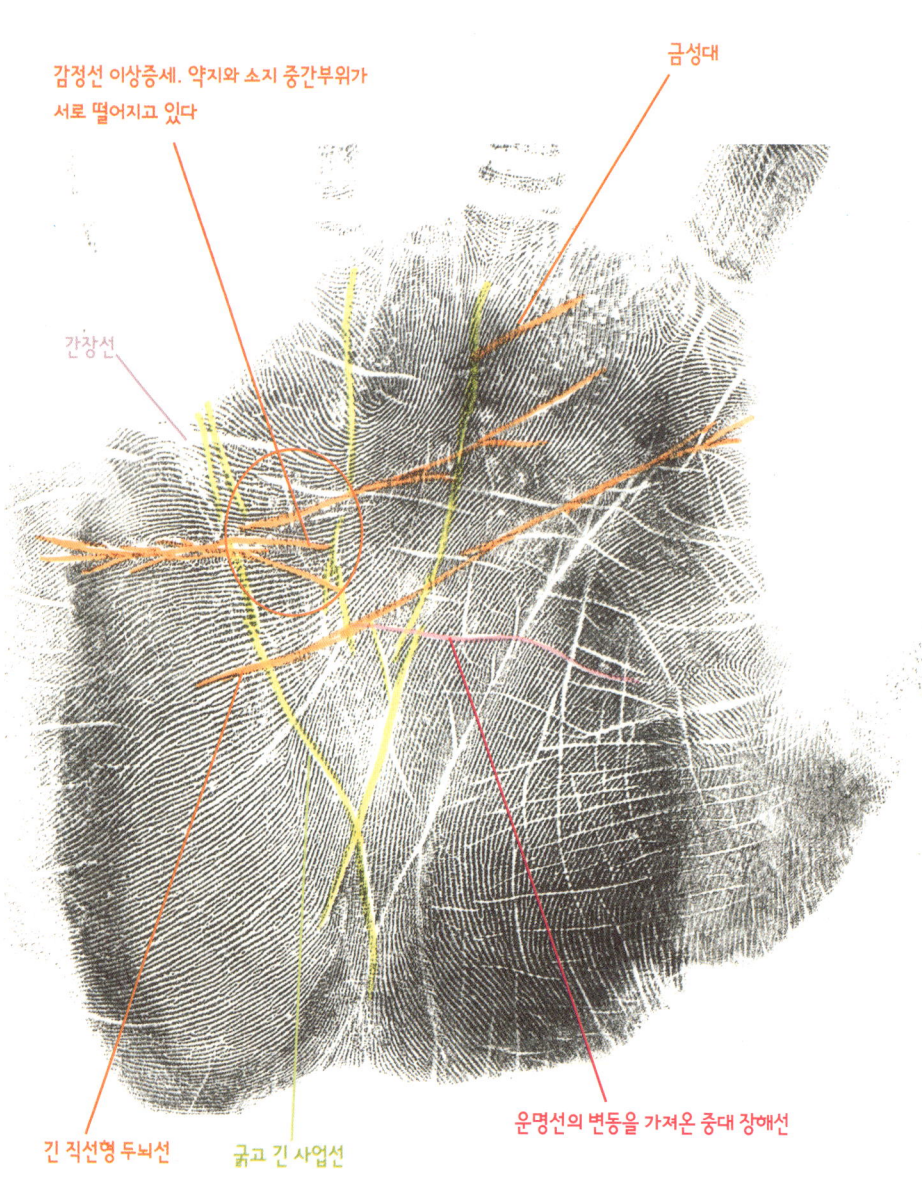

사례분석 실제

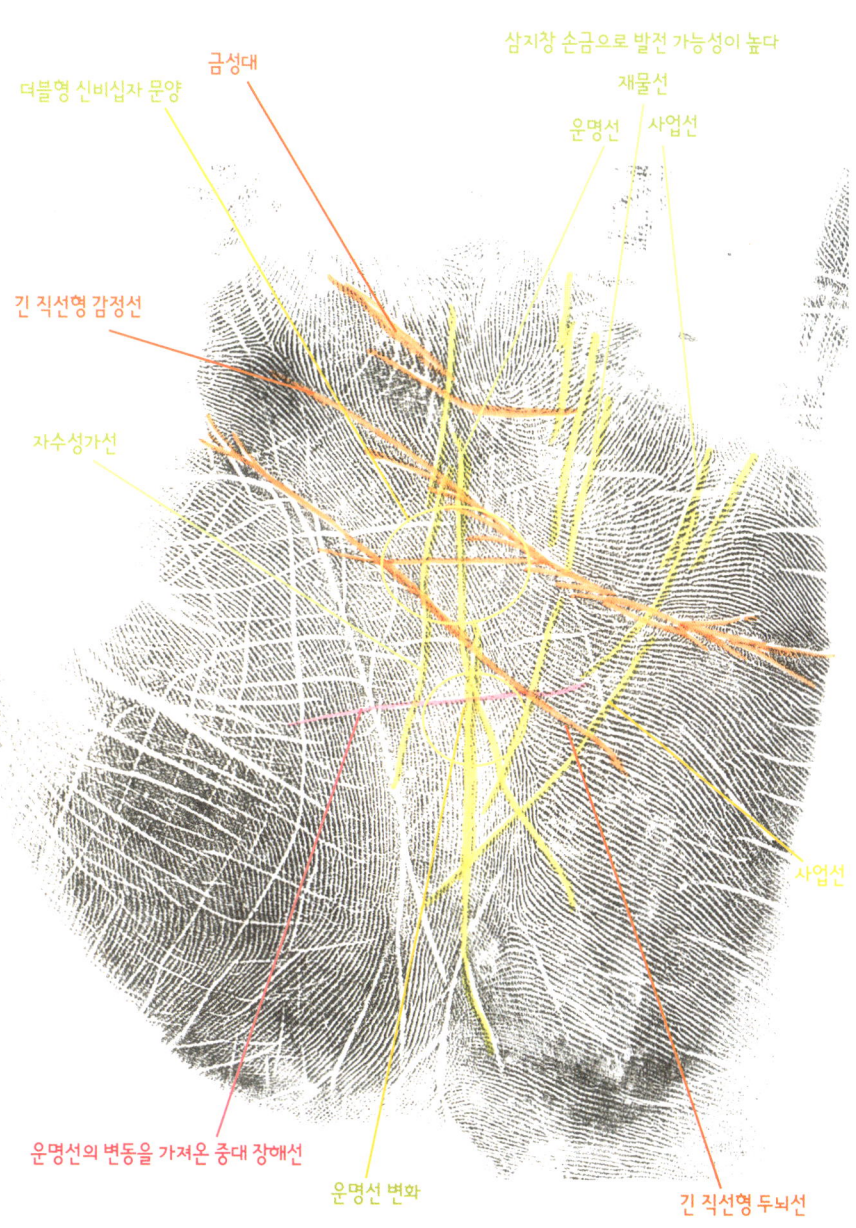

사례분석 실제   사례5 : 29살 남성, 회사원, 사무직, 관광사업에 관심

[손금상 특징]

○.세로삼대선이 삼지창손금 형태

○.잔선이 많지 않고 기본삼대선과 세로삼대선이 모두 선명하고 시원시원하게 발달함

○.긴 직선형 감정선과 긴 직선형 두뇌선

○.손바닥 중앙에서 시작하는 운명선에 자수성가선이 나와있는 이중운명선 타입

○.중지 아래의 감정선 위로 금성대가 단정하게 한두가닥 나와있음

○.더블 신비십자 형태로 신비십자의 영향이 강한 모습

○.사업선과 횡재선을 자르는 간장선이 나와있음

○.왼손의 약지와 소지 아래쪽의 감정선이 떨어지면서 하향하는 모습

[손금분석]

기본삼대선이 굵고 선명한데다 세로삼대선이 손바닥 아래에서부터 시작해서 감정선 위쪽으로 쭉쭉 잘 뻗은 삼지창 손금인데, 대인적인 풍모에 활발하고 얻을게 많은 인생길이 전개되리라 기대된다.

감정선이 길게 검지쪽으로 약간 휘어진 직선형으로 뻗어 있으니 성공욕구가 강하고 리더십 자질이 뛰어난 모습인데, 대기업이나 관공서 쪽이 아니면 대개 자기사업쪽에서 승부를 거는

사례분석 실제

타입이 많다.

 직선형 두뇌선이 예리하게 뻗었는데, 현실적 실용적 분석적 두뇌가 발달하였고 결과를 중시하며 경영경제 분야에서 활동하기에 부족함이 없어 보인다.

 운명선은 30대 중반이후 새로운 운명선으로 변화되는 모습이라 직업운에 변동이 예상되며, 자수성가선이 하나 더 나와있어서 이중운명선이 되어 있으니 직업적 성공을 위해 전문지식과 경험, 라이센스 취득에 힘써야 할 것이다. 양손의 사업선이 끊어짐 없이 선명하게 감정선 아래까지 올라가 있어 사업가적인 기질, 책임감과 성실성도 강한 사람이라고 볼 수 있다.

 다만, 이렇게 직선형 감정선과 직선형 두뇌선이 되면 자기주장이 너무 강하여 독불장군 타입이 되기 쉽고 인간관계에 어려움이 많이 따를 수 있으니 주의할 일이다. 감정선 위쪽으로 단정하게 흐르는 금성대는 교양미와 미적 센스를 보여주며 인간관계에 윤활유로 작용하게 된다.

사례분석 실제 — 사례6 : 31살 미혼여성, 도자기공예. 직업적 발전과 결혼이 궁금

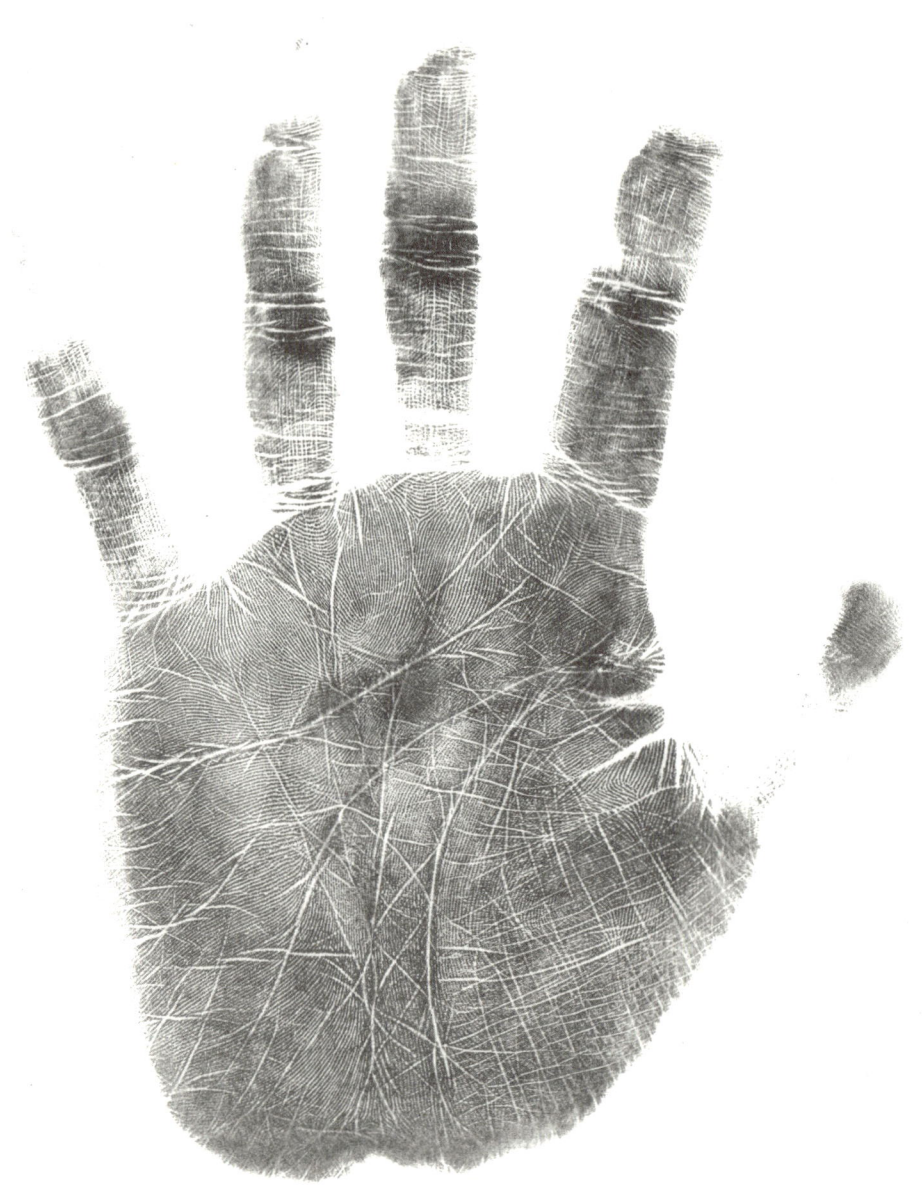

사례분석 실제

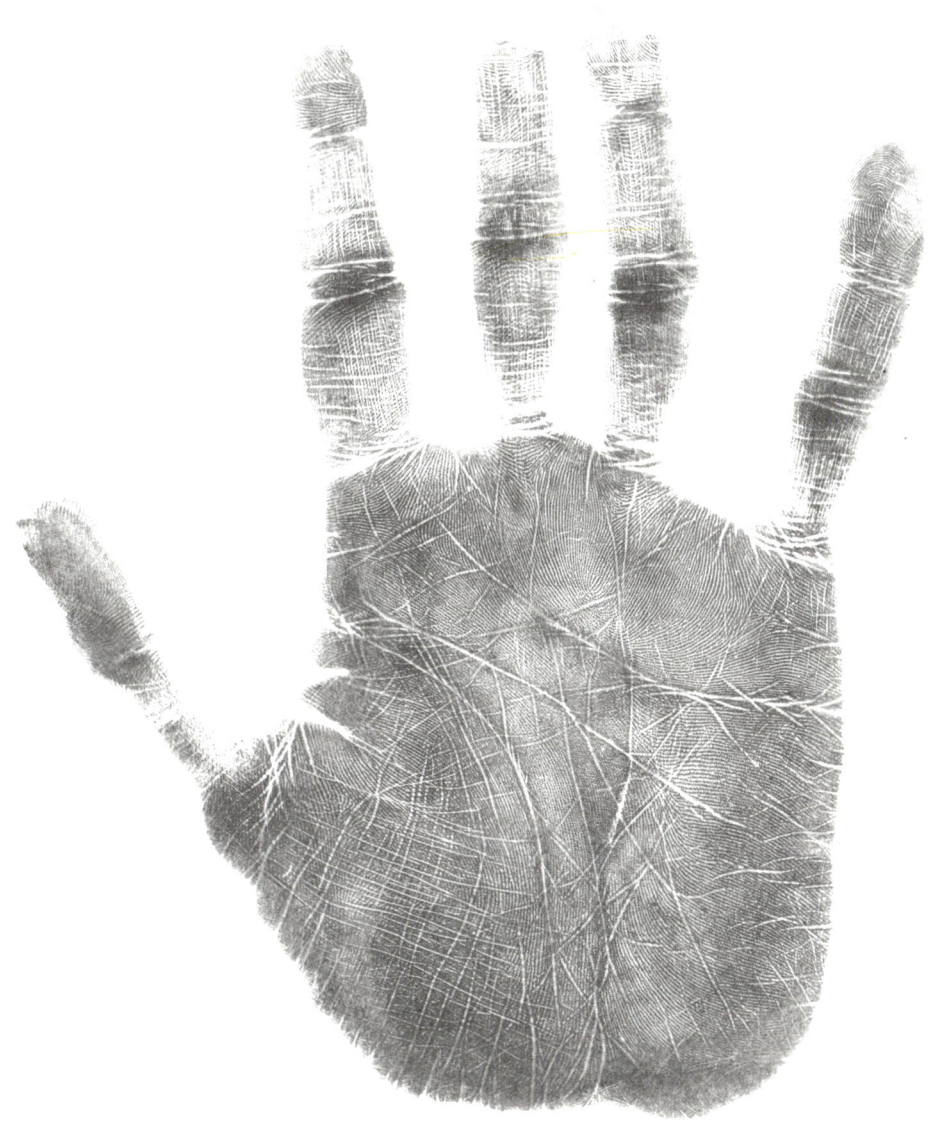

사례분석 실제　사례6 : 31살 미혼여성, 도자기공예. 직업적 발전과 결혼이 궁금

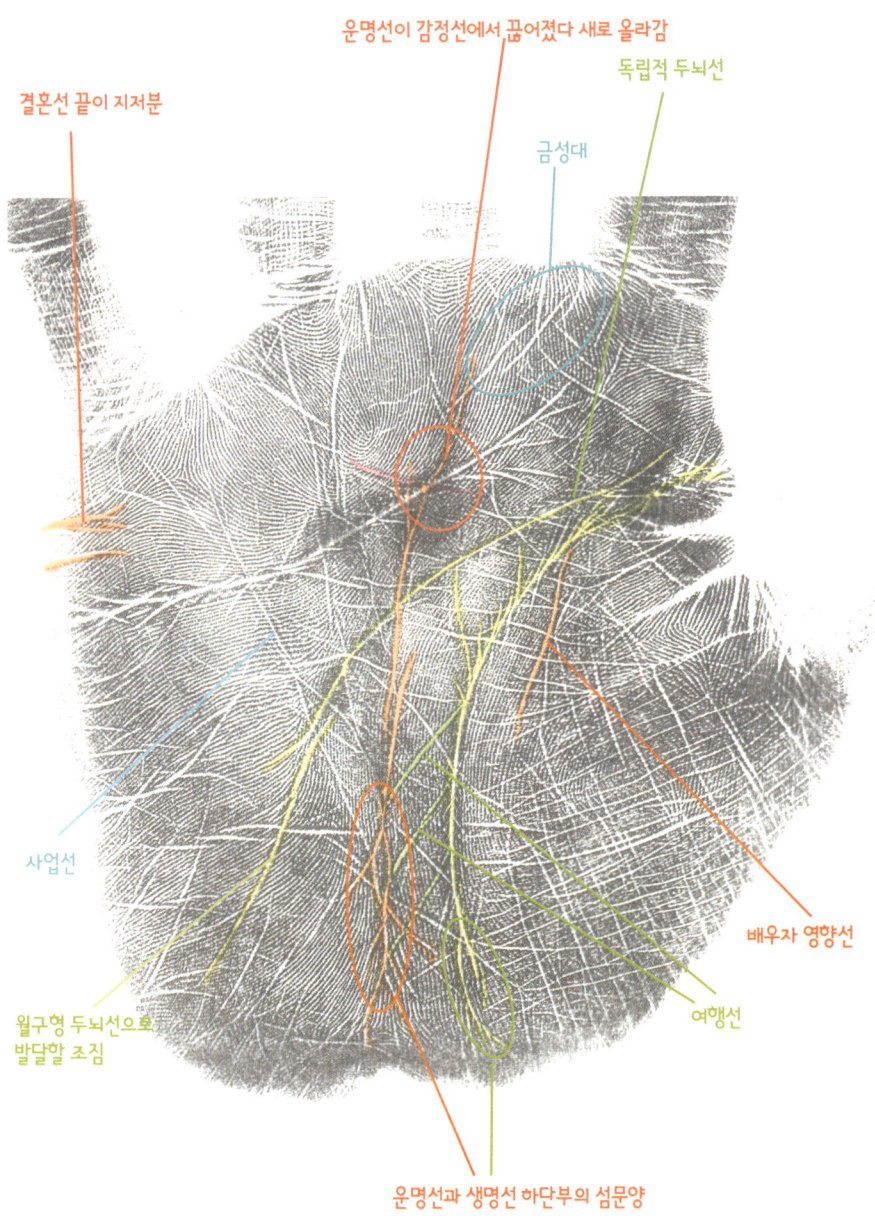

- 운명선이 감정선에서 끊어졌다 새로 올라감
- 독립적 두뇌선
- 금성대
- 결혼선 끝이 지저분
- 사업선
- 월구형 두뇌선으로 발달할 조짐
- 배우자 영향선
- 여행선
- 운명선과 생명선 하단부의 섬문양

사례분석 실제

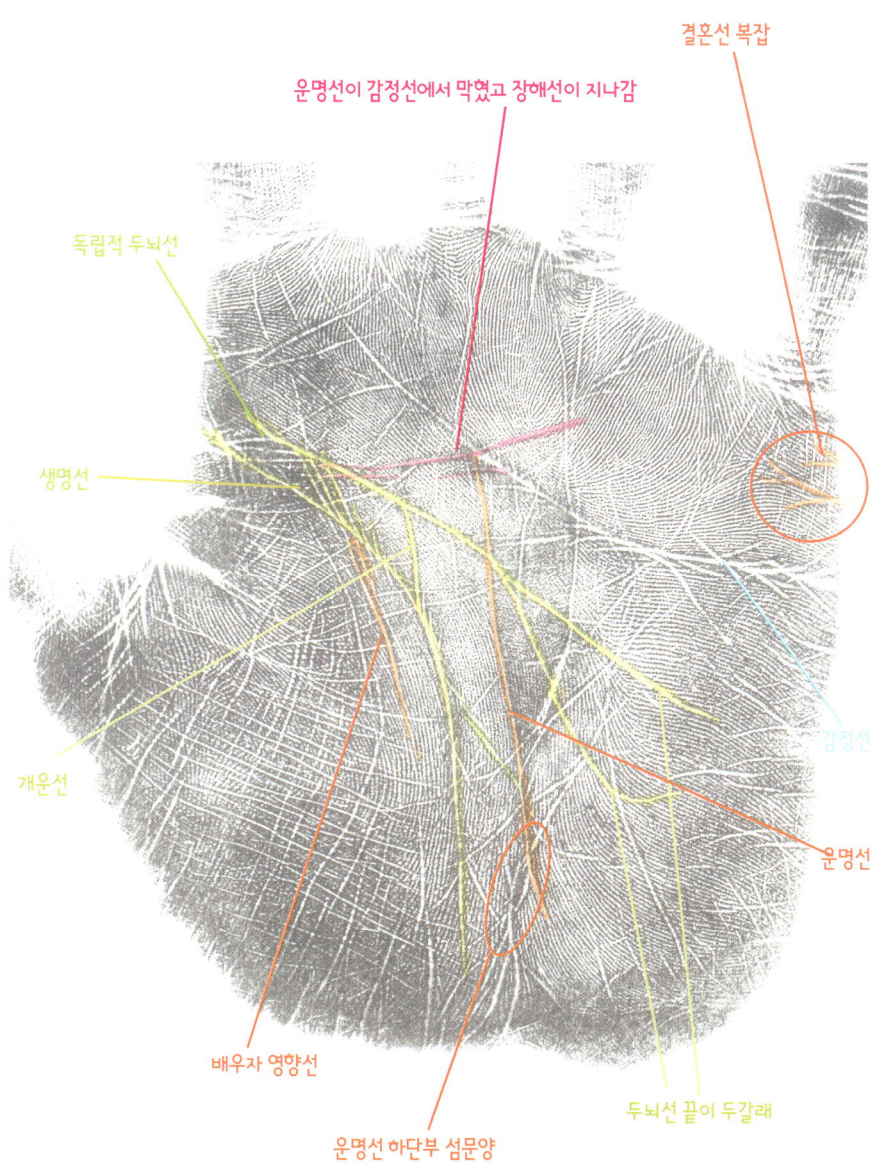

사례분석 실제 사례6 : 31살 미혼여성, 도자기공예. 직업적 발전과 결혼이 궁금

[손금상 특징]

○. 양손 모두 두뇌선과 생명선 시작부위가 떨어져 있는 독립적 두뇌선 타입

○. 오른손 두뇌선은 굵고 힘차며 두갈래로 나뉘어서 긴 직선형과 월구형 두뇌선으로 구성. 왼손 두뇌선은 끝부분에 하향지선이 있어서 월구로 깊이 빨려 들어갈 수 있는 모습

○. 오른손 운명선이 손바닥 중앙에서 곧게 올라가는데 감정선에서 끊어지고 있음

○. 재물선이 손바닥 아래에서 시작하여 태양구로 시원하게 올라가는 모습

○. 왼손 생명선 하단부와 운명선 하단부가 지저분한 편이며 섬문양과 방종선이 나와있음

○. 향상선과 개운선이 여러가닥 나와있음. 오른손에 긴 개운선 나옴 (생명선 유년법으로 40살 근처)

○. 결혼선은 양손 모두 매끈하지 않으며 끝이 위아래로 갈라져 있음

○. 생명선에 향상선과 개운선이 여러가닥 많은 편임

[손금분석]

독립적 두뇌선을 가진 여성의 손금이다. 구속, 속박을 싫어하고 독립적 개척적 혁신적 성향이 강한데, 독립적 두뇌선 타입에 두뇌선 감정선의 기세가 강하니 궁극적으로 자기사업쪽이 적

사례분석 실제

합하겠다.

이런 타입은 흔하고 평범한 직업쪽을 잘 택하지 않는 편이다. 이 타입은 결혼에 있어서도 평범하고 권위적인 남자는 딱 질색인데, 보통 나이 차이가 7~8살 많은 남자나 연하가 잘 어울리는 편이다.

양손의 두뇌선이 월구로 향하고 있으니 창의력이 강하고 손재주가 뛰어날 모습이지만, 월구형 두뇌선은 정신적으로 불안정해지기 쉬워 우울증과 외로움을 주의해야 할 것이다. 직선형 두뇌선이 지나치게 월구로 빠지는 것을 견제해주는 모습이라 창작활동에 있어서도 순수 예술쪽 보다는 실용적 사업적인 쪽으로 관심이 많아지게 될 것이다.

왼손의 생명선과 운명선 하단부에 섬문양이 보이고 있는데 혈액순환과 부인과 계통, 장기능에 유의할 필요가 있다. 방종선은 생활습관이 불규칙하고 식사습관이 좋지 않음을 나타낸다.

운명선이 손바닥 아래에서 곧게 올라가지만 감정선에 막혀 있는 모습이니 아직 자기사업에는 적합치 않으므로 큰 조직에서 일하며 사업적 경험과 안목을 넓힐 필요가 있겠다. 30대엔 세로삼대선이 모두 잘 올라가면서 삼지창이 형성되므로 직업적으로 큰 발전이 기대된다.

사례분석 실제

사례7 : 47살 남성, 사업가. 부인이 거액의 부동산을 상속받음

사례분석 실제

사례분석 실제 — 사례7 : 47살 남성, 사업가. 부인이 거액의 부동산을 상속받음

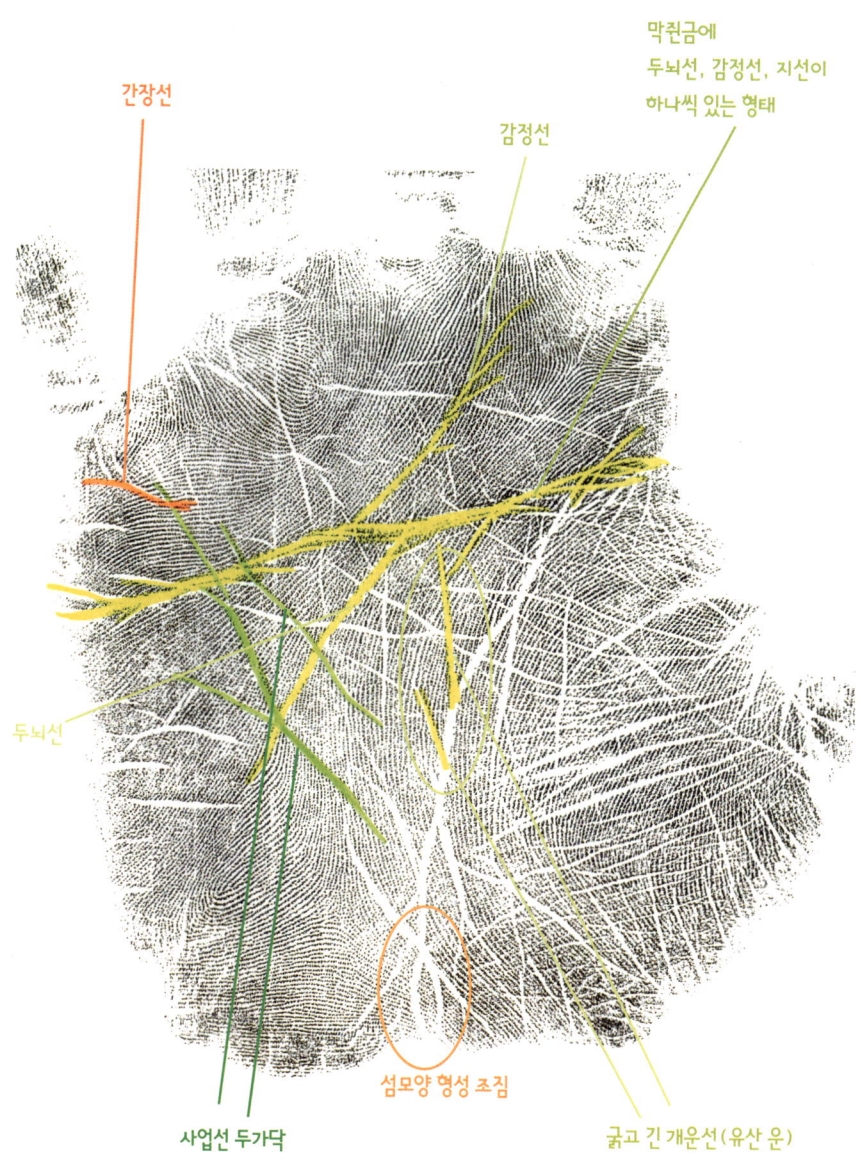

- 간장선
- 감정선
- 막쥔금에 두뇌선, 감정선, 지선이 하나씩 있는 형태
- 두뇌선
- 사업선 두가닥
- 섬모양 형성 조짐
- 굵고 긴 개운선(유산 운)

사례분석 실제

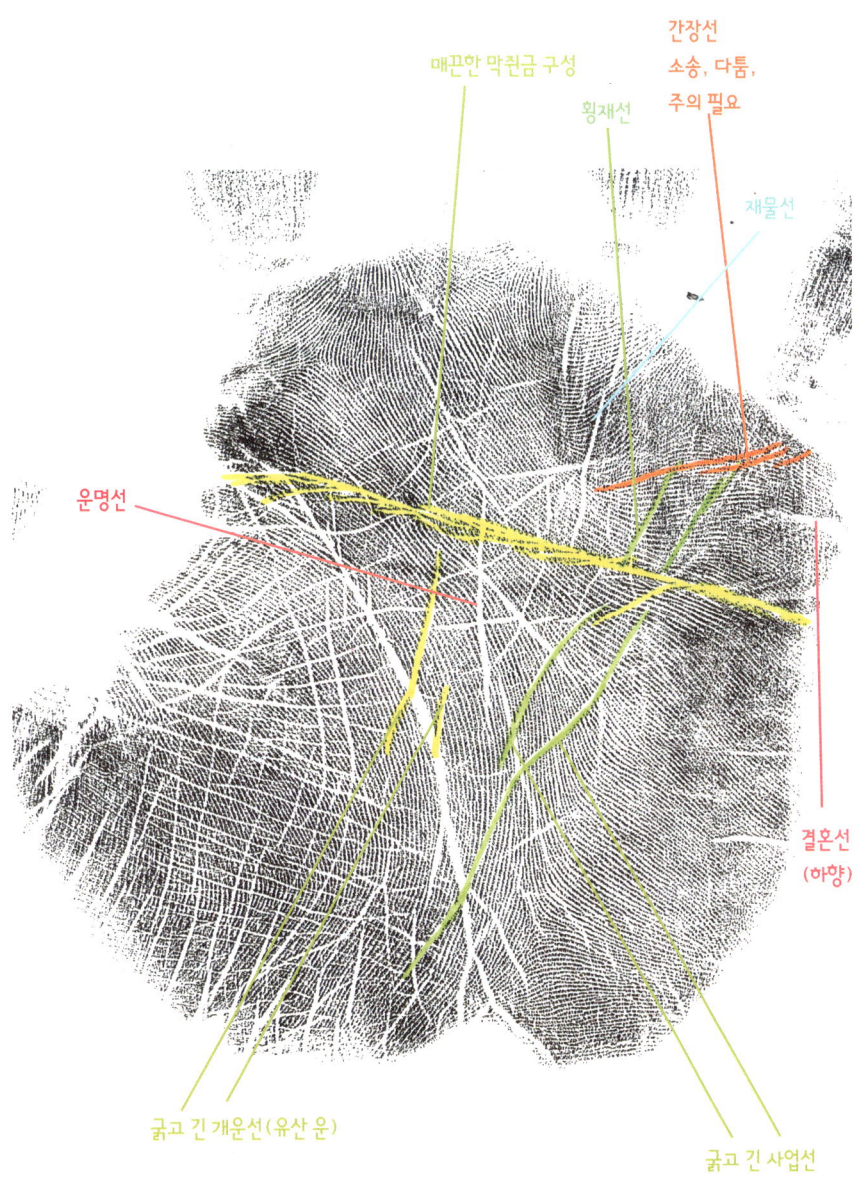

사례분석 실제 사례7 : 47살 남성, 사업가. 부인이 거액의 부동산을 상속받음

[손금상 특징]

○. 양손 막쥔손금이 매끈하게 잘 구성되어 있음. 왼손은 막쥔손금에 두뇌선과 감정선 지선이 나와있음

○. 양손 생명선 상에 굵고 긴 개운선이 두가닥 나오고 있음. (생명선 유년법으로 46살, 54살 근처) 오른손 개운선은 생명선 안쪽에 뿌리를 내리고 있어 유산상속의 의미가 있음

○. 양손 이중사업선 형태인데 감정선을 잘 넘어가지 못하고 있음

○. 오른손 횡재선이 간장선(장해선)에 잘려서 윗부분이 없어진 모습

○. 양손 결혼선이 하향하고 있음. 배우자 영향선이 양손 모두 중간에 끊어지고 약해지는 모습

○. 오른손은 재물선이 굵고 진한 편이나 왼손은 선 상태가 좀 약한 모습

[손금분석]

양손 막쥔손금 구성인데 막쥔금 자체가 매끈하게 잘 이루어져 있다. 왼손의 경우 막쥔금에 두뇌선과 감정선이 남아 있는 모습이라 막쥔금의 재능이 많아지며, 막쥔금에 부족한 인간미와 감성적인 요소도 풍부해지는 모습이다.

양손의 생명선 상에 개운선이 굵고 길게 뻗어 있어 집이나 땅, 문서운이 있을 모습인데, 46살 근처에 부인이 거액의 부동산을 상속받았다. 개운선이 이후 한차례 더 나와있으니 부동산으로

사례분석 실제

인한 추가적인 재산증식이 기대된다.

 사업가로서 정보통신 관련 사업을 하고 있는데 사업선이 감정선 위로 잘 올라가지는 못하고 있고 재물선의 흐름도 약한 편이라서 본인 자신의 사업에서는 그다지 재미를 보지는 못하고 있는 모습이다.

 부동산운을 나타내는 횡재선이 간장선(장해선)에 끊어져 있으니, 건강상으로는 간장을 주의해야 할 것이고, 재산상 분쟁이나 소송, 다툼에 말려들 소지가 있어 보이는데 유산상속을 둘러싸고 잡음이 많은 편이라 한다.

 결혼선이 하향하고 있고 배우자 영향선이 약해지는 모습이니 애정운에 신경을 많이 써야할 것인데, 부인의 건강에도 주의할 필요가 있겠다.

사례분석 실제　　사례8 : 41살 여성, 편의점 운영, 재물운과 애정운

사례분석 실제

사례분석 실제 　사례8 : 41살 여성, 편의점 운영, 재물운과 애정운

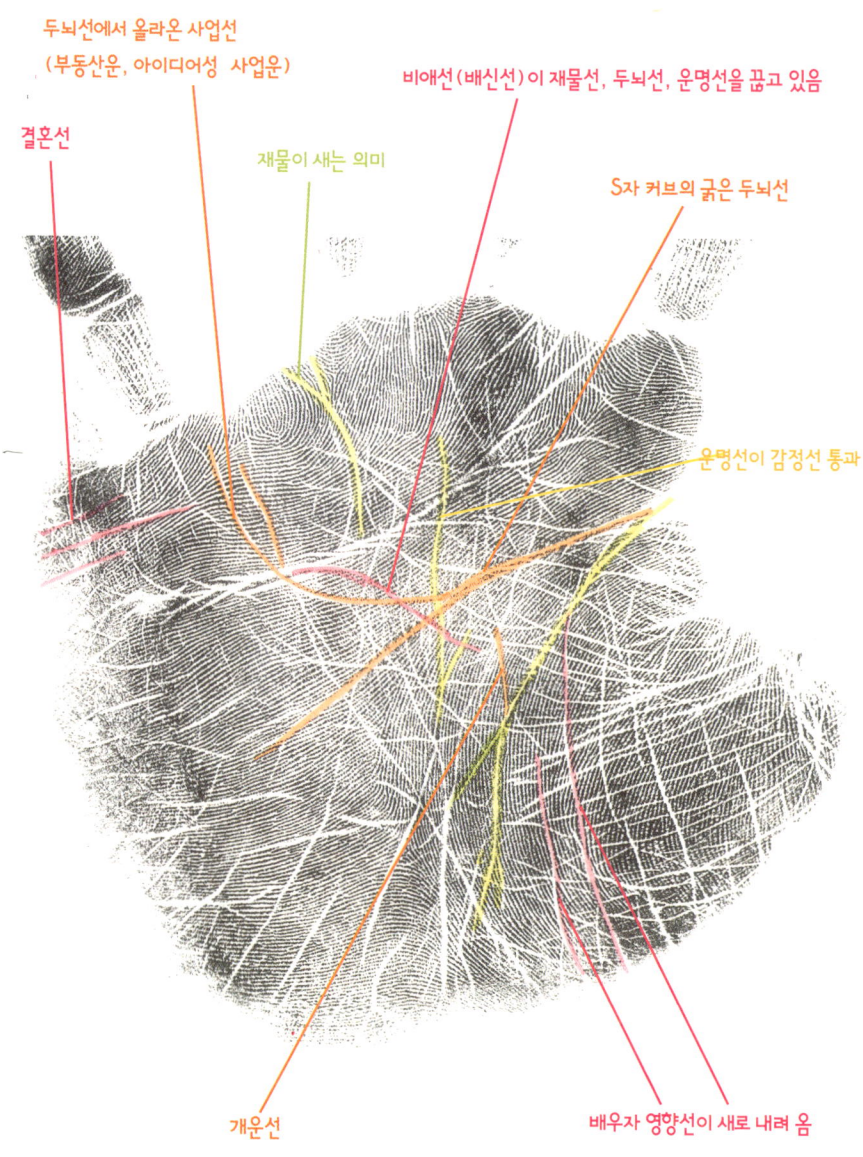

사례분석 실제

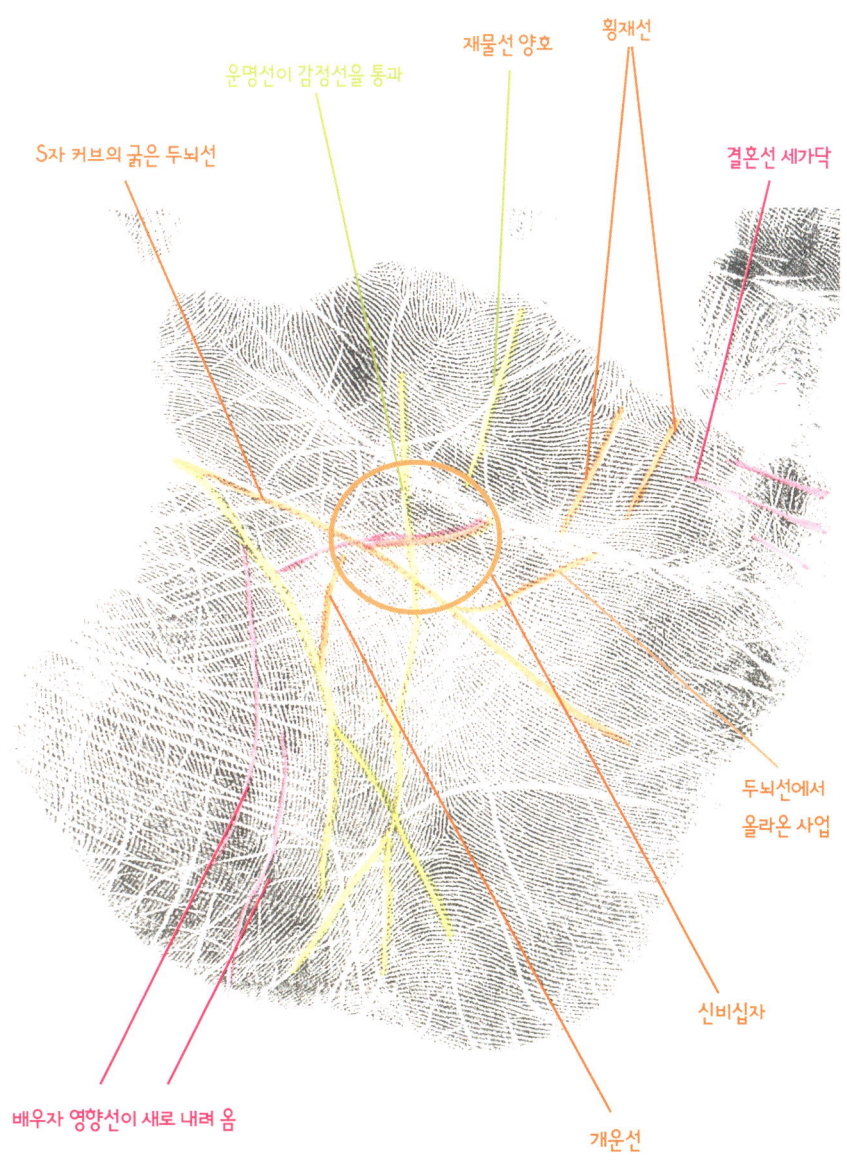

- S자 커브의 굵은 두뇌선
- 운명선이 감정선을 통과
- 재물선 양호
- 횡재선
- 결혼선 세가닥
- 두뇌선에서 올라온 사업
- 신비십자
- 개운선
- 배우자 영향선이 새로 내려 옴

사례분석 실제

사례8 : 41살 여성, 편의점 운영, 재물운과 애정운

[손금상 특징]

○ 왼손 두뇌선에서 출발한 사업선이 소지쪽으로 길게 올라가고 있는데 횡재선으로도 볼 수 있음. 양손 생명선에 굵고 긴 개운선이 나와있음 (생명선 유년법으로 41살 근처). 양손에 횡재선 나와있음

○ 두뇌선이 길게 S자 커브를 그리며 힘차고 예리하게 뻗어 있음 (두뇌선 유년법으로 41살 근처)

○ 생명선이 굵긴 하지만 반경이 좁고 하단부가 짧고 헝클어져 있는 모습

○ 운명선이 감정선을 넘어서 있으며, 사업선이 긴 편인데, 두뇌선 위쪽에서 감정선 까지의 재물선은 약한 편이다.

○ 양손 결혼선이 진하고 긴 직선형. 양손에 배우자 영향선이 기존 영향선 안쪽으로 새로 나와 있음

○ 오른손에 신비십자문양이 생명선에 닿고 있고, 왼손에는 비애선이 길게 내려오고 있음

○ 굵은 여행선도 있고 생명선에서 나온 여행선도 길게 뻗어 있음 (생명선 유년법으로 47살 근처)

[손금분석]

이 손금은 부동산운과 관련된 몇가지 특징적 요소가 들어있다. 두뇌선에서 올라가는 사업선이 횡재선이 나오는 위치로 올라가고 있고, 양손에 횡재선이 진하게 나와있다. 또한 생명선에서 개운선이 좀 굵고 길게 올라가고 있는데 유년으로 봐서

사례분석 실제

41살 무렵이니 바로 지금의 나이대에 해당한다.

 올해 편의점을 오픈한 분인데, 사업적 아이디어와 수완이 좋고 사고가 명쾌하며 부동산으로 재산을 늘여갈 운이 따르는 모습이라고 할 수 있다. 당연히 부동산과 관련된 공부를 해둘 필요가 있겠다. 현재 시점에서 운명선이 감정선을 넘어서 있고 감정선 위쪽의 재물선은 괜찮은 편이니 사업을 해도 괜찮은 시기이지만, 사업에서의 수입을 나타내는 두뇌선 위쪽의 재물선은 약한 편이라서 가게 운영으로 인한 순익이 많을 모습은 아니라고 하겠다.

 신비십자문양이 나와있으면 인생길의 좋고나쁨의 진폭이 커지게 되는데, 비애선이 함께 나와 있으면 나쁜 시기에 있어 흉한 의미를 더욱 증폭시키게 되니 주의가 필요하다. 일찍 종교를 가지고 살아가는게 좋겠다.
 배우자 영향선이 기존 영향선 안쪽으로 양손에 새로 나오고 있고 결혼선이 세가닥이라서 부부운에는 다소 주의할 필요가 있어 보인다.

Chapter 02

난이도 있는 손금 실전분석

손금은 사람마다 모두다 다른데, 이러다 보니 매번 새로운 손금을 만날 때마다 분석의 잣대를 들이대는게 만만하지 않다. 일반적인 형태의 손금은 어느 정도 연습만 하면 그럭저럭 분석을 해갈 수 있겠지만, 한번도 보지 못한 특수한 형태의 손금 구성을 만난다든지, 여러 선들이 복잡하게 얽히고 설킨 손금을 해부해 들어가는 것은 그리 만만한 작업이 아니다.

여기에선 손금의 형태가 복잡하거나 분석에 정밀성을 요하는 것, 손금구성에 문제가 많은 것 등을 중심으로 난이도가 다소 있어 보이는 손금을 위주로 실전분석을 구성해 보았다.

보통 일반적 형태의 손금 보다 막쥔손금이나 그 변형된 형태를 어려워하는 사람이 많으므로 막쥔손금 분석사례도 넣어 보았다.

'선무당이 사람 잡는다'는 말이 있는데, 초보자라고 할지라도 손금분석을 정석대로 잘 해부해 나가면 한 사람의 인생을 상당히 심도깊게 파헤칠 수 있는 것이다. 이것은 비단 쉬운 일반적 손금에만 해당하는 것이 아니다. 어렵고 복잡하게 보이는 손금도 원론적으로 차근차근 하나씩 파헤쳐 가보면 그리 어려울 것이 없다.

다음은 복잡한 손금을 분석해 들어갈 때 도움이 될 내용들을 적어보았다.

첫째, 기본삼대선을 먼저 찾아야 하는데, 그중 특히 생명선을 가장 먼저 찾아야 한다. 생명선이 흐트러지면 손금이 특수형으로 변형되는 경우가 많은데, 원래의 생명선이 어느 것인지를 찾아두어야 그 안팎으로 흐르는 손금 선이 두뇌선인지 운명선인지 이중생명선인지가 식별가능하게 된다. 생명선 구성의 헛점이 클수록 지나가는 모든 선을 끌어당겨서 생명선 방패막이로 쓰는 모습이 많으니 손금 선의 서열상 생명선이 제일 중요한 자리를 차지한다는 점을 명심하자.

둘째, 두뇌선이나 감정선이 헝클어진 모습일 경우 막쥔금, 막쥔금 아류, 이중두뇌선, 삼중두뇌선, 이중감정선 등 다수의 복잡한 손금형태가 생길 수 있다. 두뇌선과 감정선이 서로 엉키면서 복잡해진 손금에선 먼저 이게 막쥔금인지 아닌지를 식별하는게 필요하다. 막쥔금을 제외하고는 두뇌선이나 감정선이 없는 사람은 절대로 없으니 반드시 두뇌선과 감정선을 식별해내어야 한다.

셋째, 유년법 적용에 있어선 반드시 손금을 찍은 상태에서 각도기, 직선자 등을 준비하여 차근히 분석을 해나가도록 한다. 유년법 적용의 정확도를 높이기 위해 결혼한 나이라든지, 중대한 사건사고가 있었던 나이를 중간기점으로 해서 유년을 제대로 잡도록 하여야 할 것이다. 손금분석에 있어 유년법 적용은 아주 중요하니 많이 연습을 해봐야 할 것이다.

넷째, 손금이 복잡하여 판단이 잘 안될수록 양쪽 손금을 함께 살펴보도록 한다. 즉, 대개의 손금은 대칭형이라서 한쪽 손의 특이점이 다른 쪽 손에도 그 흔적을 남기는 사례가 많기 때문이다. 이를테면, 왼손이 막쥔금인지 아닌지 헷갈릴 때, 오른손은 확실한 막쥔금이라면 왼손도 막쥔금일 확률이 높아지게 된다. 또한, 기본삼대선 구성에 헛점이 있을 때, 그게 심각한 헛점일수록 양손에 함께 드러나는 경우가 많은 법이다.

자, 이제 난이도가 있는 사례들을 분석해 들어가보도록 하자.

사례분석 실제 　　사례1 : 58살 주부. 재물운과 건강문제

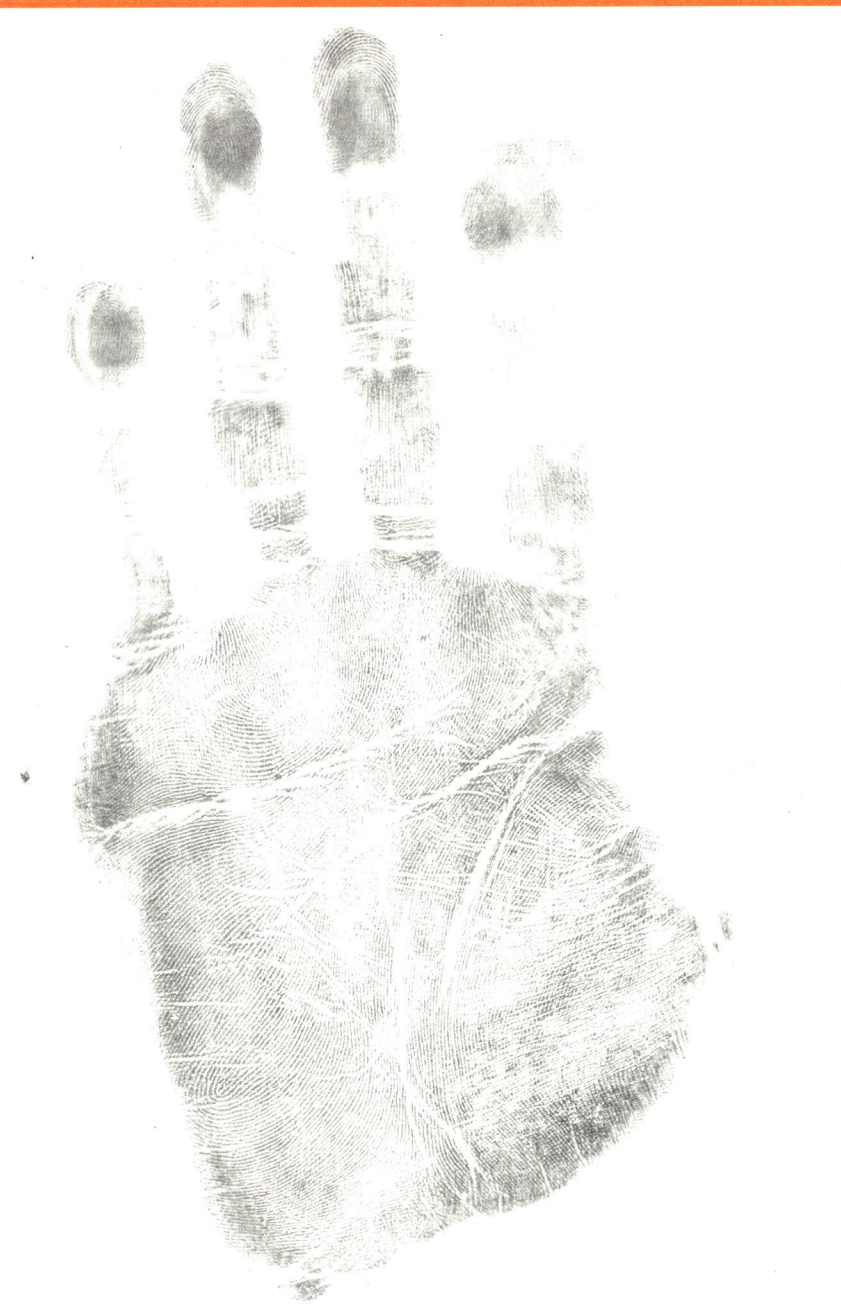

사례분석 실제

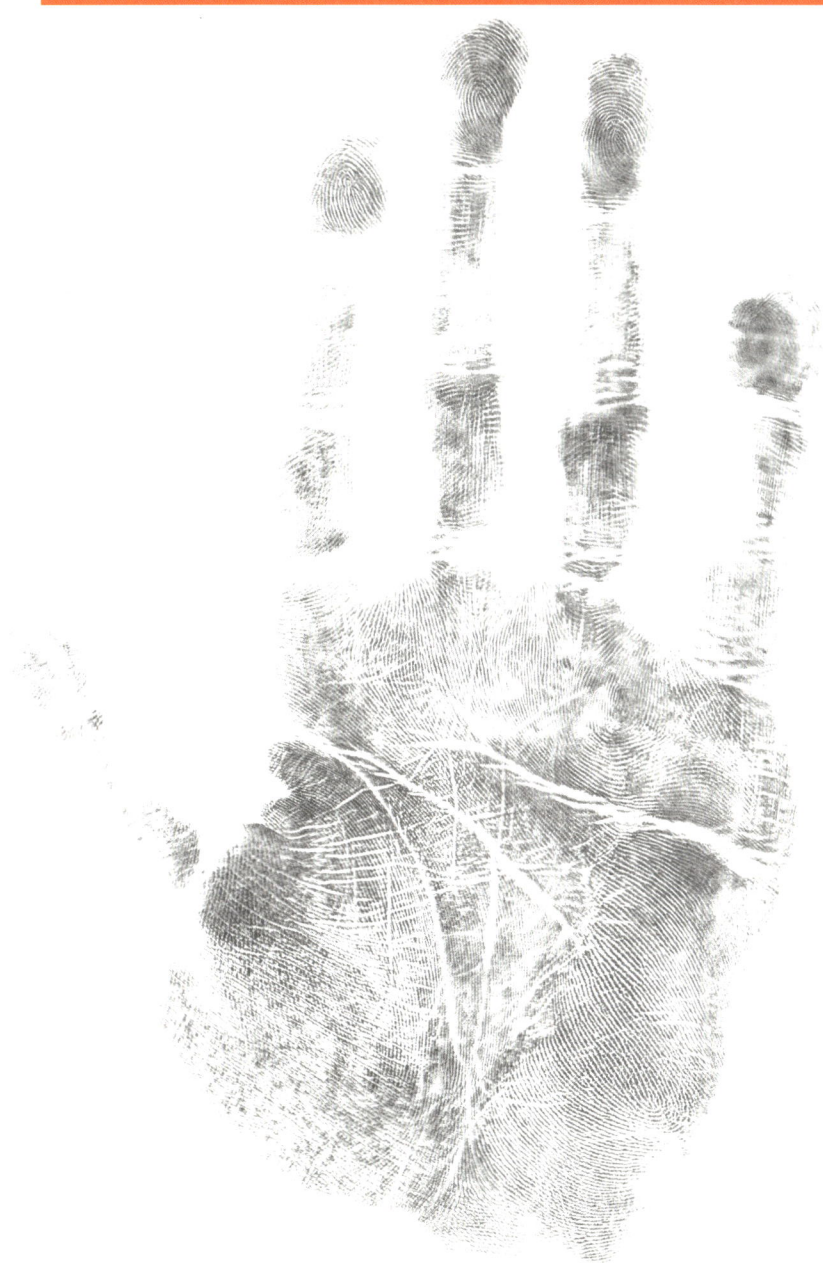

사례분석 실제　　사례1 : 58살 주부. 재물운과 건강문제

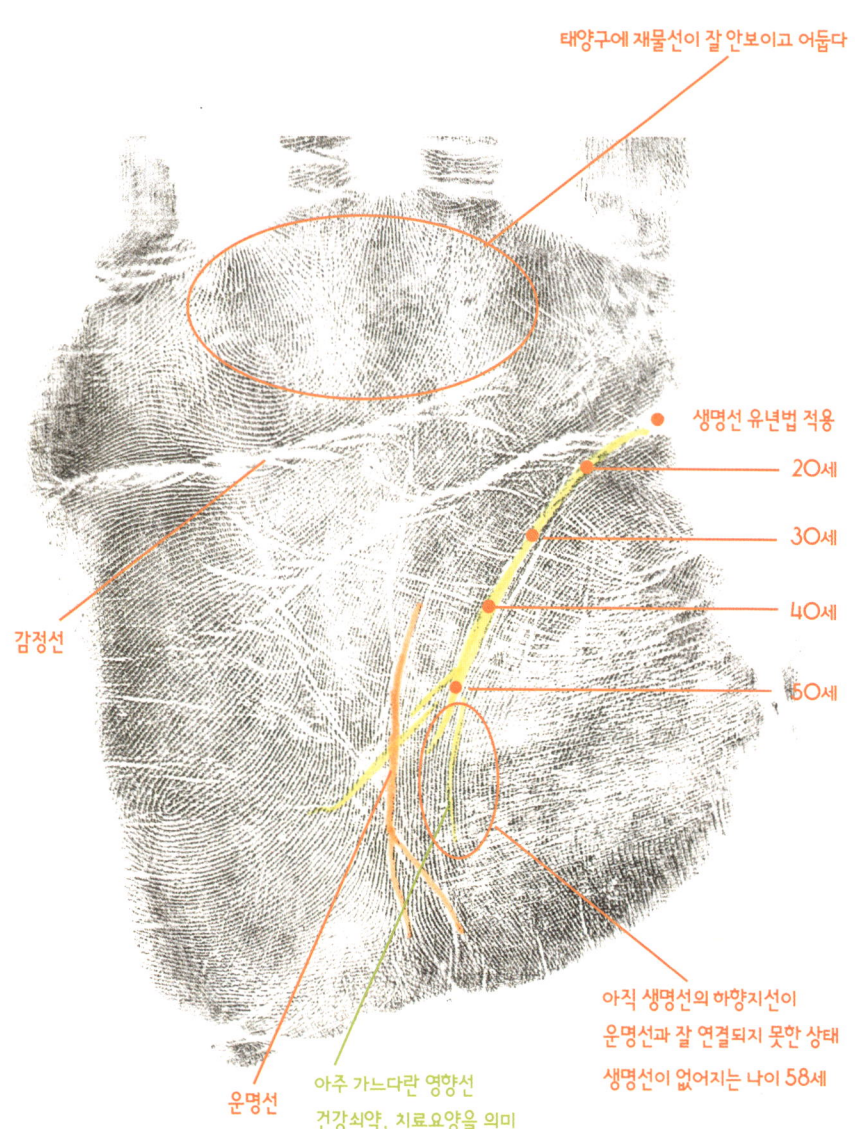

사례분석 실제

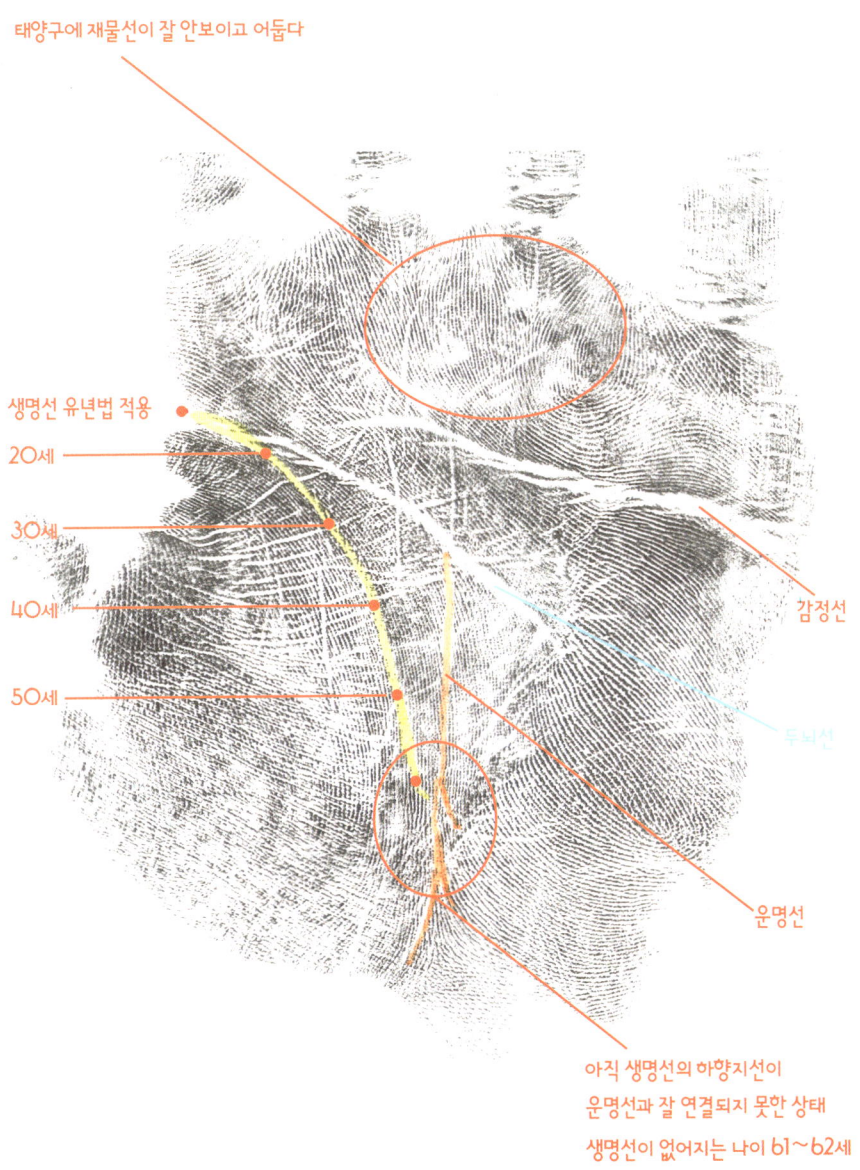

부록 | 실전분석 연습

사례분석 실제 사례1 : 58살 주부. 재물운과 건강문제

[손금상 특징]

o. 왼손 생명선이 짧은데 가늘어지다가 사라지며, 그 안쪽으로 가느다란 지선이 내려와 있음 (생명선 유년법으로 58살 근처)

o. 오른손 생명선도 짧은데 가늘어지다가 사라지며, 바깥쪽 운명선쪽으로 지선을 뻗는 모습 (생명선 유년법으로 62살 근처)

o. 태양구에 재물선이 사라져 보이지 않으며 장해선만 여러가닥 나와있음

o. 감정선 위로 올라간 운명선이 약해지면서 장해선에 잘려서 사라짐 (운명선 유년법으로 58살 근처)

[손금분석]

생명선 유년법에 대해 제대로 실습해보기 위한 사례이다. 사람의 생사가 걸린 문제이니 유년법을 잘 따져 보아야 할 것인데, 왼손의 생명선은 최대한 길게 봐서 58살 근처이다. 그 이후로는 생명선 안쪽에 가느다랗게 나온 생명선으로 살아가야 한다는 의미가 되는데, 장기간의 치료요양을 필요로 하는 중환자와 마찬가지 신세가 될 수도 있어 주의를 요한다.

오른손도 비슷한 처지인데 생명선 유년법으로 따져보니 62살 정도까지 나오고 있다. 바깥쪽의 운명선으로 지선이 확실하게 연결이 되어야 할 터인데, 지금 모습으로는 아직 연결이 굳건하게 된 모습이 아니다.

사례분석 실제

　생명선은 수명과 직결된 선이라서 생명선이 다하고 난 이후에 생사를 장담할 수 없으며, 운이 다하는 의미가 되어 여러가지 안좋은 일을 당하기 쉽다.

　인생길을 나타내는 운명선이 가늘어지다가 장해선에 잘려 사라지는 모습이라 그 의미가 좋지 않다.
　여기에 현재 운의 상태를 대변해주고 있는 태양구의 상태가 재물선이 사라져 보이지 않고 장해선들만 나와있다. 심상치 않은 어둠의 기운이 나를 뒤덮고 있는 것이니 까딱 잘못하면 중병이나 사고로 죽을 수도 있겠다. 생명선의 하단부가 뚫렸으니 일단 자궁계통과 장계통을 철저히 체크해봐야 할 것이다

　생명선이 짧아도 얼마든지 오래살 수 있다라든지, 운명선이나 두뇌선이 길면 살 수 있다든지 하는 잘못된 손금지식을 가진 사람이 많다. 하지만, 생명선이 짧으면 그 생명선이 다한 나이에 죽거나 죽을 정도의 중대한 고비를 넘긴다고 봐야 한다. 구사일생으로 살아남은 사람은 반드시 생명선이 어떤 형태로든 보수가 되어서 이어져 있게 된다.

사례분석 실제   사례2 : 20살 여대생, 뷰티 전공. 직업적성 궁금

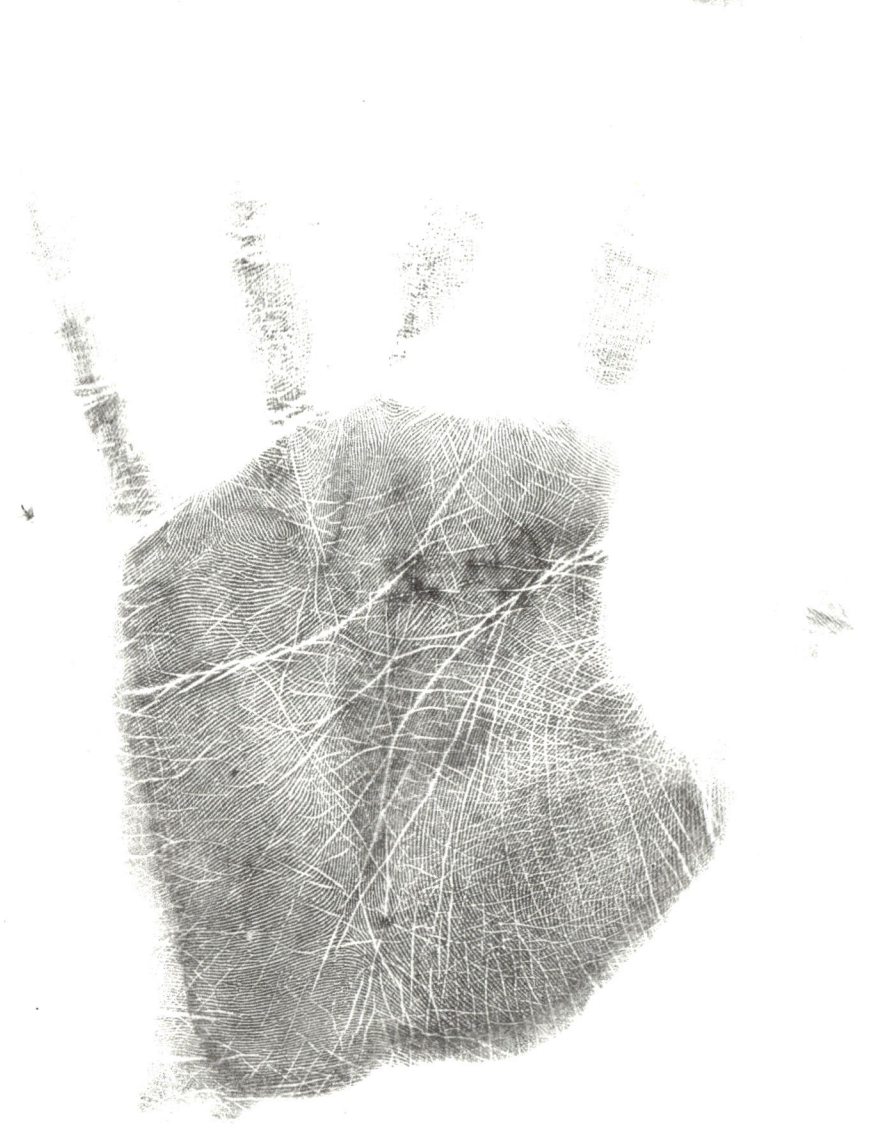

사례분석 실제

사례분석 실제 　사례2 : 20살 여대생, 뷰티 전공· 직업적성 궁금

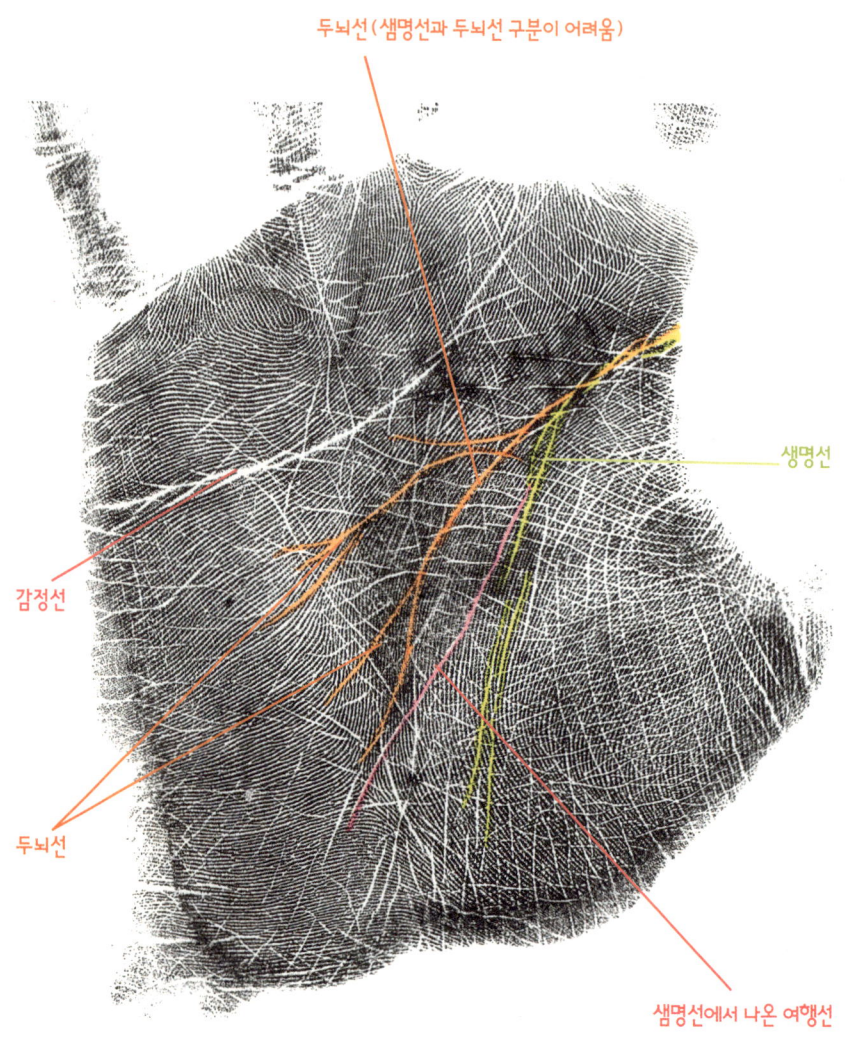

사례분석 실제

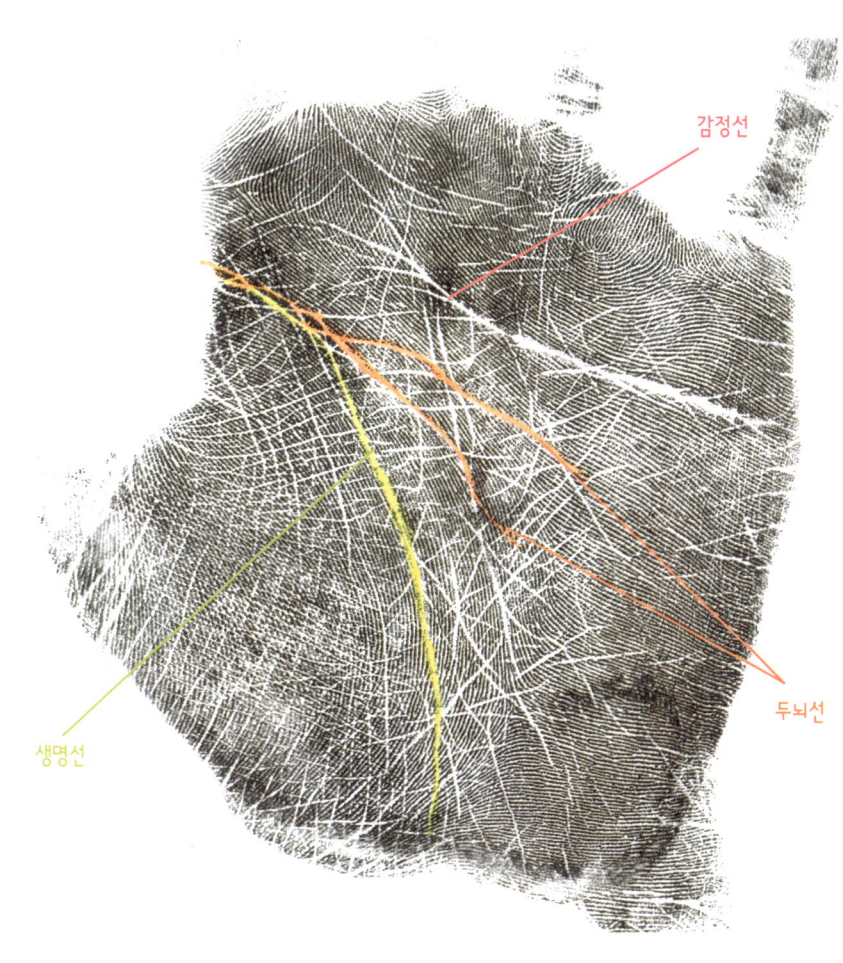

부록 | 실전분석 연습

사례분석 실제   사례2 : 20살 여대생, 뷰티 전공·직업적성 궁금

[손금상 특징]

o. 왼손에서 생명선과 두뇌선의 구분이 어려움

o. 왼손에서 두뇌선과 운명선의 구분이 어려움

o. 왼손에서 운명선을 찾기가 어려움

o. 오른손에서 두뇌선이 어느 것인지 구분하기가 어려움

o. 오른손의 두뇌선이 운명선과 합쳐진 모습이라 두뇌선의 영역구분이 어려움

[손금분석]

이 손금은 주요선들의 식별 자체가 어려운 케이스다. 생명선, 두뇌선, 운명선이 각각 어느 것인지 부터 제대로 식별해내어야만 손금분석이 진행될 수 있을 것인데, 이렇게 주요선들의 구분부터가 잘 안되면 전혀 엉뚱한 분석결과를 꺼내어 놓기 일쑤이니 주의해야 한다.

복잡한 손금에 있어선, 먼저 생명선을 찾아야 한다. 왼손 손금에선 제일 안쪽에 있는 선이 원래의 생명선이다. 이 생명선은 짧아서 문제가 많다. 본능적으로 생명선 보수를 위해 주변의 손금 선을 마구 끌어당긴 듯하다.

원래 생명선의 바깥쪽에 있는 생명선으로 보이는 선은 실제론 두뇌선이다. 두뇌선이 심하게 손목쪽으로 휘어져 있어 예능

사례분석 실제

방면이나 창작쪽의 재능이 발달한 모습이지만 남모르는 정신적 불안증세를 보일 수 있는 모습이다. 두뇌선 지선이 월구쪽으로 한가닥 나와있다.

원래의 생명선에서 월구로 내려가는 선은 여행선이다. 멀리 타지에 나가서 사는 의미가 있다. 이 케이스에서는 생명선의 보수작업이 잘 되지를 못해서 아직도 불안정한 상태를 안고 있는 모습이다. 생명선이 없어지는 40대 중반 이후는 건강을 장담할 수 없어 보인다.

두뇌선 옆쪽으로 제2화성구로 뻗는 휘어진 선은 두뇌선이다. 따라서 이 손금은 이중두뇌선 구성이다.

운명선은 손바닥 아래에서 중지로 올라가는 선인데 35살 무렵이 되어야 시작하는 모습이다.

오른손 손금에서는 생명선이 온전한 모습이며, 두뇌선은 두 가닥의 이중두뇌선 구성이다. 아랫쪽 두뇌선이 운명선과 합류되어 있는데, 월구쪽으로 두뇌선이 뻗고 있는 모습이다.

특이 두뇌선 구성이라 특이 재능을 보일 수 있지만, 생명선이 불안정한 상태이니 가급적 생활환경이나 근무환경이 차분히 안정된 곳이 좋을듯 하며, 일찍 종교에 귀의하고, 또한 인생길에 너무 큰 욕심을 내지말고 평탄하게 살아가는게 필요하다고 하겠다.

사례분석 실제　사례3 : 26살 여성, 취업준비중. 직업운과 결혼운이 궁금

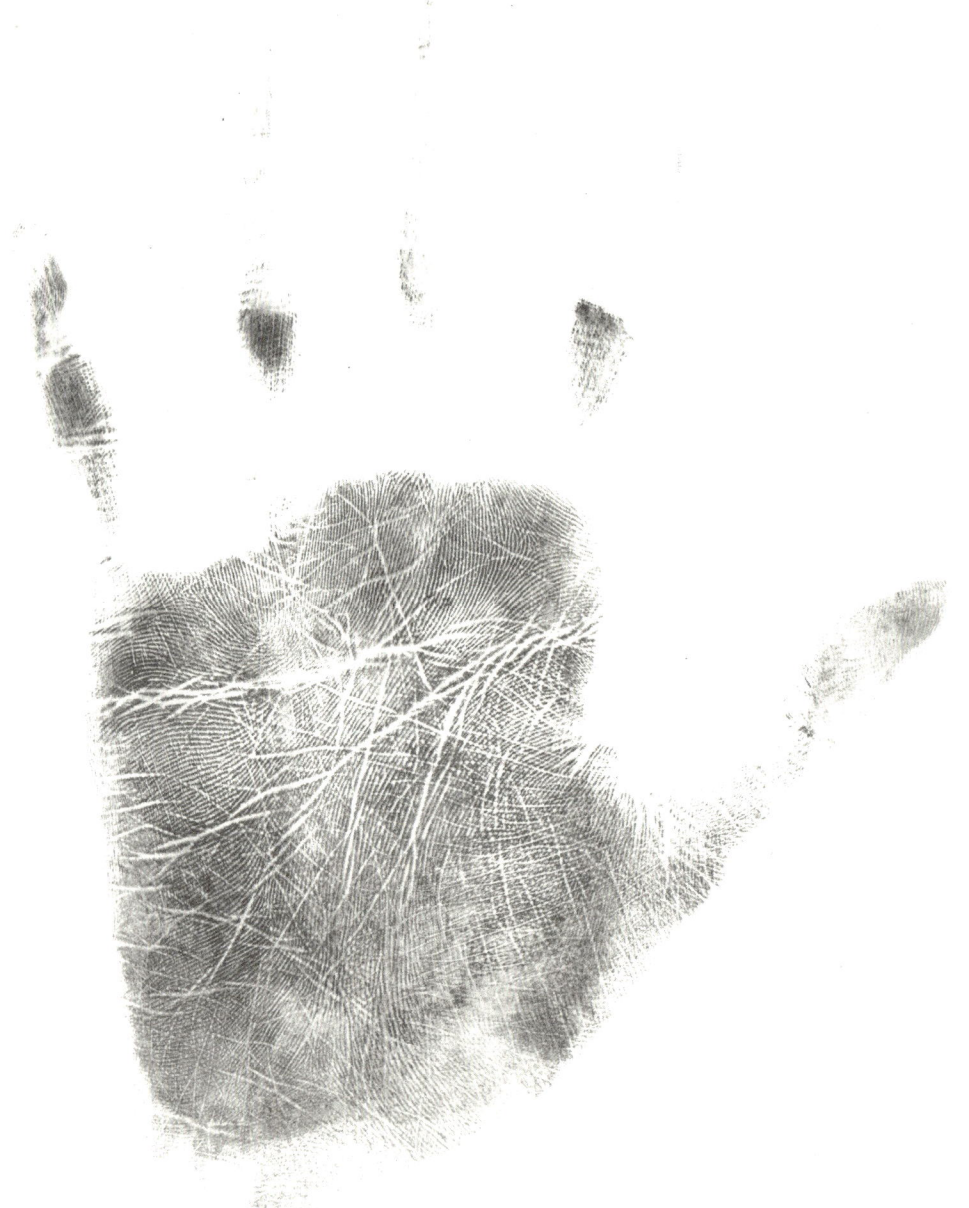

사례분석 실제

사례분석 실제 　사례3 : 26살 여성, 취업준비중, 직업운과 결혼운이 궁금

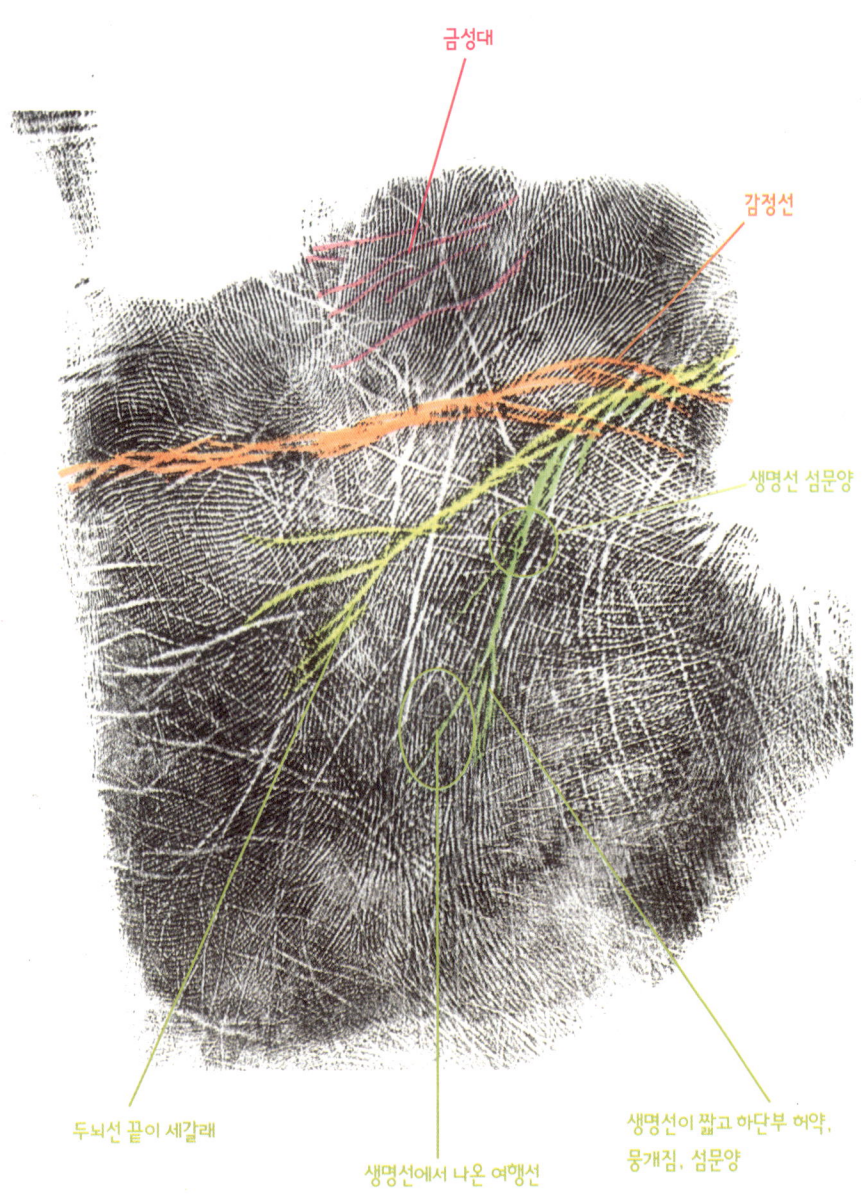

사례분석 실제

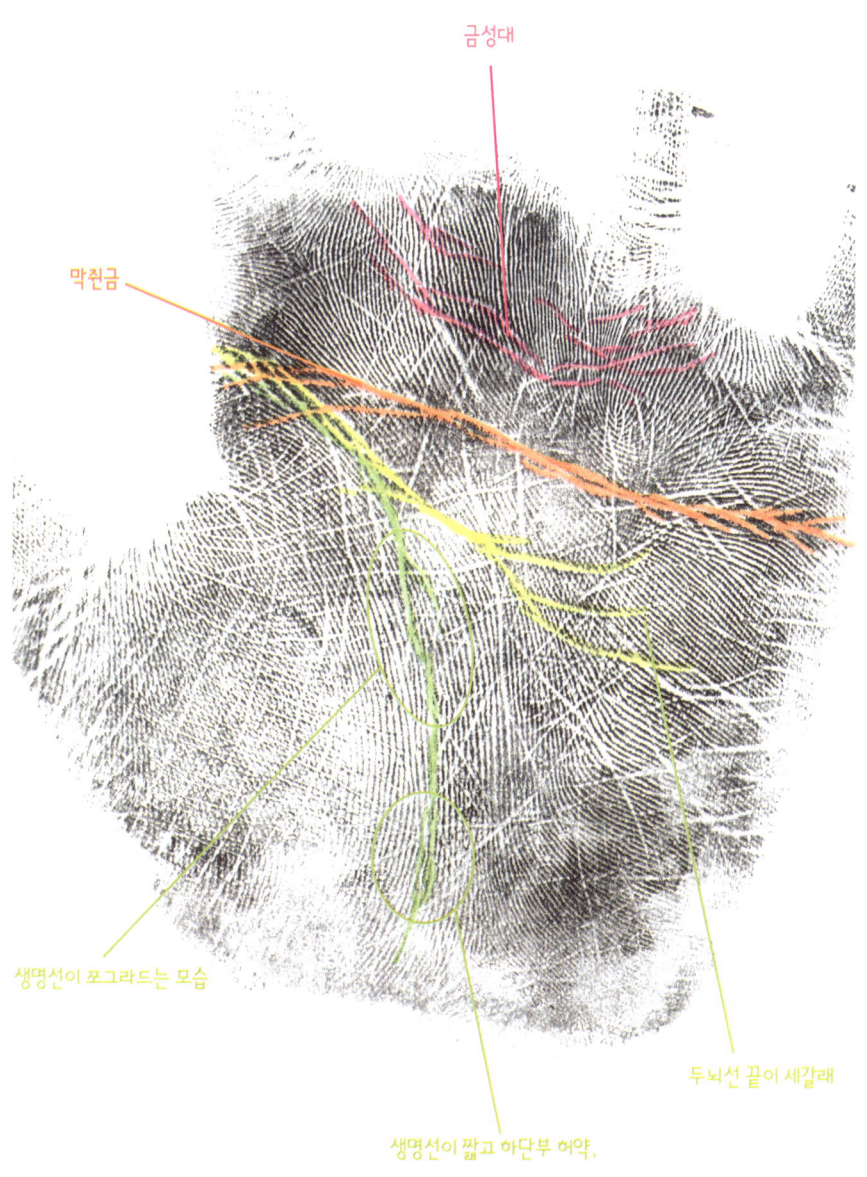

사례분석 실제   사례3 : 26살 여성, 취업준비중. 직업운과 결혼운이 궁금

[손금상 특징]

o. 오른손은 막쥔손금 구성에 두뇌선이 한가닥 더 나와있음

o. 왼손은 막쥔금 구성이 아님. 직선형 감정선과 끝이 두갈래로 나뉜 두뇌선으로 구성

o. 왼손 생명선 하단부가 짧고 섬문양이 보이고 있으며, 오른손도 생명선이 매끈하지 않고 하단부가 헝클어진 상태.

o. 왼손 두뇌선에 하향잔선이 여러가닥 나와서 월구쪽으로 연결되려는 모습

o. 왼손 생명선에서 월구쪽으로 길게 여행선이 두가닥 나오고 있음

[손금분석]

양손이 각각 막쥔손금인지 아닌지 좀 애매한 모습이다. 막쥔손금인지 아닌지를 분간하는데는 두뇌선과 감정선이 굵게 연결되어 있냐 아니냐가 중요한 판단요소이다.

이 손금에 있어서 오른손은 감정선이 직선형으로 뻗어서 생명선쪽으로 다가와서는 그냥 생명선에 합류해버린 모습이다. 연결지점도 굵고 연결지선도 두세가닥 되므로 막쥔금으로 보는데 별 무리가 없지만, 감정선 지선 한가닥이 생명선을 끊고 있어 장해를 주고 있다. 그 아래로 두뇌선이 한가닥 나왔는데 수성구쪽으로 살짝 휘어지고 있고, 그 아래로도 두뇌선 지선이 두가닥 더 나와서 위로 살짝 휘어지고 있다. 물질욕이 많아지고 사업, 상업이나 실용적인 분야에 지적인 관심과 재능이 집중되

사례분석 실제

는 모습이다.
 왼손의 경우엔 감정선이 직선형으로 생명선 시작부위 쪽으로 뻗고 있지만 두뇌선과 합해진 듯한 모습이 연출되지 않았다. 오히려 감정선 지선이 생명선을 자르는 모습이라 좋은 구성이 아니다.

 왼손 두뇌선이 직선형으로 뻗고 있는데, 끝부위에 가서 두뇌선 아랫쪽에 잔선이 여러가닥 나와있는 모습이다. 이것은 두뇌선의 이상증세 중 하나로서 우울증 증세가 생기기 쉽다.

 막쥔금 구성이 잘되었는지 못되었는지는 생명선 상태를 보면 쉽게 알 수가 있는데, 이 손금에선 양손의 생명선이 모두 좀 짧고 하단부가 헝클어졌으며 섬문양도 보이고 있으니 막쥔금 구성이 제대로 되지 않은 후유증이 많은 모습이다. 기혈순환에 문제가 많고 위장계통, 자궁계통, 장기능 쪽도 약해보인다. 금성대가 매끈하지 않고 지저분하니 성격적으로 다소 예민한 기질이 나오게 된다.

 생명선에서 월구로 길게 내려가는 여행선이 두가닥 보이고 있는데, 해외에 나가서 살게 될 가능성도 많아 보인다.

사례분석 실제 사례4 : 26살 미혼 직장여성, 디자인 계통. 결혼운과 건강이 궁금

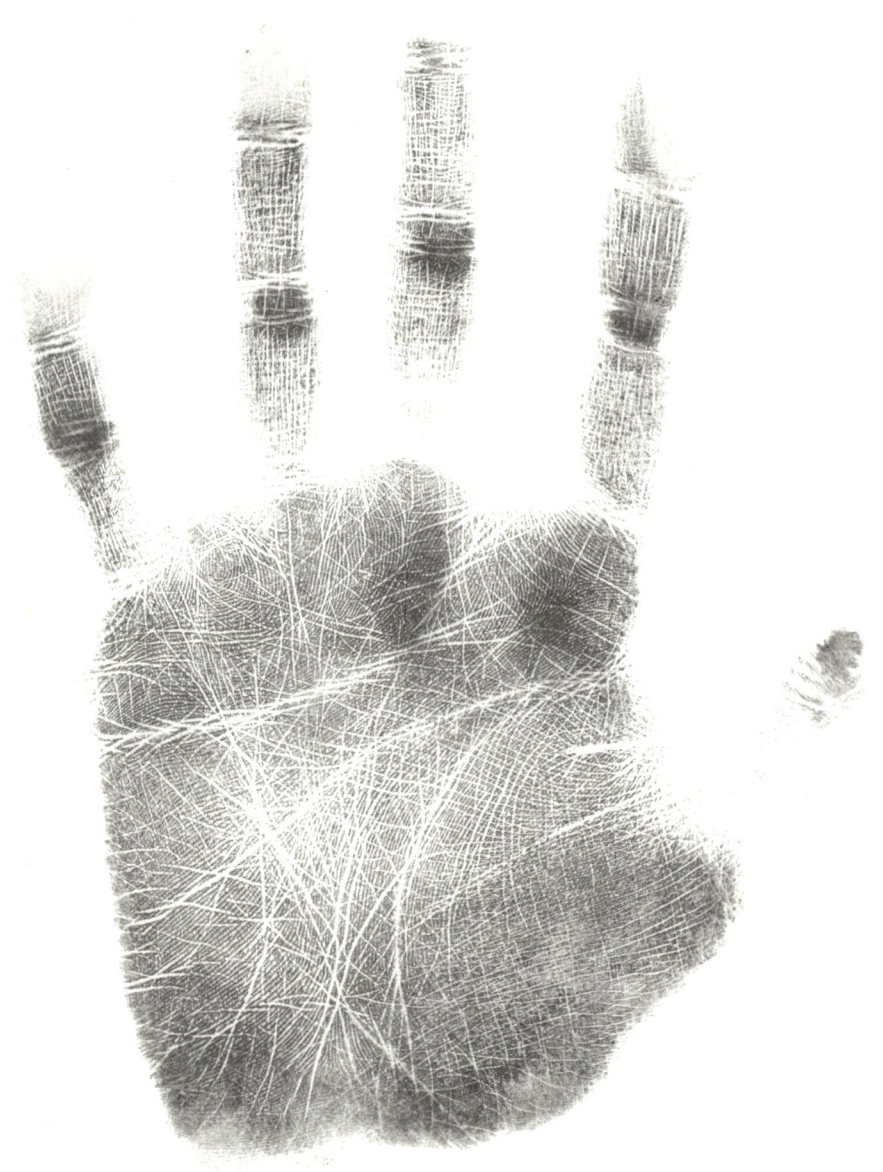

사례분석 실제

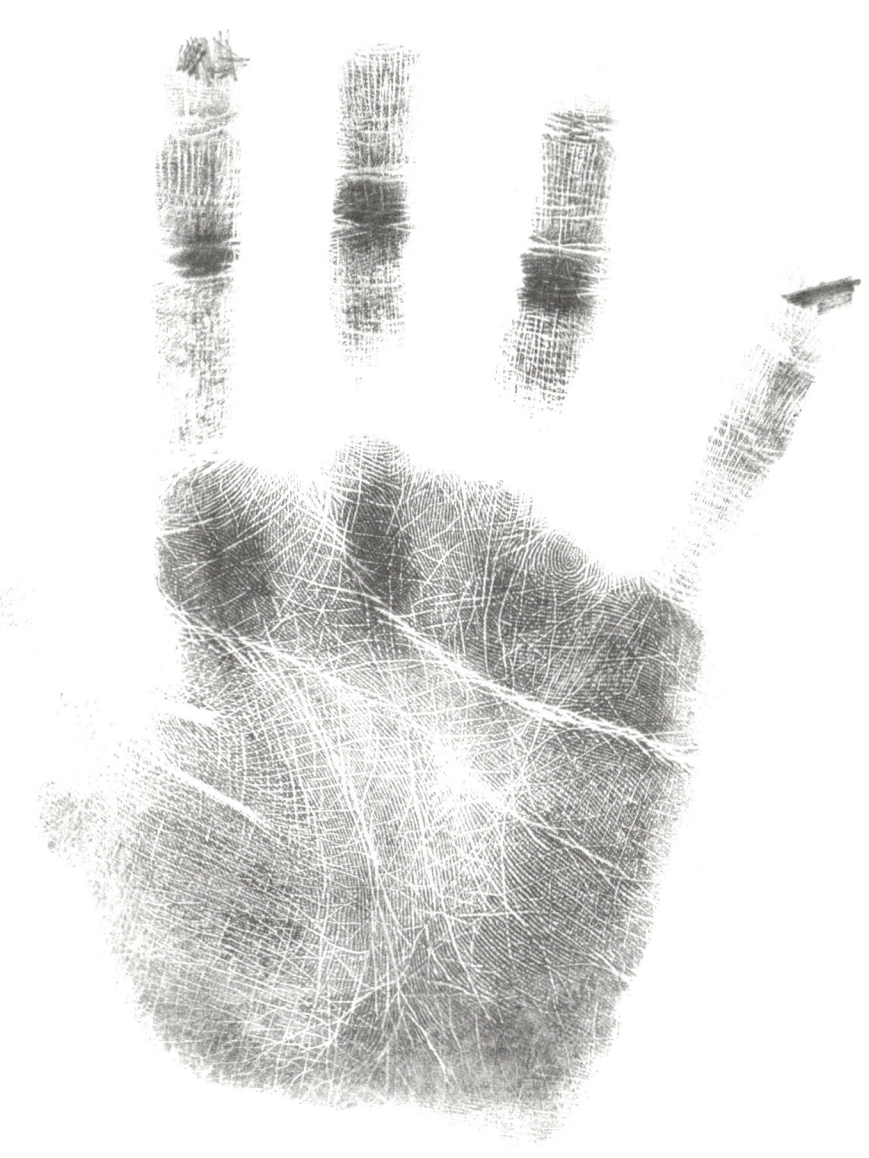

부록 | 실전분석 연습

사례분석 실제   사례4 : 26살 미혼 직장여성, 디자인 계통. 결혼운과 건강이 궁금

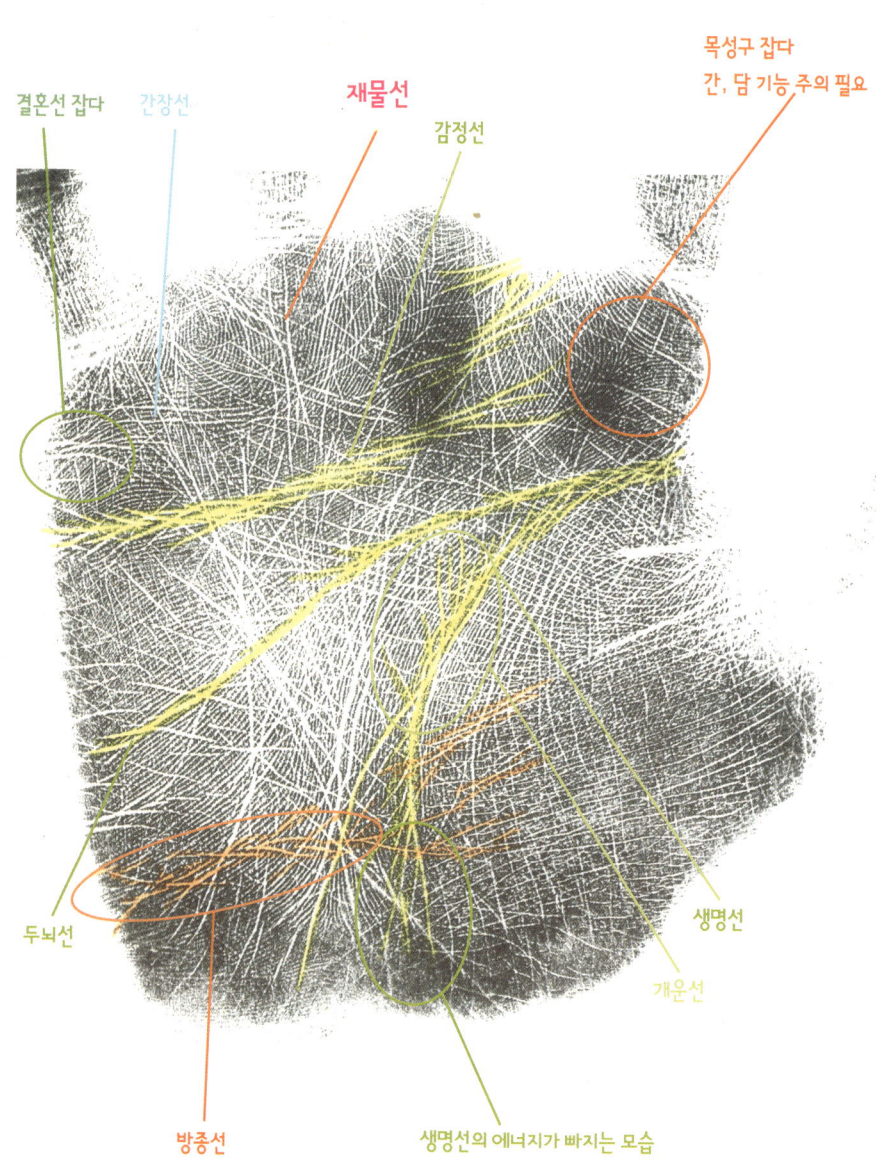

사례분석 실제

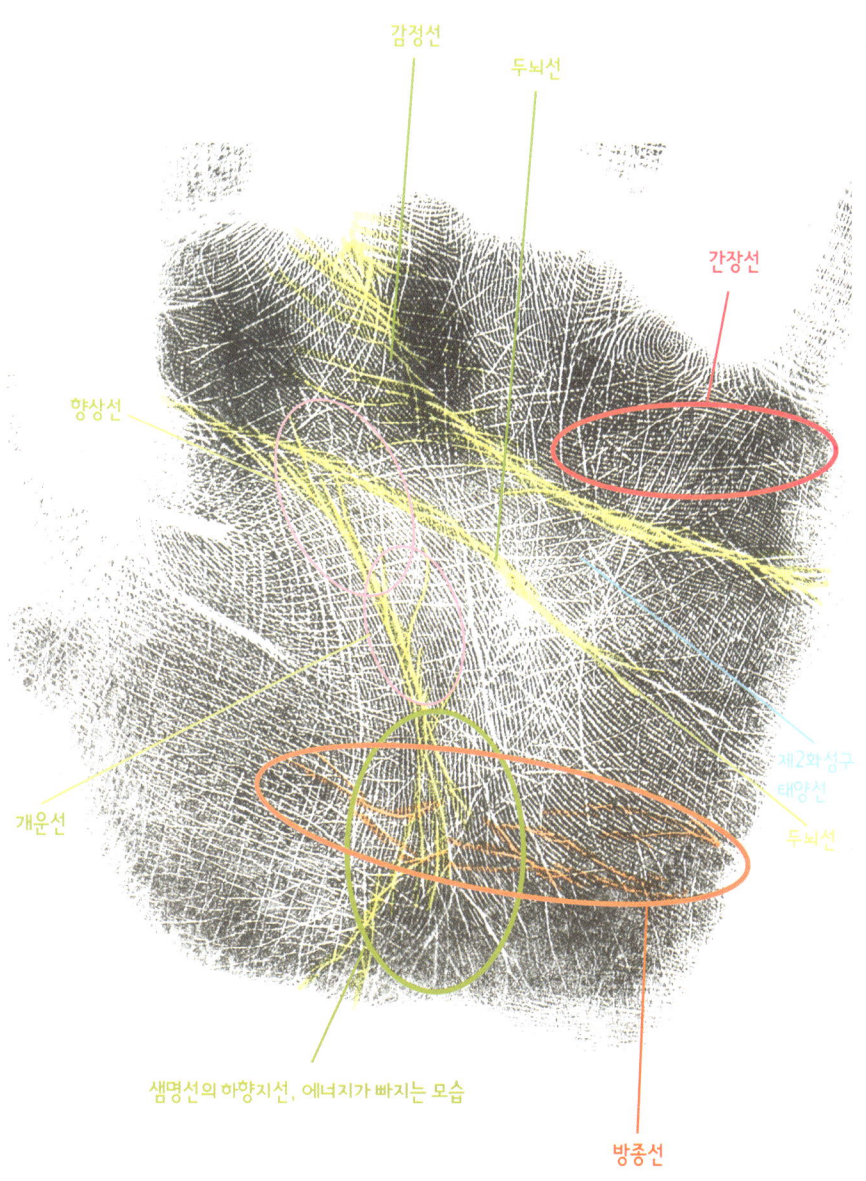

사례분석 실제 사례4 : 26살 미혼 직장여성, 디자인 계통. 결혼운과 건강이 궁금

[손금상 특징]

o. 손에 잔금이 무척 많아서 거미줄처럼 뒤덮고 있음

o. 두뇌선과 감정선이 덫칠된 듯이 이어지고 있음

o. 생명선 안쪽에서 근심걱정선이 무수히 나와서 두뇌선과 감정선을 끊고 있음

o. 세로삼대선이 발달하였고 생명선상에 개운선이 여러가닥 많음

o. 방종선이 나와있고 생명선 하단부가 약함

[손금분석]

이 손금은 잔선이 무척 많다. 잔선이 많은 손금을 접했을 때 잔선에 대한 분석비중을 어느 정도나 두어야할지 잘 모르기 쉬운데, 이 손금에서 보는 정도의 잔선 상태라면 좀 심한 상태라고 볼 수 있다.

잔선이 비정상적으로 많이 나온 것은 일종의 병적인 상태로 볼 수 있는데, 정신적 또는 육체적인 균형상태가 무너져 있으며 생활습관이나 주변환경적 요소가 상당히 부정적으로 작용하는 것을 나타낸다. 정상인이라도 발병한다든지, 또는 어떤 심적 또는 외부적 요인에 의해 갑자기 잔선이 많아질 수도 있다.

감정선, 두뇌선, 생명선을 자르는 무수한 장해선들이 나와 있는데, 심혈관계통기능이 약화된게 큰 원인 중 하나로 보인다.

사례분석 실제

혈액순환, 기순환이 특히 좋지 않은 모습이라 정신적 피로와 스트레스, 빈혈과 두통증세, 노이로제 등의 상태를 동반할 수 있고, 수승화강이 제대로 이루어지지 않아 배는 차고 머리는 뜨거운 모습이라 건강에 무리가 많이 가는 모습이라고 하겠다. 심한 경우 우울증과 정신불안증세, 악몽과 가위눌림 등으로 시달릴 가능성도 있어 보인다.

 이런 손금의 모습은 장기적으로 손금을 나쁘게 만드는 요인으로 작용하게 되며 운세를 자꾸 떨어뜨리게 되므로 조속히 심신이 안정을 되찾아 정상적인 상태로 돌아올 수 있도록 노력해야 하겠다.

 잔선상태가 치유나 개선되지 않은채 굳어져 버리게 되면 굵은 장해선으로 점차 자리잡게 되는데, 그렇게 되면 손금의 주요 선들이 모두 장해선들에 잘려서 기운이 약화되므로 활기찬 인생길을 가기란 무척 어려워질 수 있으니 주의를 요한다.

 이 손금에서는 아직 두뇌선의 상태가 힘차고 의지력이 강한 면이 엿보이므로 이런 약점에 대한 적극적인 대처로 손금을 좋게 되돌릴 가능성이 많아 보인다.

사례분석 실제 사례5 : 27살 남자, 대학생. 건강과 직업적성 궁금

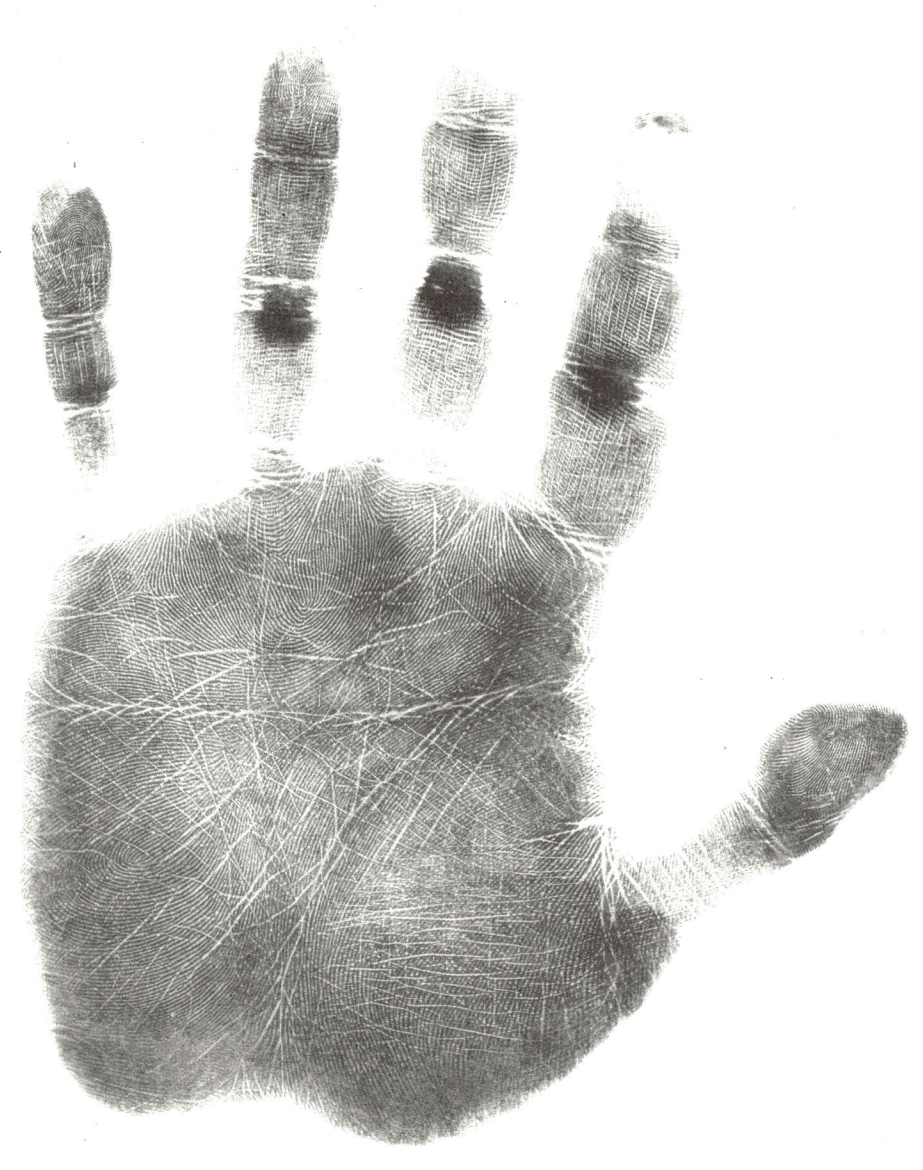

사례분석 실제

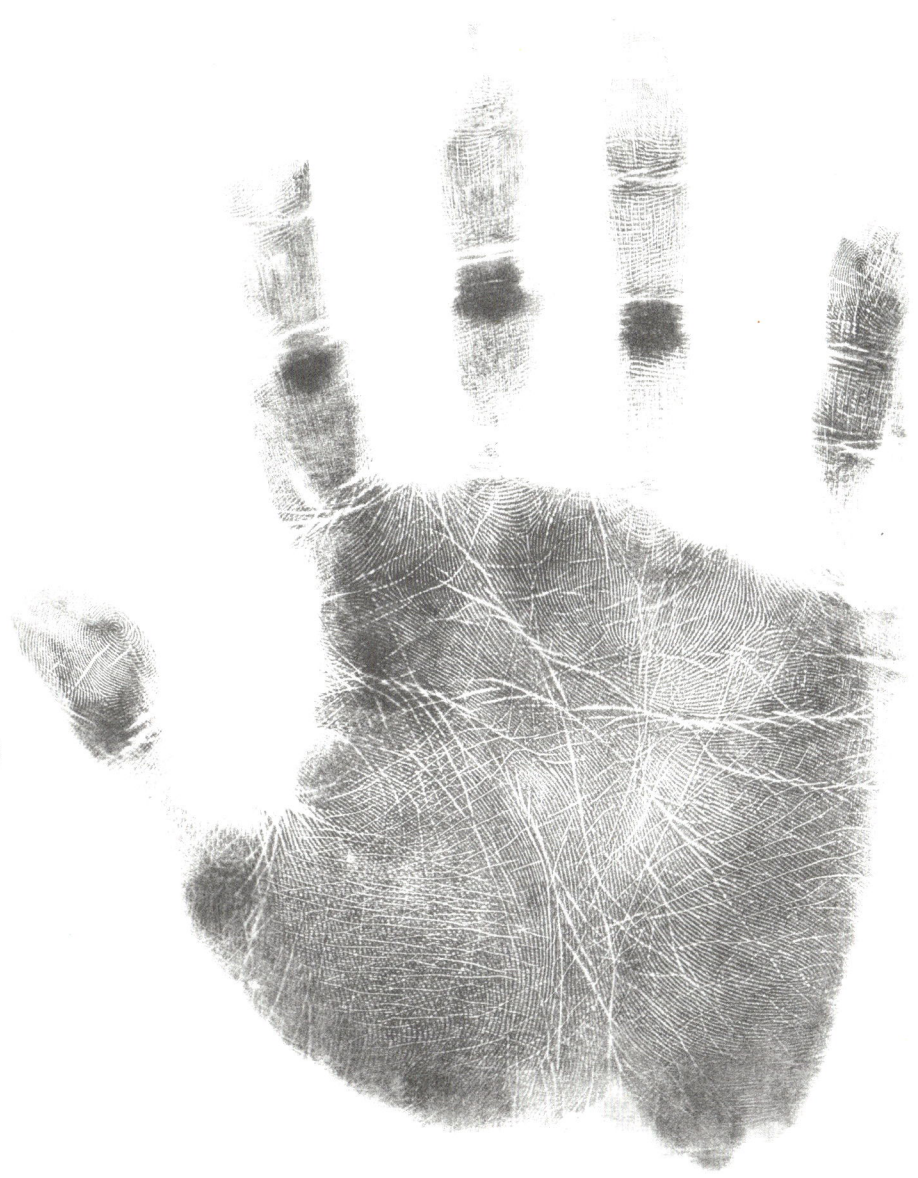

사례분석 실제 사례5 : 27살 남자, 대학생. 건강과 직업적성 궁금

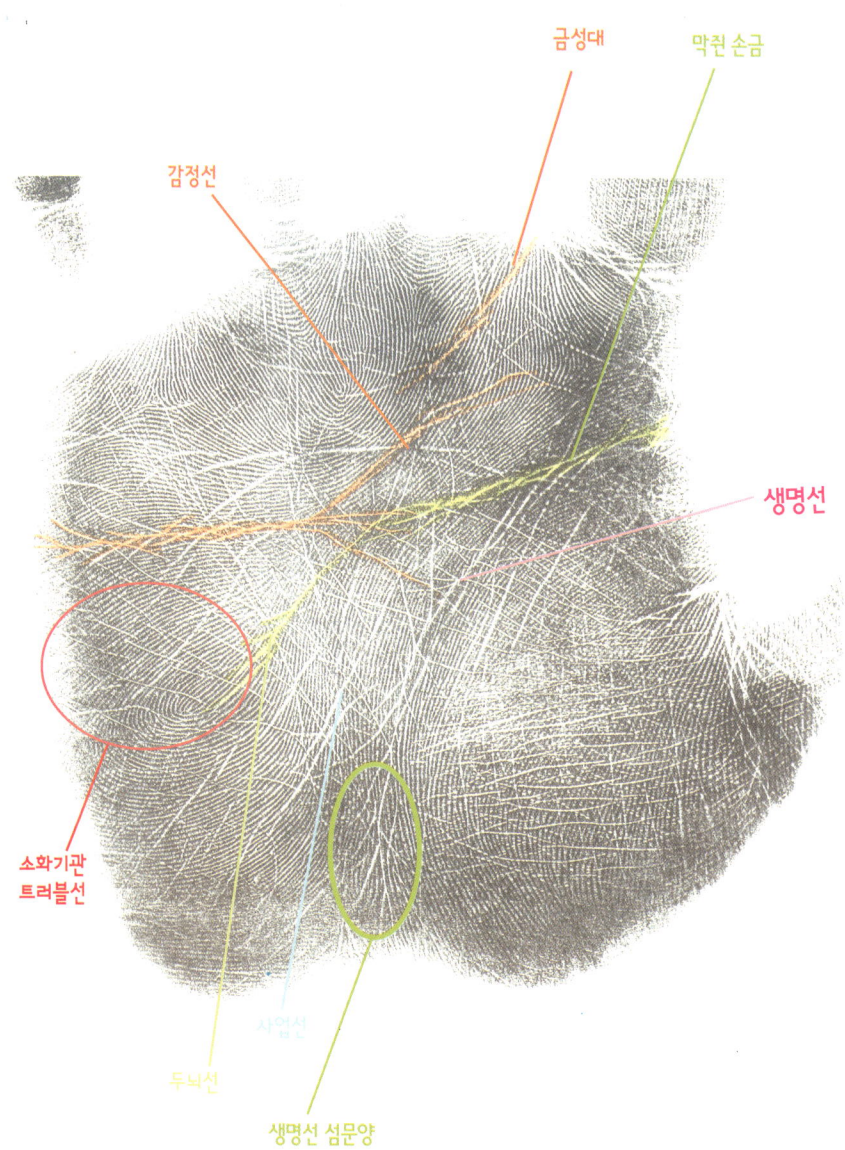

사례분석 실제

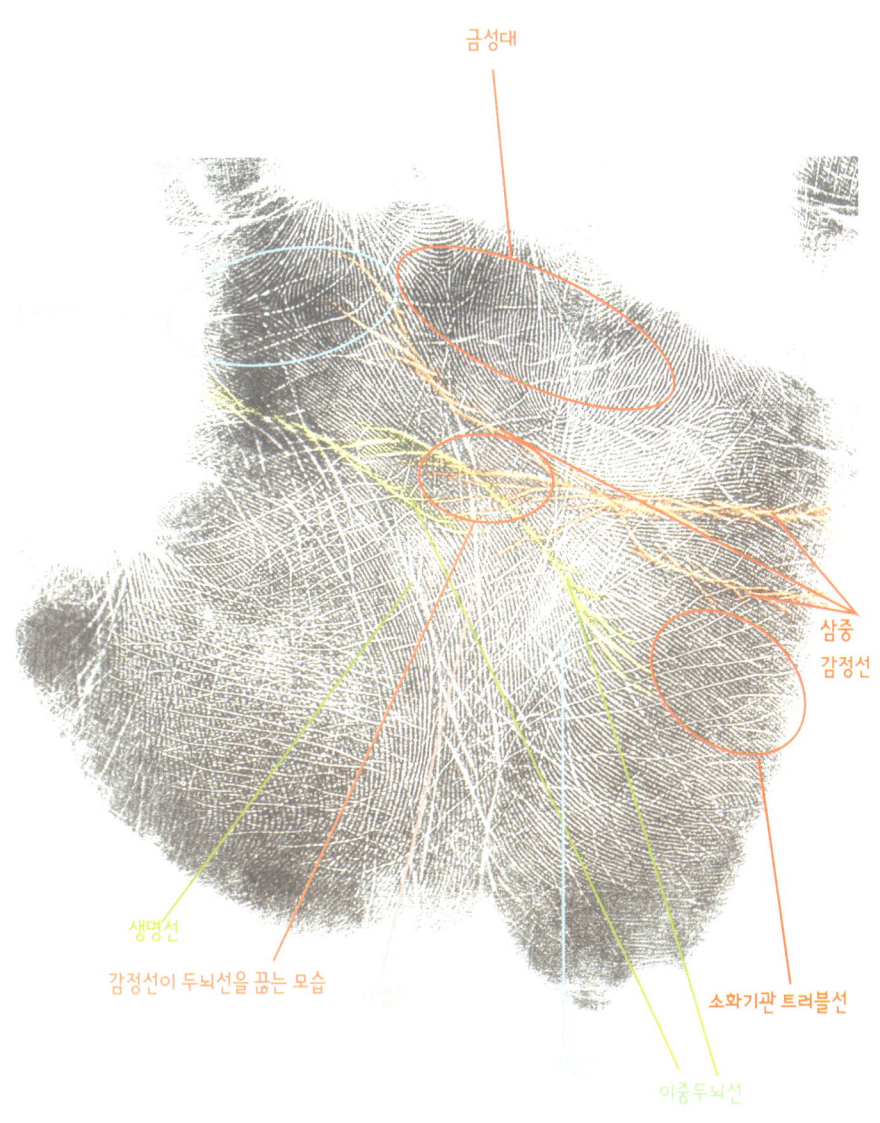

사례분석 실제   사례5 : 27살 남자, 대학생. 건강과 직업적성 궁금

[손금상 특징]

- 왼손은 막쥔손금 구성인데, 그 위아래로 두뇌선과 감정선이 한 가닥씩 더 나와있음
- 오른손은 막쥔손금 구성인지 이중두뇌선에 이중감정선 구성인지 애매함
- 오른손 감정선이 세가닥으로 나뉘어진 삼중감정선의 모습
- 양손 생명선이 굵고 선명하며 길게 잘 발달한 편. 개운선이 많음
- 오른손 운명선이 감정선을 타고 검지쪽으로 휘어지는 모습

[손금분석]

실전에서는 막쥔손금인지 아닌지가 애매한 경우를 많이 접하게 된다. 막쥔손금이나 막쥔손금과 유사한 타입까지 합한다면 인구의 20% 정도는 되기 때문인데, 이들 중 실제로 좋은 막쥔손금 구성을 하고 있는 사람은 열에 두세명 정도 밖에 되지 않는다.

왼손과 같은 막쥔손금 구성은 발전 가능성이 많이 엿보이는 좋은 형태이다. 생명선도 안정되어 있고, 막쥔금도 대체로 매끈한 편이다. 두뇌선과 감정선이 한가닥씩 더 있으니 막쥔손금의 재능이 많아지고 성격도 순화가 되어 좋은데, 실력도 좋고 처세도 잘하는 편이라서 큰 조직을 발판으로 성장해가면 좋겠다.

사례분석 실제

　오른손은 감정선 중간가닥이 두뇌선이나 생명선에 합류된 듯한 굵은 지선이 없다. 오히려 이중두뇌선 위쪽 선이 감정선에 의해 잘려진 형태라서 구성이 좋은 편이 아니다.

　오른손 감정선은 특이하게 세가닥의 감정선으로 구성되어 있다. 그중 중간가닥이 두뇌선을 살짝 건드리고 있으니 두뇌선이 대변하고 있는 두뇌신경이 감정선이 대표하고 있는 심장신경에 의해 자꾸 건드려지는 현상이 나올 수 있겠다. 건강상 뇌졸증, 중풍, 수족마비 등을 주의해야 할 것인데, 지난 몇 년간 수면장해를 겪고 있었다 한다.

　오른손과 같이 막쥔손금 구성은 아니더라도 그와 유사한 모습을 하고 있는 것을 막쥔금 아류라고 부르는데, 실전에서는 막쥔손금과 거의 유사한 성격적, 재능적 특성을 나타내는 경우가 많다.

　운명선과 사업선이 힘차고 개운선이 많이 올라오고 있어서 미래 인생길이 밝아보인다.

사례분석 실제 　　사례6 : 45살 여성. 사업운 궁금

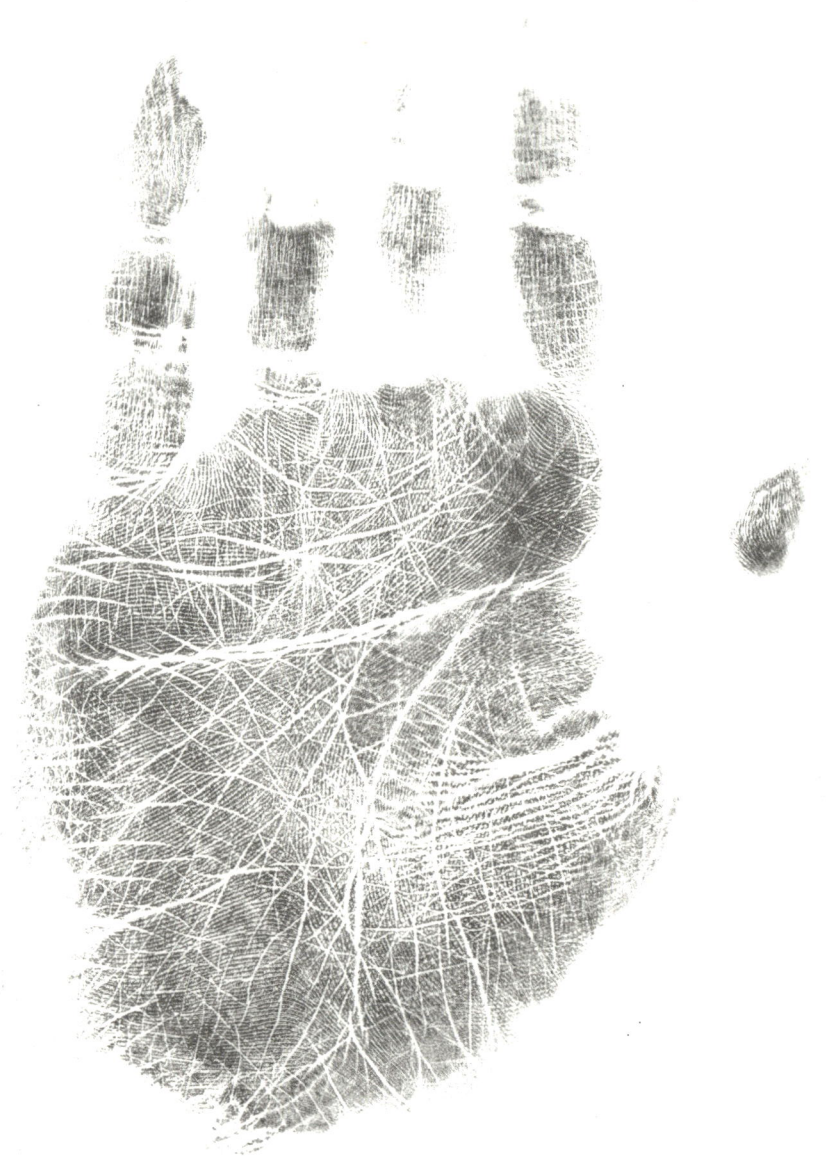

사례분석 실제

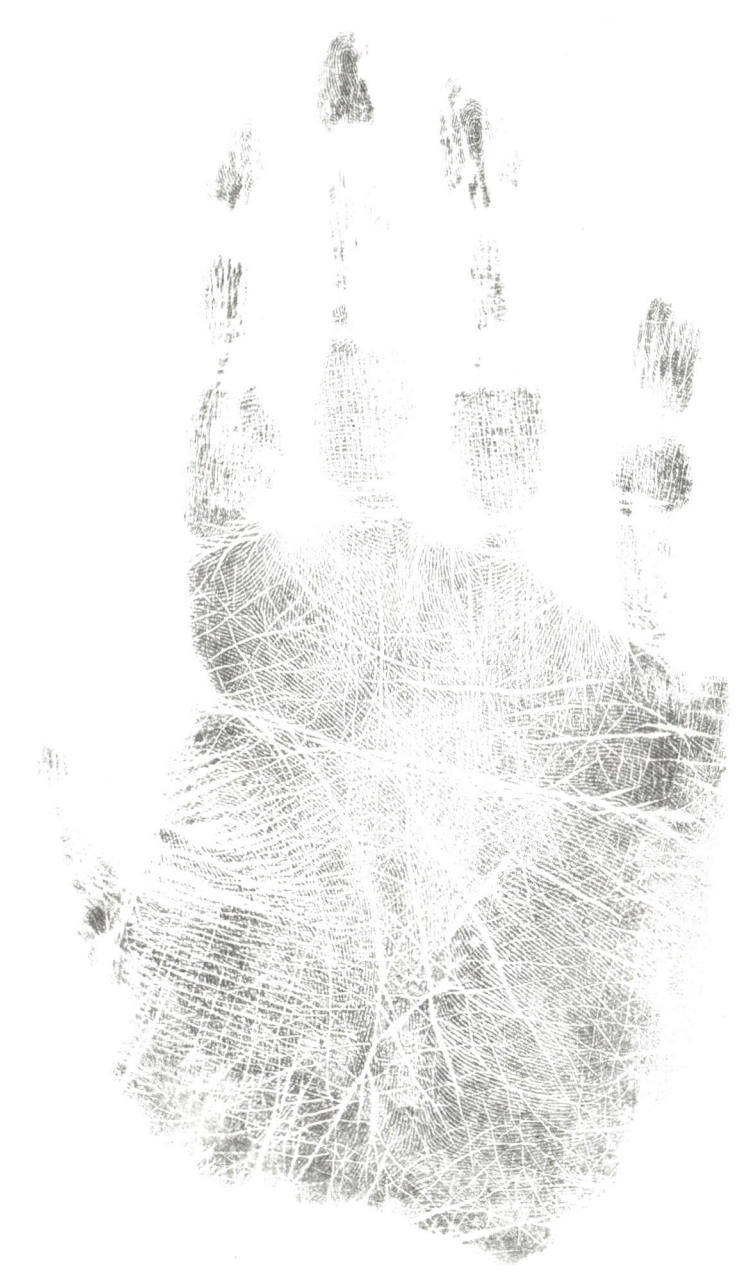

부록 | 실전분석 연습

사례분석 실제 — 사례6 : 45살 여성. 사업운 궁금

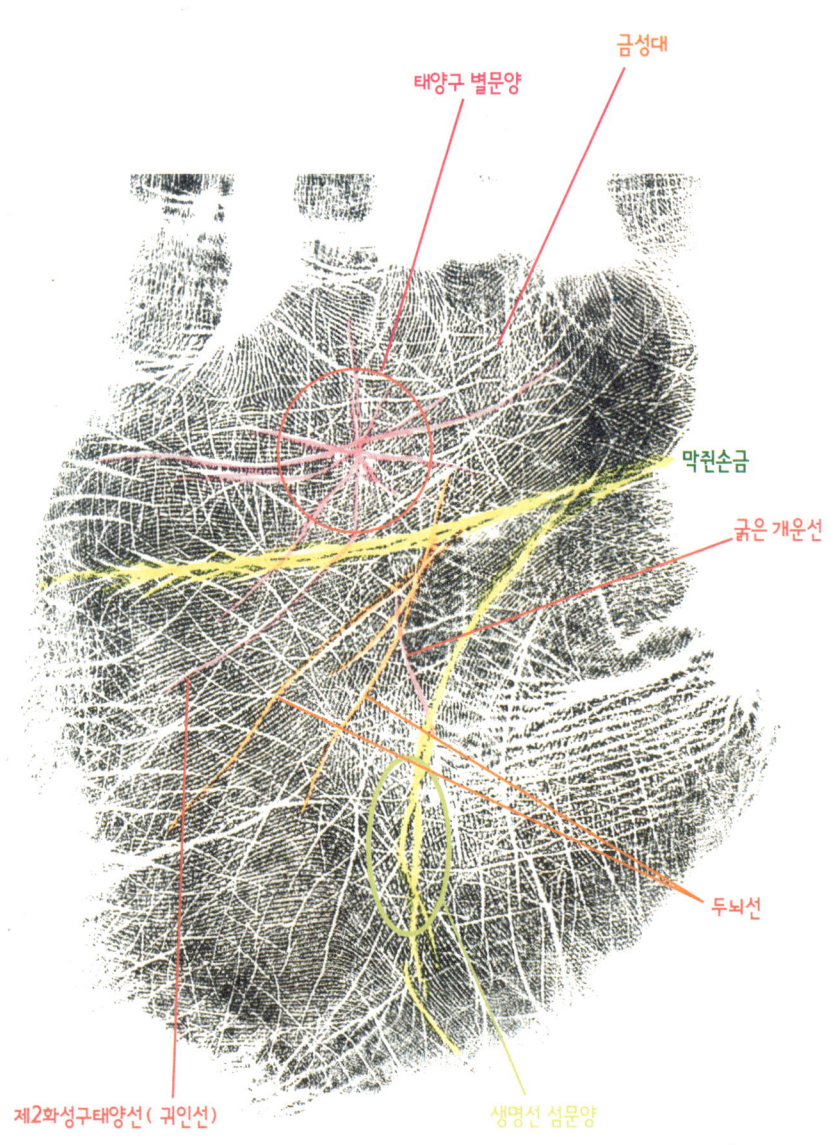

사례분석 실제

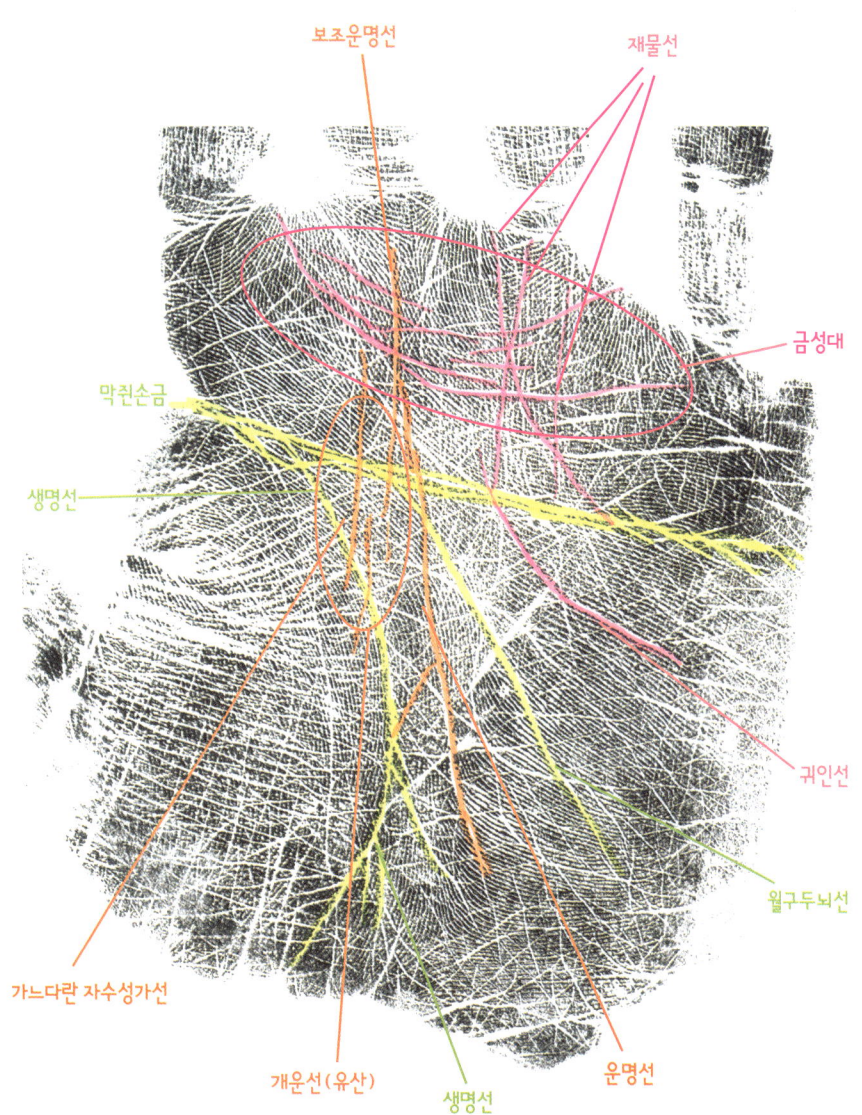

사례분석 실제   사례6 : 45살 여성. 사업운 궁금

[손금상 특징]

o. 양손이 잘 구성된 막쥔손금이며, 오른손엔 월구두뇌선이 한가닥 더 나와있음

o. 양손 모두 운명선이 막쥔금을 넘어서 중지쪽으로 잘 올라가고 있음

o. 태양구에 재물선이 좀 가늘긴 하지만 두세가닥 뻗어 있음. 왼손 태양구에 별문양 선명함

o. 양손에 제2화성구 태양선(일명, 귀인선)이 나와있음

o. 왼손 생명선 하단부에 섬문양이 두개 보임

o. 굵고 긴 금성대가 여러가닥 나와있음

o. 왼손 생명선에 개운선이 굵고 길게 나와있음 (생명선 유년법으로 47살 근처)

[손금분석]

다소 복잡한 막쥔손금 구성이지만 선을 하나씩 분별해보면 그리 어려운 케이스는 아닌 편이다. 양손 모두 막쥔금의 구성이 잘된 편인데, 아주 매끈한 선으로 되어 있지는 않아도 이 정도면 괜찮다고 할 만 하다. 막쥔손금 타입은 막쥔금 자체의 구성이 좋아야 하고, 생명선이 길게 잘 뻗어야 하며, 운명선이 막쥔금을 지나서 위로 잘 올라가야 좋은데, 이 손금은 그런 요소를 대부분 잘 갖추고 있어서 발전이 기대된다고 하겠다.

사례분석 실제

　오른손엔 막쥔금 아래로 두뇌선이 월구로 길게 내려가고 있는데, 이것을 운명선으로 잘못 보면 안된다. 막쥔금이 가진 강한 성공욕구와 집중력, 승부욕 등의 장점 이외에도 창의력, 손재주, 예능적 재능이 많아 보인다.

　올해 장사를 하고 싶다고 하는데, 아직 운명선이 막쥔금을 통과하지 못한 나이대라서 본격적으로 일을 벌이긴 조심스러우므로 규모를 적게 가져가면서 사업을 배워가는 자세로 해보라고 하였다. 왼손의 생명선 상에서 개운선이 47살 근처에 나오는데 직업적 행운과 재산증식의 기쁨이 있을 모습이다.

　생명선 상에 섬문양이 두개 나와있는데, 위쪽 것은 유방쪽, 아랫쪽 것은 자궁계통쪽에 혹이나 종양 등이 생기기 쉬운 모습인데 건강관리에는 신경을 써주어야 할 것이다. 금성대가 굵고 길게 여러가닥 나와있어 체질상 예민한 기질에 혈액순환 상태가 나쁜 모습을 나타내므로 체질개선에 노력할 필요가 있는데, 직업적으로 바쁘게 뛰어다니는게 건강관리에 더욱 도움이 될 수 있겠다.

　제2화성구 태양선(일명, 귀인선)이 잘 나와있으면 사업에 있어 주변 도움을 잘 받고, 갑자기 인기가 높아지거나, 단골손님이 많아지는 등의 보이지 않는 음덕이 뒤따르는 경우가 많아 서비스 업종의 사업에 좋다고 본다.

사례분석 실제 사례7 : 29살 미혼여성, 직장인. 결혼운과 직업적 성공 궁금

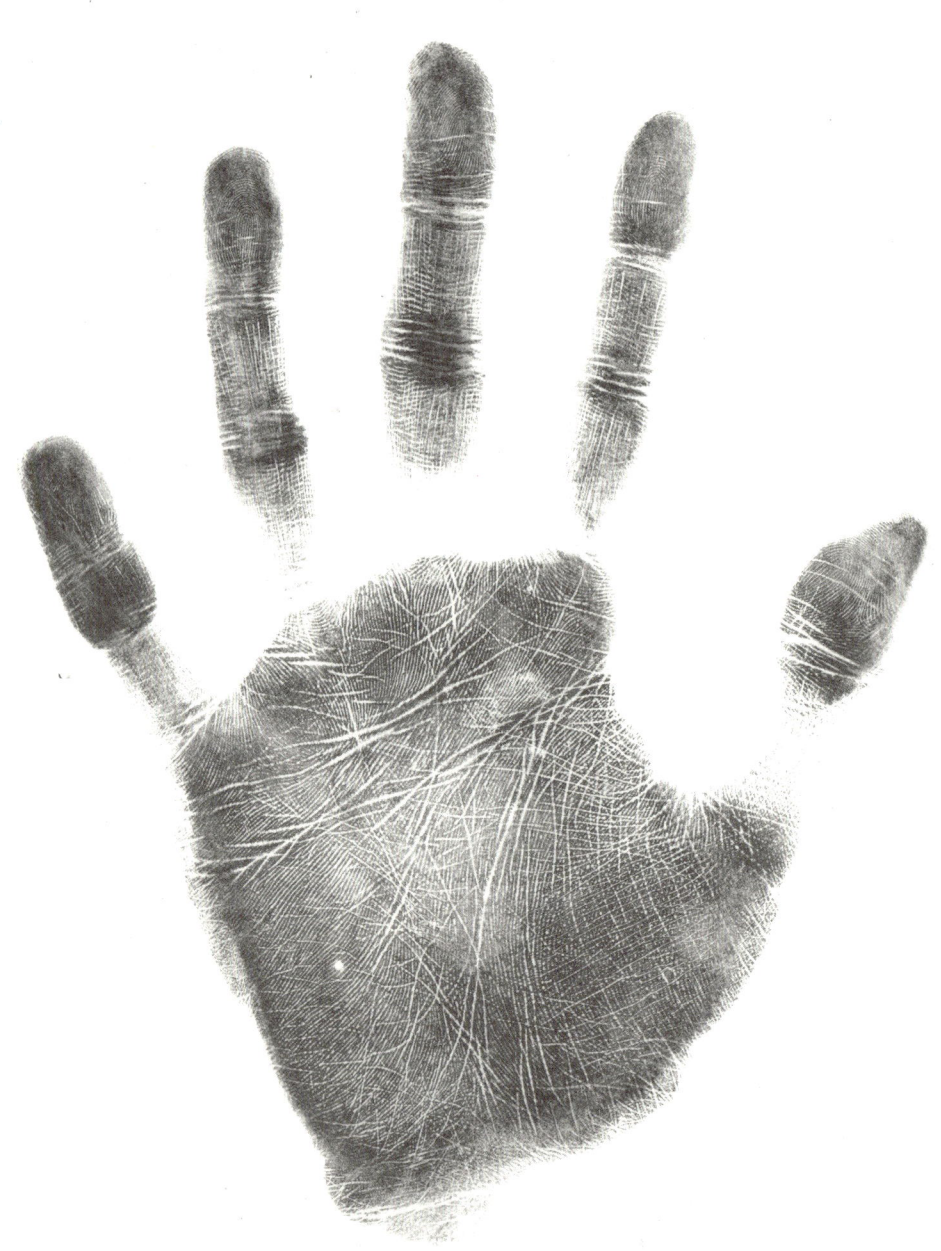

사례분석 실제

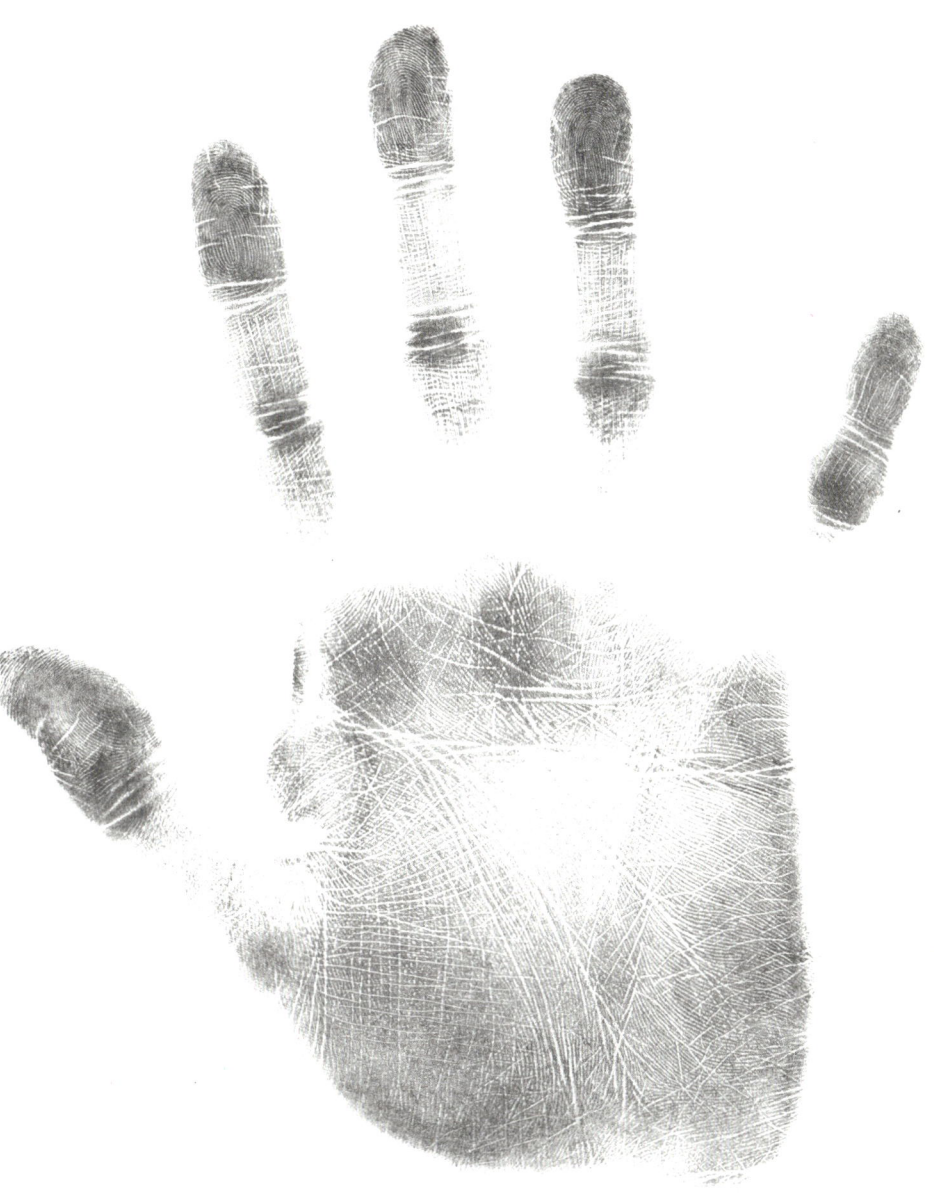

사례분석 실제 사례7 : 29살 미혼여성, 직장인. 결혼운과 직업적 성공 궁금

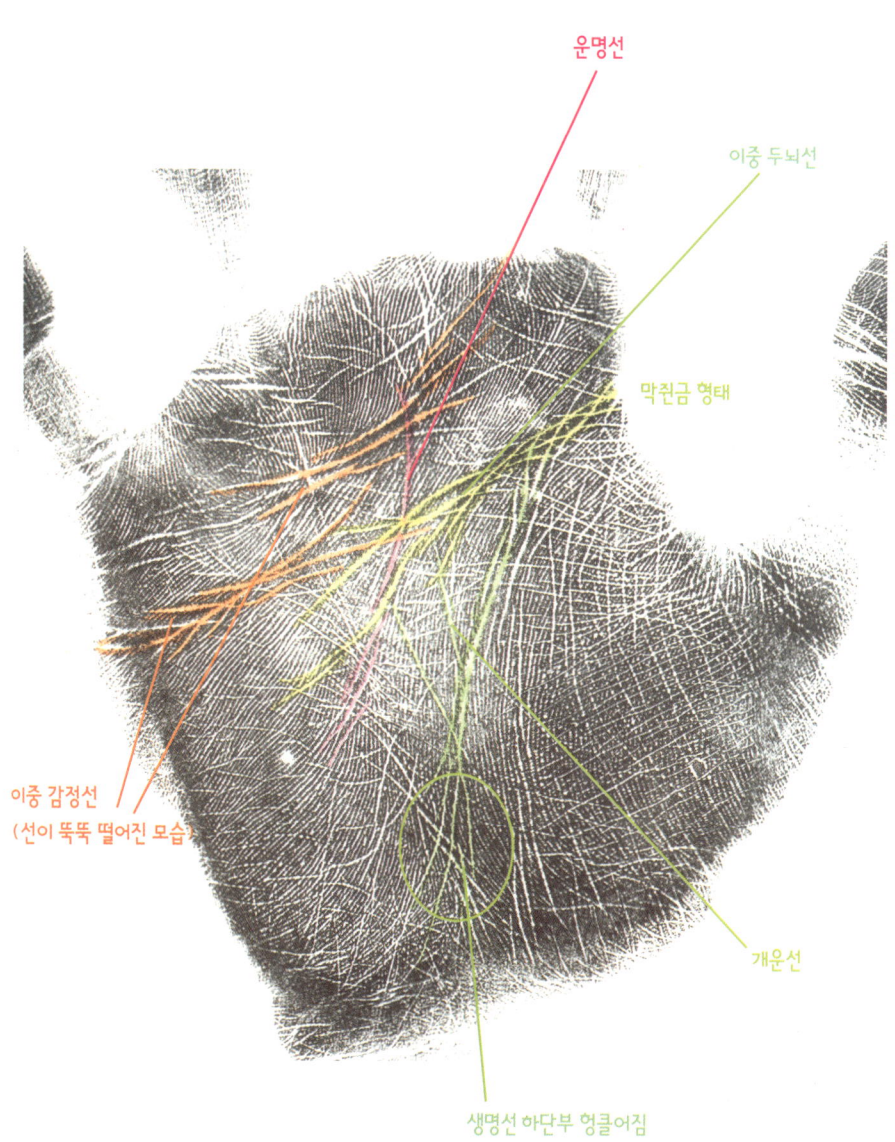

262　손금의 정석

사례분석 실제

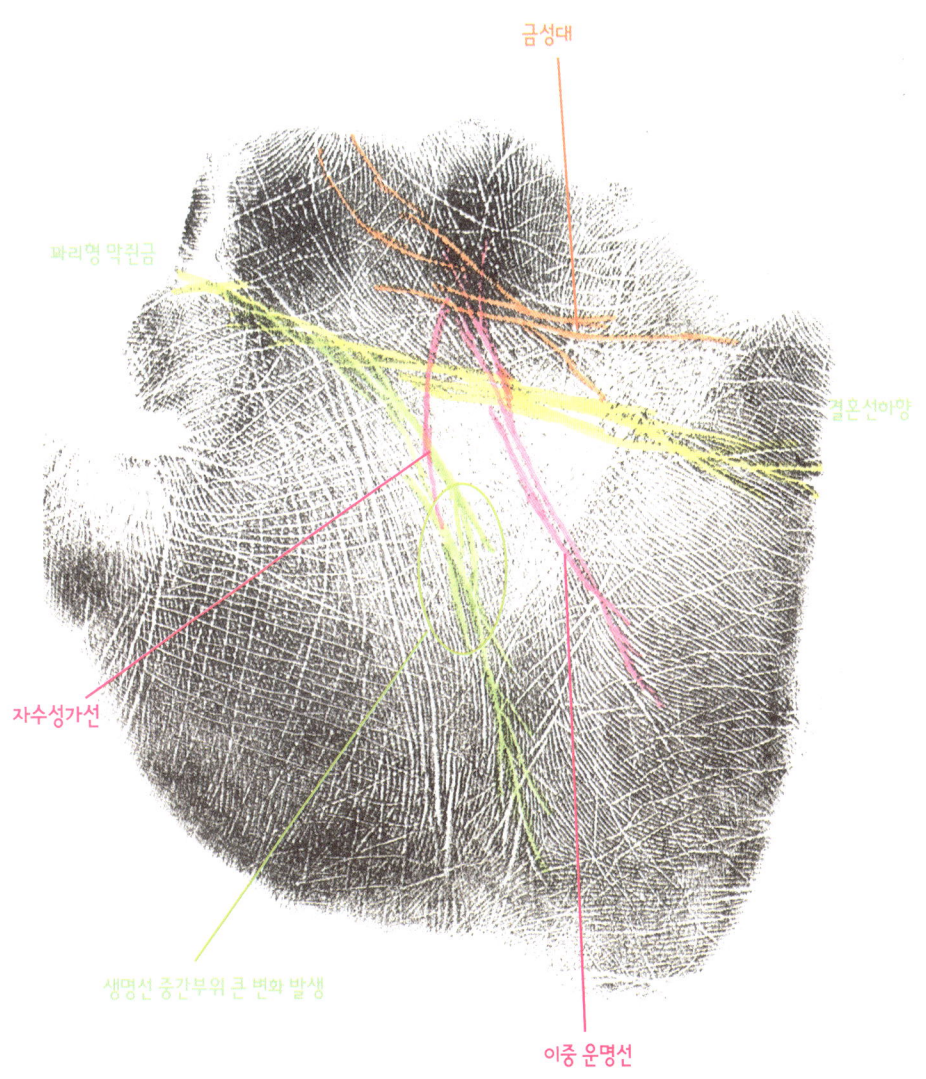

사례분석 실제 사례7 : 29살 미혼여성, 직장인. 결혼운과 직업적 성공 궁금

[손금상 특징]

o. 왼손의 감정선과 두뇌선 형태가 좀 복잡하여 막쥔손금 구성인지 애매함

o. 오른손은 막쥔손금 구성인데 꽈리형으로 꼬여있는 모습임

o. 생명선이 꽈리형으로 구성되었는데, 하단부가 헝클어진 모습임. 오른손은 생명선 중간쯤에 큰 변화를 보이고 있음. 왼손은 제1화성구를 감싸는 부위가 약간 쪼그라든 모습임.

o. 막쥔금 위쪽에 굵고 긴 금성대가 많고 장해선들도 다수 나와있어 태양구가 어두워져 있음

o. 양손 운명선이 모두 월구형인데 두가닥의 이중운명선 모습으로 올라오고 있음

o. 결혼선이 여러가닥인데, 오른손 결혼선은 하향중이고, 왼손 결혼선은 길게 태양구로 뻗고 있음

[손금분석]

이 손금에선 왼손의 손금구성이 막쥔손금인지를 분간하는게 어려워 보인다. 언뜻 이중감정선에 이중두뇌선 같이 보이지만, 이중감정선의 아랫가닥이 두뇌선쪽으로 하향지선을 뻗으면서 두뇌선을 끊는 형태로 두뇌선과 꽈리를 틀며 막쥔금을 형성한 모습이다.

일단 막쥔손금으로 봐야 하는데, 이중감정선의 특성도 그대로 남아있으며, 감정선이 두뇌선을 끊은듯한 모습이다 보니 잘

사례분석 실제

구성된 막쥔손금이라고 하긴 어렵겠다.
 이렇게 불안정한 막쥔금 구성이면 체질적으로 심장혈관계통이 안정되지 않아 건강상 문제가 생기기 쉬운데, 생명선 하단부 상태가 좋지 않은 것과 금성대가 많은 것에서 확인할 수 있다.

 왼손의 이중감정선은 윗가닥이 세줄의 평행한 선으로 되어있어 금성대의 의미가 강해진 모습이며, 오른손도 막쥔금 위에 금성대가 감정선 잔재처럼 세가닥 굵고 진하고 길게 나와있다.
 이렇게 불안정한 막쥔금 구성에 금성대가 강하면, 심장기능이 약하고 예민하며 혈액순환, 기순환 상태가 불순해져서 신체기관이 모두 영향을 받게 되는데, 생명선의 상반부가 쪼그라든 모습은 위장계통이 나빠진 모습이고, 하단부가 헝클어져 있어 자궁계통, 장기능이 약하며, 머리도 두통, 빈혈증세를 호소하는 모습이라고 하겠다.

 운명선은 양손 모두 월구에서 이중운명선 타입으로 막쥔금을 넘어서 올라가고 있는데, 일찍 자영업이나 프리랜서 타입으로 자리를 잡게 될 가능성이 많겠다. 생명선에 개운선, 자수성가선이 몇가닥 보이니 인생의 큰 행운찬스가 해당 유년대에 있을 것으로 기대된다.

 왼손의 결혼선이 길게 태양구로 뻗고 있어 부자 신랑을 만날 가능성이 많은데, 오른손의 결혼선은 하향하는 모습이라서 결혼이 빨리 풀리지는 못할 듯 하다. 손금상의 결혼적령기는 30살로 보인다.

사례분석 실제 사례8 : 29살 미혼 남성, 선박설계사, 직업적성, 사업운, 결혼운 궁금

사례분석 실제

사례분석 실제 사례8 : 29살 미혼 남성, 선박설계사. 직업적성, 사업운, 결혼운 궁금

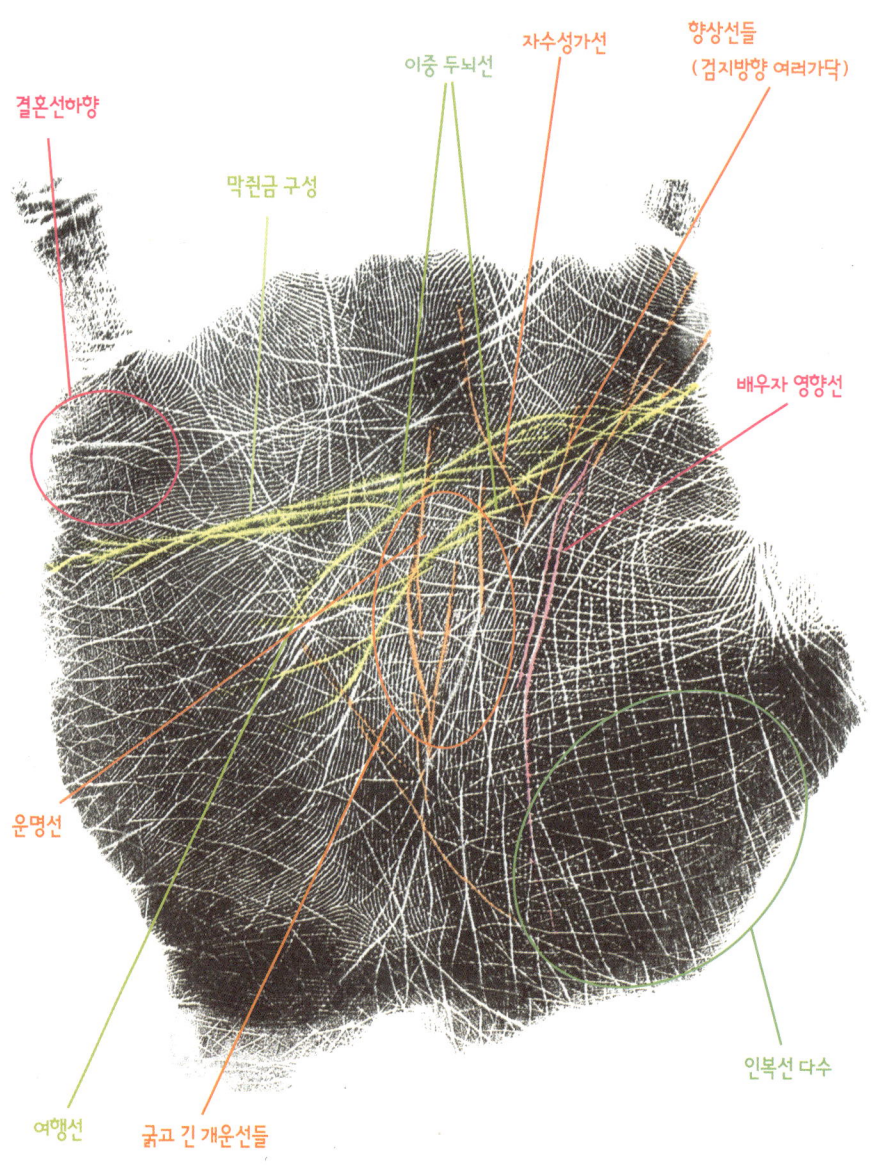

사례분석 실제

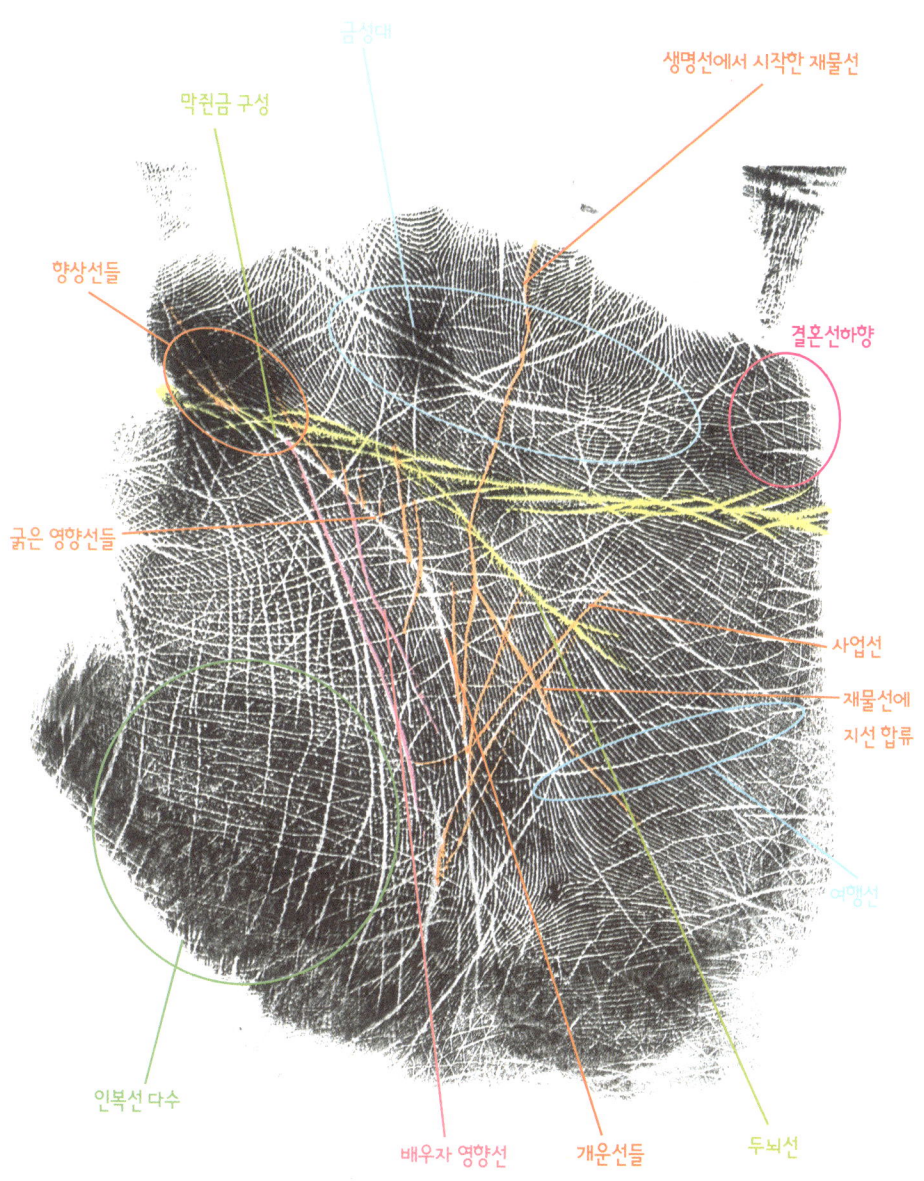

부록 | 실전분석 연습

사례분석 실제 사례8 : 29살 미혼 남성, 선박설계사. 직업적성, 사업운, 결혼운 궁금

[손금상 특징]

○. 오른손은 꽈리형 막쥔손금에 두뇌선이 한가닥 더 나와있는 모습

○. 왼손은 막쥔손금인지 이중두뇌선에 이중감정선 구성인지 애매함

○. 굵고 긴 개운선이 아주 많이 나와 있으며 유산받는 의미의 개운선도 있음 (생명선 유년법으로 46살 근처)

○. 왼손에 자수성가선이 일찍 나와있음. 긴 향상선이 여러가닥이고 목성구에 우물정자문양 있음

○. 결혼선은 양손 모두 하향하는 모습

○. 오른손 생명선에서 출발하여 태양구로 올라가는 재물선이 있으며, 월구에서 올라오는 운명선과 합류되고 있음

○. 생명선은 양손모두 굵고 긴 편인데, 중간이후 부위부터 헝클어지는 모습

[손금분석]

아주 복잡한 막쥔손금 구성이다. 대개 남자들의 막쥔손금은 단순한 사람이 많은 편인데, 이런 정도의 복잡한 막쥔손금은 분석에도 상당한 시간이 소요되는 법이다. 아무리 복잡하게 보이더라도 원론에 충실하게 선 하나씩을 찾아가면 주요 손금선들과 문양들을 다 찾아낼 수 있는 것이다.

왼손이 막쥔손금 구성인지 아닌지를 분간해야 할 것인데, 이중감정선으로 보기엔 감정선의 윗가닥이 잘 발달하지 않은 모

사례분석 실제

습이며, 감정선이 직선형으로 두뇌선쪽으로 뻗어서 연결되고 있으므로 막쥔손금 구성으로 보는게 좋겠다. 막쥔손금이지만 두뇌선이 두가닥 더 남아있어 삼중두뇌선이 된 모습이고 두뇌선이 모두 굵고 길며 선명하게 잘 뻗어있으니 지적인 재능이 아주 뛰어날 모습이다. 오른손도 막쥔손금에 두뇌선이 한가닥 제2화성구로 뻗어 있다.

생명선에서 굵고 긴 개운선이 아주 많이 나와 있는데, 이런 정도의 굵기와 길이의 개운선이라면 상당한 행운이나 상당한 재산증식의 운이 따르는 것을 나타낸다. 30대 초반부터 잇달아 개운선들이 나오고 있으며, 46살 근처에는 유산을 받는 의미의 개운선도 있고, 50대 후반 이후에도 또다시 굵고 긴 개운선들이 다수 나오고 있으니 사회적으로 상당한 지위에 오르고 큰 재력가가 될 수 있어 보인다.

자수성가선이 일찍 시작해서 올라가고 있으니 전문직종에서 '~사'를 바탕으로 직업적 성공을 일구어 가야 할 것인데, 두뇌선의 상태로 보아 남들이 흔히 따기 어려운 전문자격증 3~4개 정도는 쉽게 딸 수 있을 모습이라 하겠다.

생명선 안쪽에서 배우자 영향선이 32살 무렵 나와있어 결혼 적령기로 보이는데, 결혼선이 하향중인데 최근 오랫동안 사귀던 애인과 헤어졌다고 한다. 아마도 복이 없는 여자인가 보다.

사례분석 실제 사례9: 고3 여학생, 19살. 연극영화과 진학희망· 직업적성· 성공운 궁금

사례분석 실제

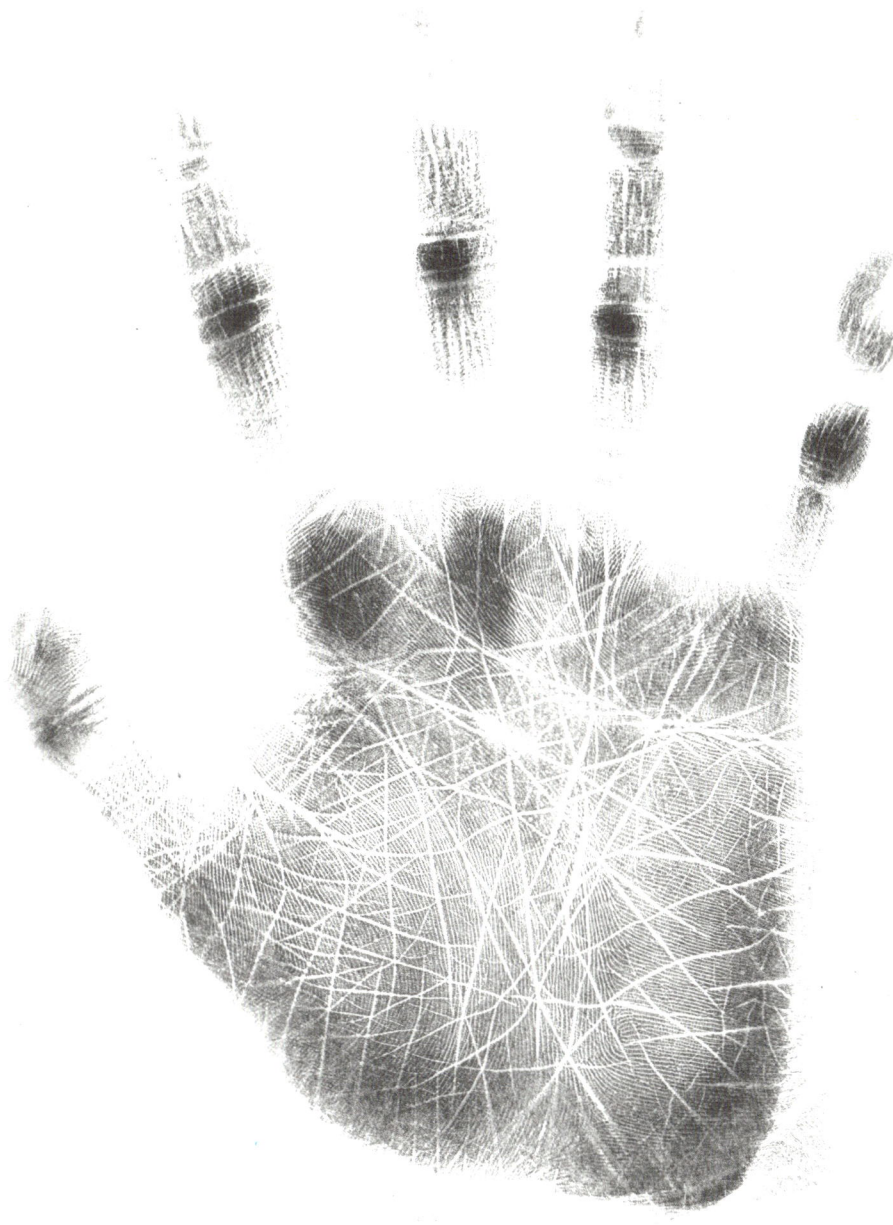

사례분석 실제 사례9: 고3 여학생, 19살, 연극영화과 진학희망·직업적성, 성공운 궁금

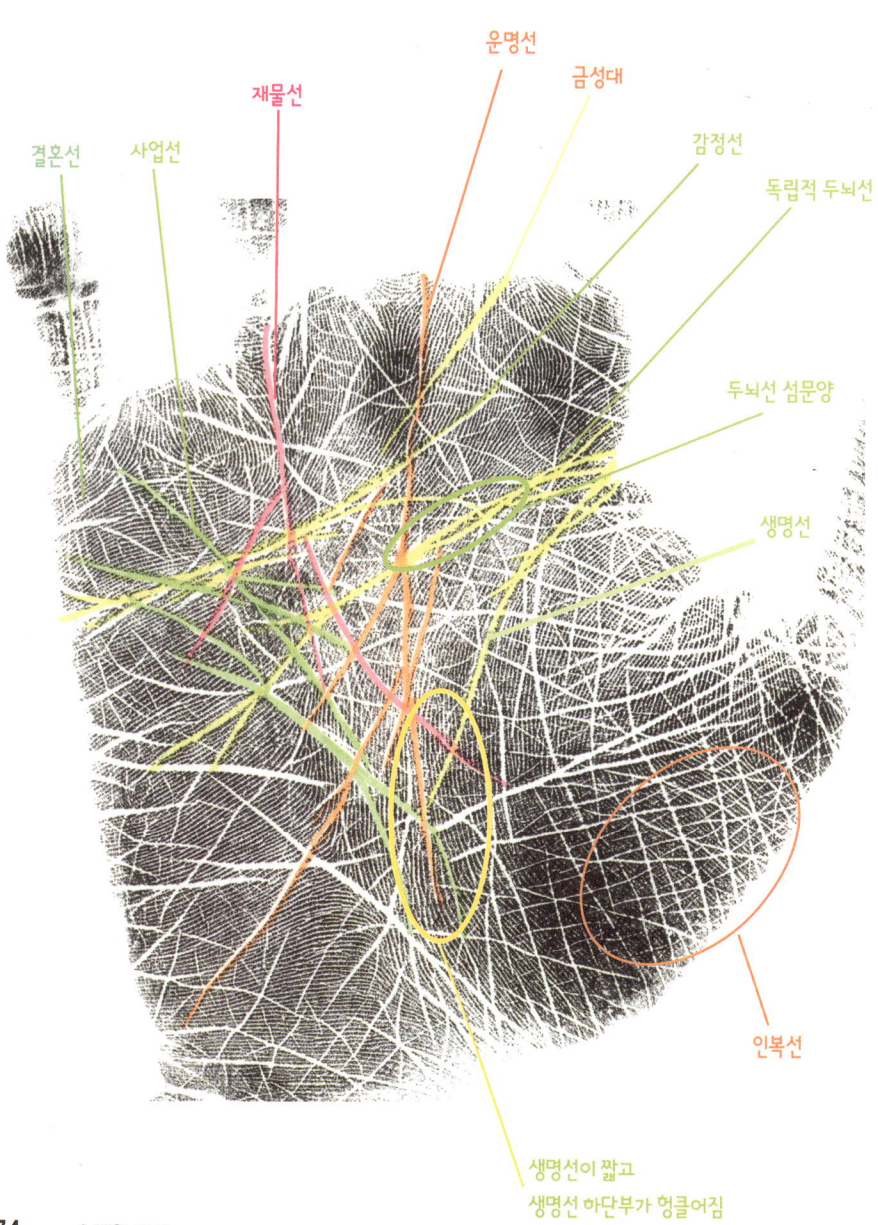

274 손금의 정석

사례분석 실제

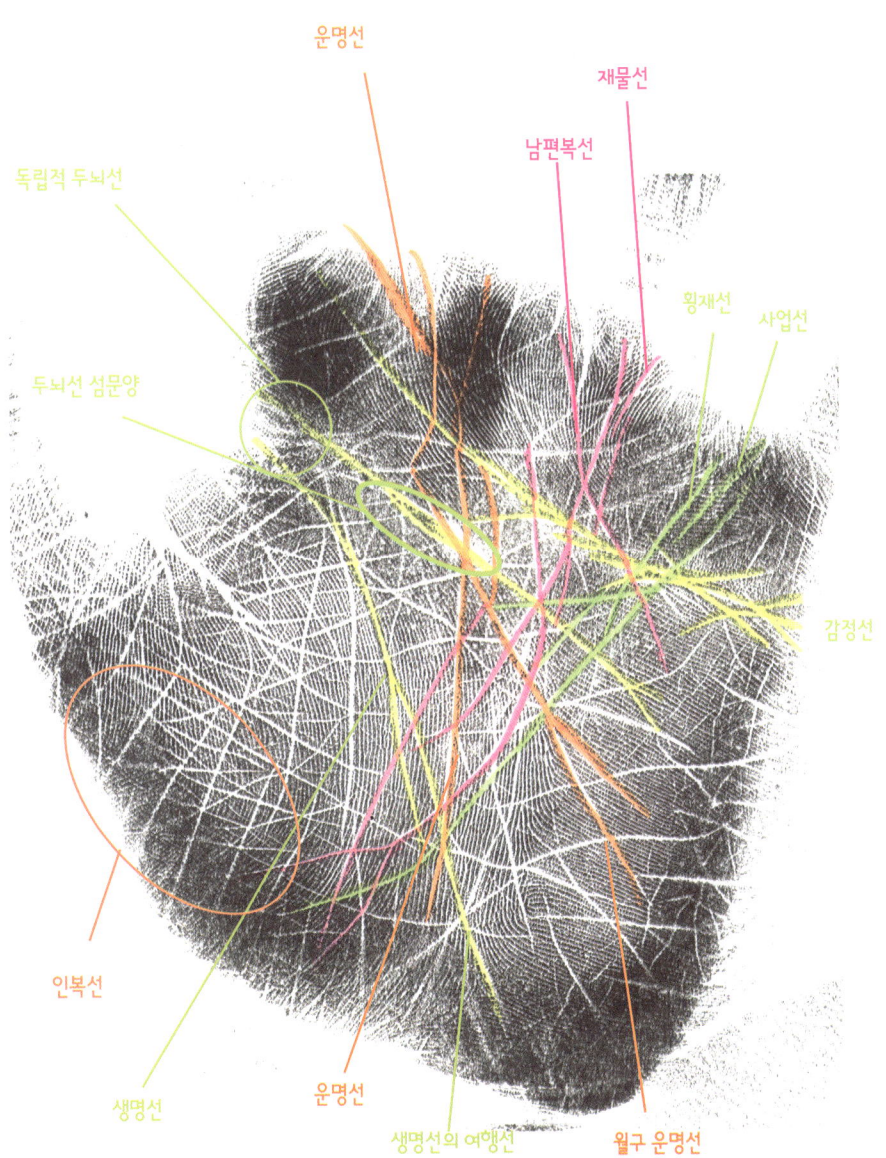

사례분석 실제 사례9: 고3 여학생, 19살, 연극영화과 진학희망 · 직업적성 · 성공운 궁금

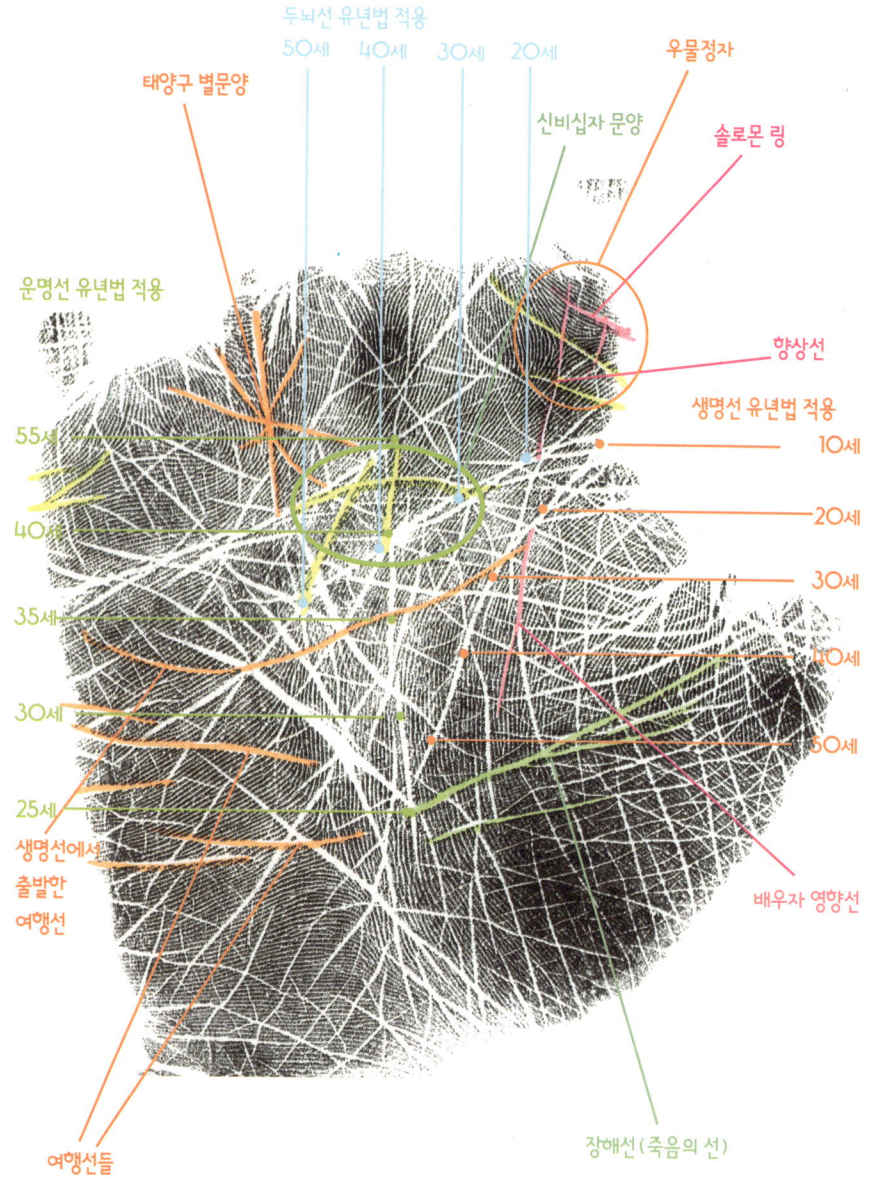

사례분석 실제

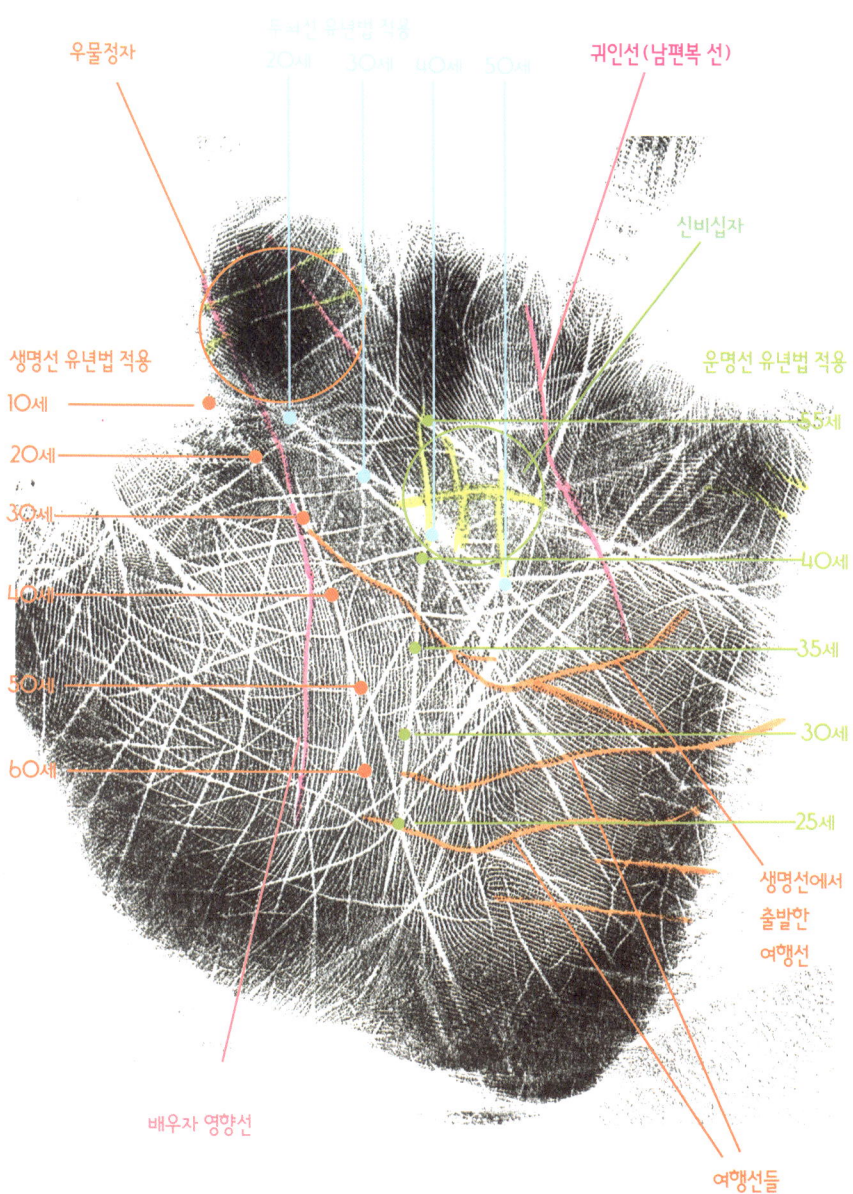

사례분석 실제 사례9: 고3 여학생, 19살, 연극영화과 진학희망 · 직업적성, 성공운 궁금

[손금상 특징]

- ㅇ. 굵직한 손금 선들이 많아서 거북이 등껍질 같은 모습임
- ㅇ. 삼지창손금에 해당하며 재물선, 사업선이 굵고 길게 잘 발달하여 성공운, 명예운, 재물운 좋음
- ㅇ. 독립적 두뇌선 타입. 긴 직선형 두뇌선인데 양손 모두 중간에 섬 문양의 시기가 있음
- ㅇ. 왼손 생명선이 짧고 안쪽에서 장해선(죽음의 선)이 나오고 있어서 건강관리 및 체질개선 노력필요
- ㅇ. 두뇌선이 여행선을 만나고 있으며 생명선에서 나온 긴 여행선이 있어 유학, 해외거주 가능성 많음

[손금분석]

굵은 선들이 많아 아주 복잡하게 보이는 손금이다. 처음 이런 손금을 보면 도대체 무슨 말을 해야할 지 당황스러울 것이다. 차분히 손금을 들여다보면서 기본삼대선과 세로삼대선이 각각 어느 선인지 하나씩 분간해 나가야 한다.

복잡한 손금이라 언뜻 장해선들이 무척 많이 있는 듯 하지만, 실제로 선들을 유형별로 하나씩 분별해 가다보면 정작 장해선이 몇가닥 되지 않음을 알 수 있다.

이 손금은 삼지창 손금인데 운명선, 사업선이 감정선을 넘어서 잘 올라가고 있고, 재물선이 굵고 선명하며 길게 잘 발달해 있고, 운명선이 감정선을 넘어가면서 검지쪽으로 휘어지는 모습이므로 큰 발전과 명예가 기대되는 손금이라고 하겠다. 거북

사례분석 실제

이 등껍질같이 선이 굵고 선명하게 쩍쩍 갈라진듯한 손금은 상당히 보기 드문데, 조상의 음덕이 많고 인생길에서 크게 성공한 사람이 많다.

양손 독립적 두뇌선 타입인데 긴 편이라서 공부를 많이 하는 게 좋으며, 감정선도 길게 목성구 상단으로 올라가고 있으니 전문직종에서 활동하는게 좋을 모습이다.

진로를 예능방면으로 설정하고 싶다고 하는데 태양구에 재물선이 좋은데다 별문양 모습이 만들어져 있고, 인기선도 좋고, 재물선이 손바닥 아랫쪽부터 굵게 올라가고 있으므로 인기와 성공을 일찍 얻을 가능성이 많다. 인복선, 귀인선이 발달하여 평생 좋은 사람들을 많이 만나고 살아갈 모습이다.

생명선에서 뻗은 여행선이 28살~31살 무렵 나와있고, 집을 상징하는 생명선의 뿌리가 약한 모습이니 해외운이 많은 편이라 유학을 가거나 해외에 나가서 살게 될 가능성이 많다고 하겠다.

일찍 24살부터 연애운이 있고, 28살엔 결혼운이 있을 모습이지만, 30살 근처에 새로이 영향선이 나오니, 결혼은 배우자 영향선이 장해선을 만나는 32살쯤 하는게 좋을듯 하다.

그런데 생명선의 모습은 그리 좋은 편이 아닌데, 왼손은 생명선이 50대 후반까지 뻗어 있고, 오른손은 60대 중반까지 뻗어 있는데, 양손 모두 생명선 말단부에 장해선(죽음의 선)이 가로막는 모습이니 젊어서부터 건강관리와 체질개선에 노력해야 하겠다.

Chapter 03

손금 실전종합분석

 이제까지 많은 케이스를 가지고 손금 실전분석 연습을 해보았는데, 좀 복잡하고 어려운 손금 구성들이 다수 섞여 있어서 그리 쉽지는 않았을 것이라 생각한다.
 한 사람의 인생을 다 해부해 보는 것인데, 이게 어디 그리 간단하게 끝나겠는가? 우리의 두뇌는 단순하지 않으며, 우리의 인생도 단순한게 아니며, 이 세상의 이치 또한 단순하지 않을 것이다. 손금 하나를 놓고 깊이 들여다보면 한 사람의 머릿속도 보이고, 인생도 보이고, 그 사람의 업연의 뿌리도 보이고, 우주의 구성원리까지 엿볼 수 있게 된다. 사람이란 존재 자체가 불가사의한 것이거늘 어찌 이 우주가 불가사의하지 않으랴.
 이제 종합적으로 손금 주요선 분석에다 유년법까지 가미해서 실전분석을 해보도록 하자. 종합적인 손금분석시에 몇가지 도움이 될만한 글을 적어보았다.
 첫째, 주요한 손금상의 특징을 손금을 찍은 시트상에 잘 보일 수 있도록 메모해 주는게 좋겠다. 처음 손금을 접하는 사람들은 손금분석하는 법을 잘 모르는 상태에서도 자신의 손금에 어떠한 메시지가 숨어있는지를 탐구해 보려는 경향이 강한 법이다. 질문사항에 맞춰 주요한 손금상 특성을 표시해주고, 분석의견도 좀 달아주면 도움이 될 것이다.
 둘째, 피상담자의 말을 경청하여야 한다. 피상담자가 어떠한 상황에 처해 있으며, 어떻게 살아왔고, 어떤 직업적 활동을 하며, 어떠한 조언을 필요로 하는지 등을 정확히 알아야 하는 것은 가장 기본적인 사항일 것이다. 어떤 경우에는 마땅한 의논상대가 없어서 손금을 보러 오는 경우도 있다. 신세한탄을 하는 경우도 많다.

셋째, 어떠한 조언이나 분석 의견이든 객관적인 손금의 모습을 두고 이루어지는게 바람직하다. 예를 들어 '손금상 어떠어떠한 특징이 있는데, 이러한 손금상의 특징은 이러저러하게 해석되며, 그에 맞는 대안은 이런저런게 있겠다'는 식의 접근법이 좋다는 의미다. 이것은 어떠한 의견이 나온 근거를 피상담자로 하여금 제대로 알게 함으로써, 피상담자 입장에서 볼 때 해당 손금상 특징을 개선하는 노력을 하면 자연히 그에 따른 손금분석 결과도 좋아질 수 있겠구나 하는 긍정적인 메시지를 줄 수 있기 때문이다.

넷째, 손금이 좋지 않은 사람이라도 가능한 긍정적이고 희망적이며 미래의 삶을 위해 최선을 다해갈 수 있도록 격려를 해줌이 필요하다. 현재의 손금상 모습이 나쁘다고 해서 손금상 행운이 찾아올 시기까지 그냥 기다리고 있어라고 할 수는 없는 것이다. 손금은 스스로의 노력, 환경변화, 인생관 및 생활습관 변화, 체질개선 등에 따라 상당한 변화를 이끌어낼 수 있는 것이다. 따라서 '현재 손금상태가 나쁘니 뭘해도 안될 것이다'는 식의 사람의 희망과 의지를 꺾는 부정적인 메시지 보다는 '현재 손금상태가 나빠서 전망이 좀 어두운 상태이지만, 이를 이겨내고 개선하려는 각고의 인내와 노력을 통해 손금도 좋게 바뀌고 미래 인생길도 좋게 변화되는 것이다'는 긍정적인 메시지가 꼭 필요한 것이다.

자, 이제 좀 손금이 매끈하고 알기쉬운 사례들을 중심으로 종합분석에 들어가보도록 하자.

사례분석 실제   사례1 : 앞으로 큰 성공발전이 기대되는 삼지창손금

사례분석 실제

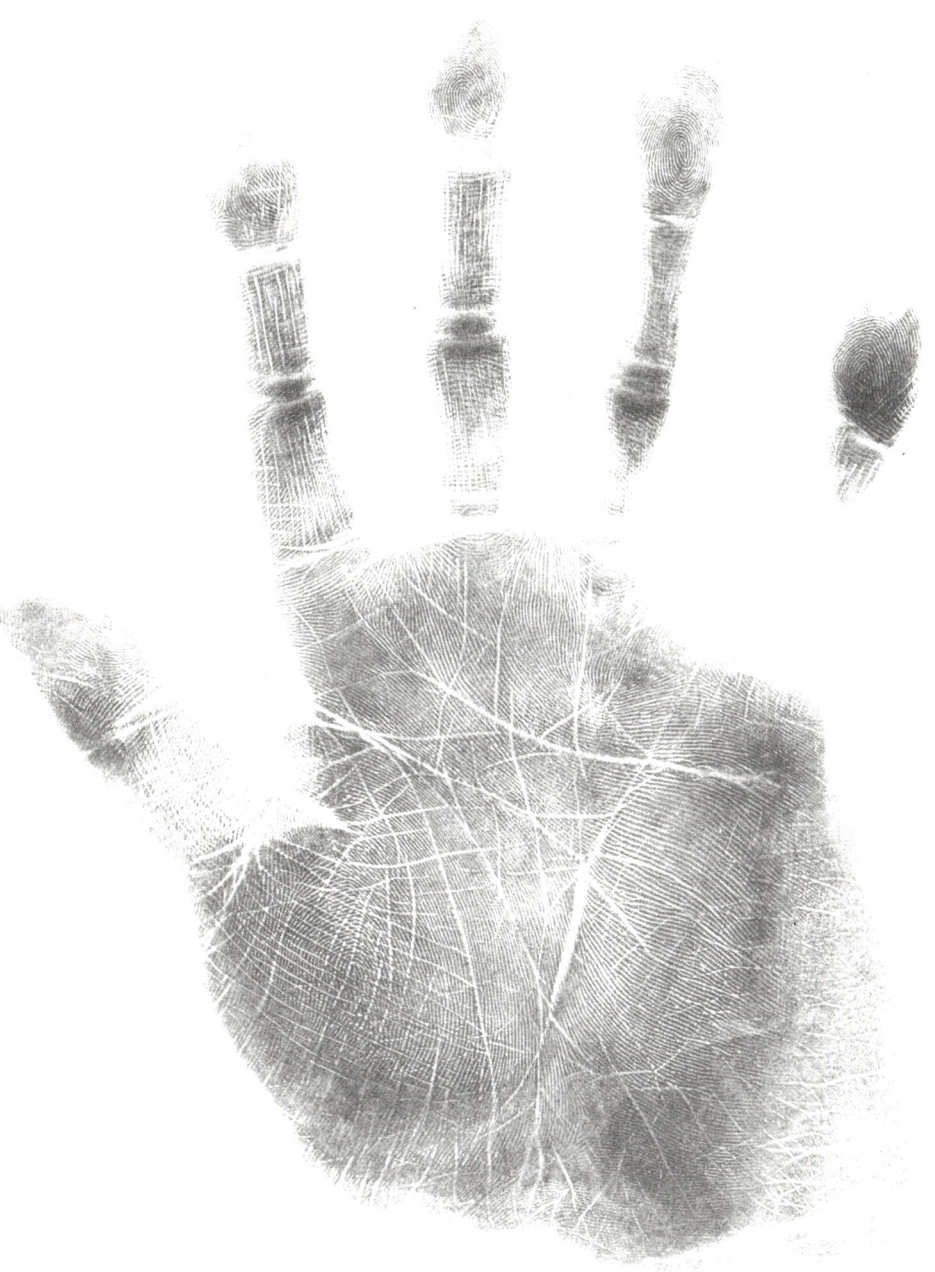

사례분석 실제 사례1 : 앞으로 큰 성공발전이 기대되는 삼지창손금

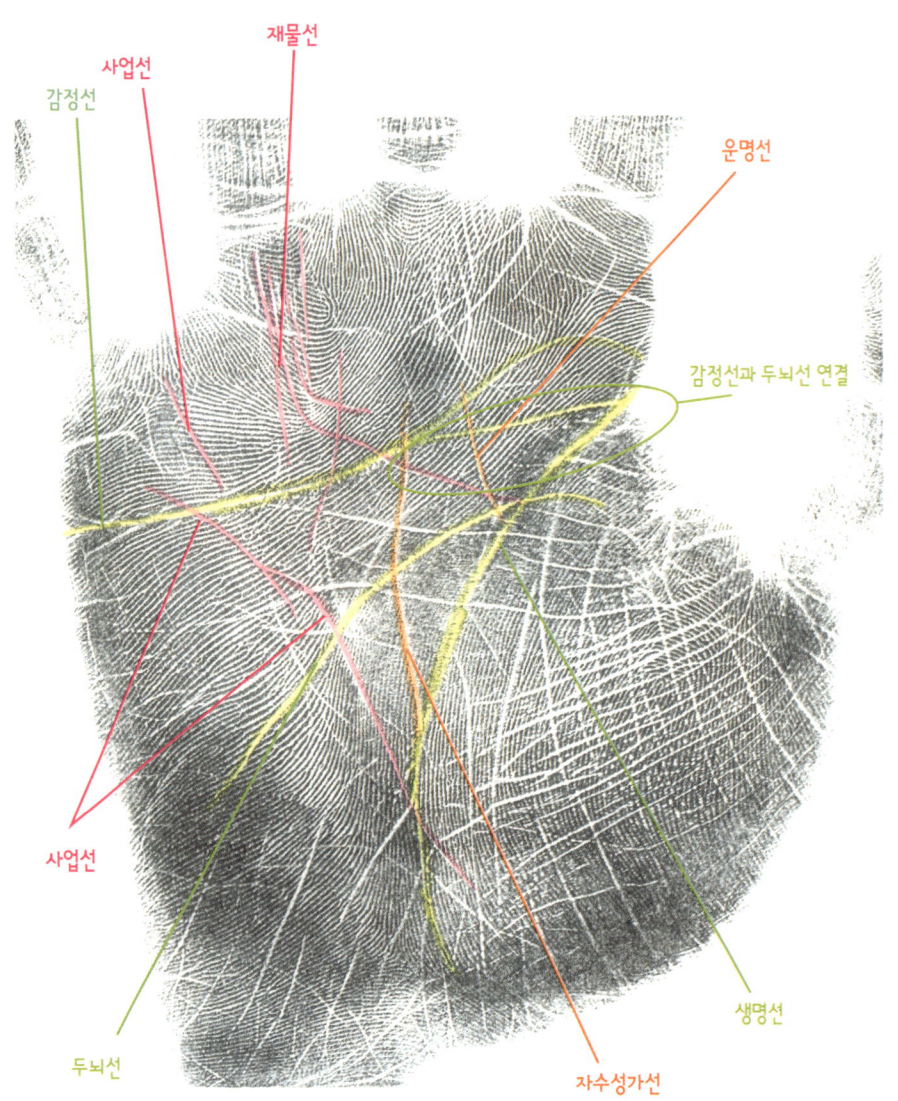

사례분석 실제

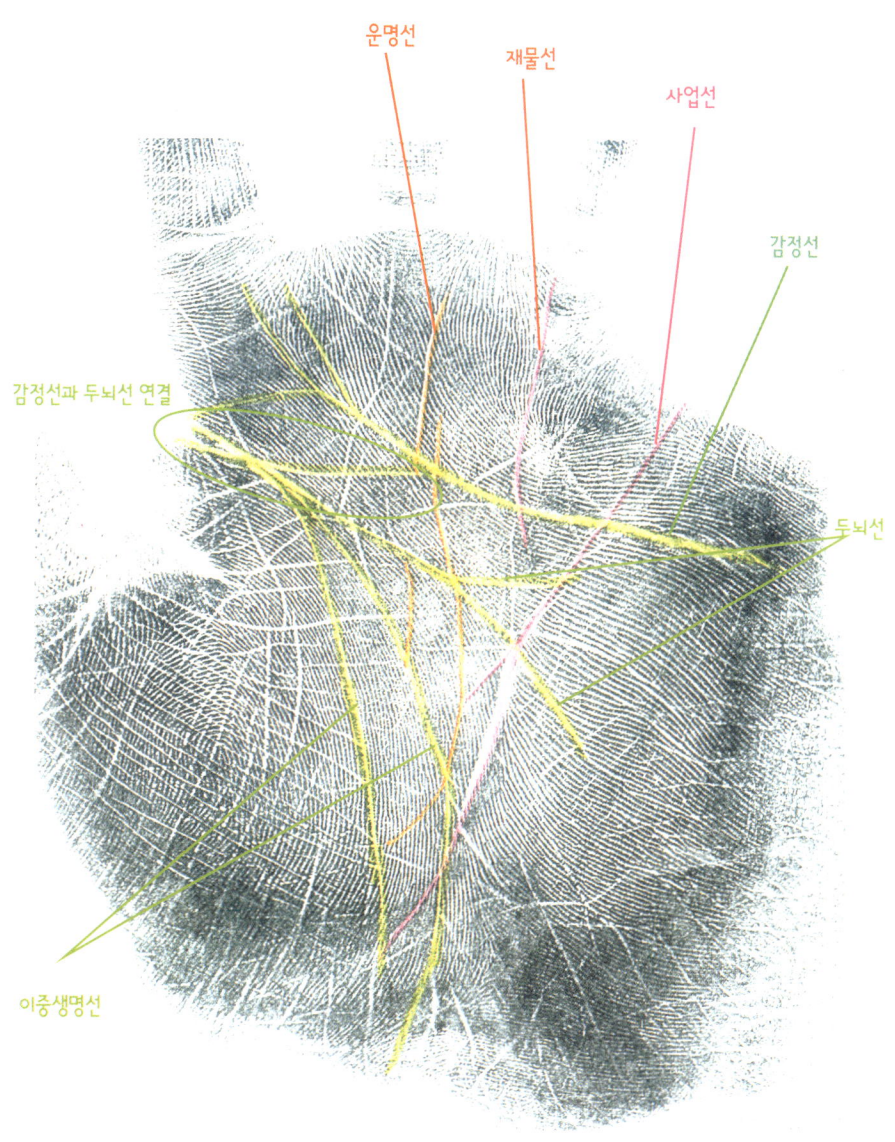

부록 | 실전분석 연습

사례분석 실제　　사례1 : 앞으로 큰 성공발전이 기대되는 삼지창손금

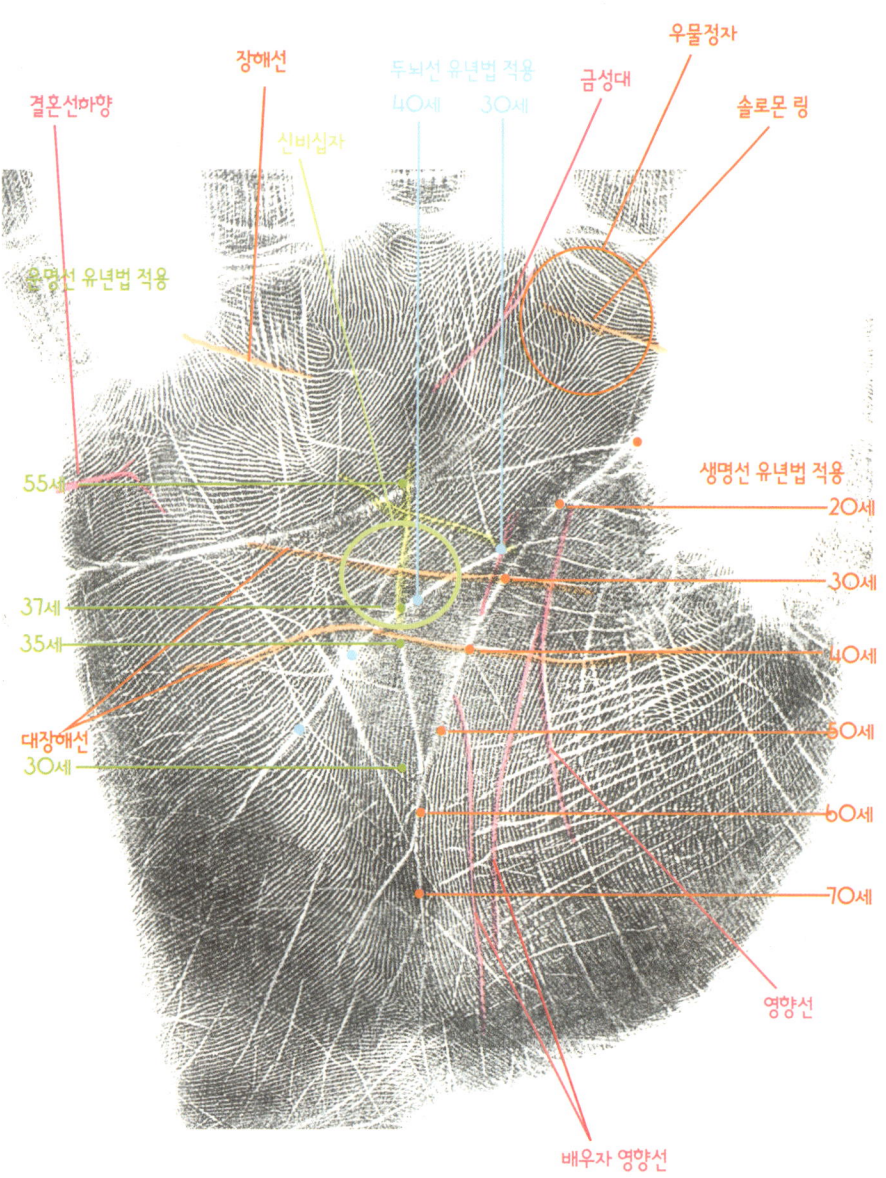

사례분석 실제

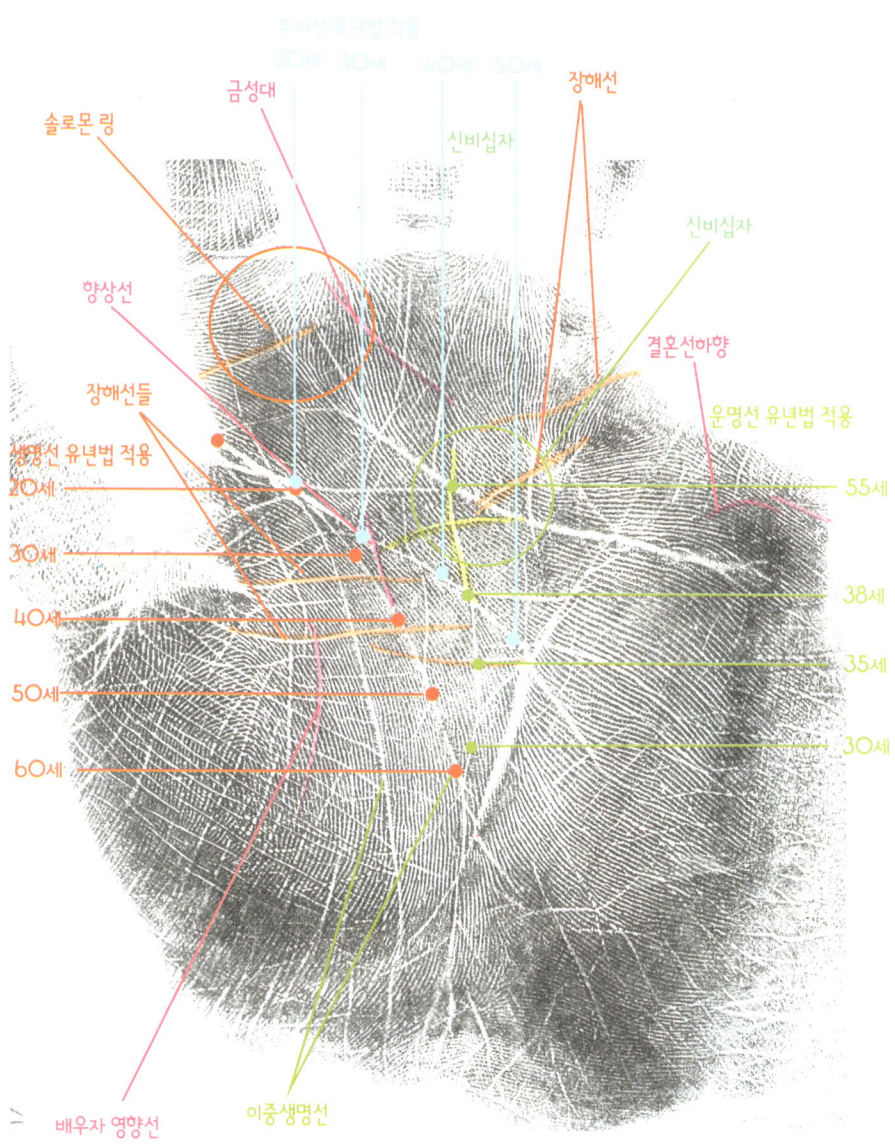

사례분석 실제 사례1 : 앞으로 큰 성공발전이 기대되는 삼지창손금

[신상정보]

o .42살 미혼여성. 학원강사

o .독문학 전공, 경제학 대학원 졸업

o .직업변경을 위해 로스쿨, 약대, 한의대 등의 진학이나 외국유학이 어떨지 궁금

o .결혼운과 부동산운은 어떤지 궁금

[손금상 특징]

o .삼지창손금으로 손금의 주요선이 잘 발달하여 발전가능성이 높아 큰 성공과 명예가 기대됨

o .자수성가선이 주운명선이므로 전문라이센스를 바탕으로 한 자기사업쪽이 바람직함

o .결혼운은 31~32살쯤 지나간 모습이나, 46살 근처에 다시금 기회가 있어 보임. 적극적 노력필요

o .신비십자문양의 아류형태이니 신앙을 깊이 가지고 살아가는게 좋을것임

[손금분석결과]

안녕하세요? 40이면 불혹인데, 아직도 인생길에 고민이 많으시군요. 모쪼록 손금감정결과를 참고하여 앞으로의 인생길을 잘 설계하고 이끌어가시기 바랍니다.

전체적으로 손금을 살펴보니 다음과 같은 특징이 있습니다.

사례분석 실제

첫째, 이 손금은 왼손의 구성은 조금 약하지만, 오른손은 삼지창손금이라고 할 수 있습니다. 중지, 약지, 소지쪽으로 아래서부터 운명선, 재물선, 사업선이 각각 감정선을 넘어서 잘 올라가고 있습니다.

삼지창손금은 좀 드문 편인데요. 인생길에서 남다르게 비범하게 성공하는 사람에게서 많이 발견되는 형태 중 하나입니다. 재물이든 명예든 뭔가 하나는 이룬다고 보면 됩니다. 손금의 골격이나 선의 흐름으로 봐서 상당히 기대가 되는 손금이라고 할 수 있습니다.

그런데, 여기서 왼손의 손금은 자신의 속내면을 나타내고 타고난 운과 좀 먼 미래를 살피는 곳인데요. 여기엔 지치고 의욕이 좀 꺽여있고 인간관계에 배신감이나 아픔이 다소 따르는 모습을 보이고 있습니다.

다시금 마음을 가다듬고 심기일전하여 밝은 미래를 위해 뛰어야 할 것인데요. 지금이 변화의 시기인데, 42~43살에 큰 인생길의 변화를 맞을 모습입니다. 왼손을 보면 43살 근처에 운명선에 별문양 처럼 형성되면서 큰 변화를 암시하고 있는데요.

일단 사고수 같은 것은 좀 조심할 필요가 있을 것입니다. 다사다난하게 보내는 의미가 있지만 해외운이 있고 상당히 바쁘게 보내게 됨을 의미하고 있습니다.

둘째, 자수성가선이 양손 모두 잘 뻗어있는데요. 자수성가선

사례분석 실제 사례1 : 앞으로 큰 성공발전이 기대되는 삼지창손금

도 직업운과 인생길을 나타내는 운명선의 일종입니다. 자수성 가선의 출발점이 생명선 하단부쪽에 위치하고 있어, 전문자격 증을 토대로 자영업을 하는 쪽 보다는 나이가 들어 자신의 사업을 한다는 의미로 보는게 더 적합한듯 합니다.

자기사업에 있어선 운명선이 감정선을 넘어서 있는 것을 중요하게 따지는데요. 지금 오른손 손금의 모습이 양손 모두 감정선을 넘어서 잘 올라가고 있고 그 왼쪽으로 운명선이 두가닥 더 올라가고 있습니다.

바쁘게 산다는 의미가 되며, 두가지 일을 한다는 것인데요. 그 두가지가 서로 연관성이 별로 없고 직업적으로 현저히 다른 쪽이 될 듯 합니다. 하나는 전문기술이나 전문지식으로 직업적 활동을 하는 의미이구요. 기존의 자수성가선이 두뇌선 위쪽으로 계속 잘 뻗어 있는데, 지금 나이대에선 오른손 두뇌선에서 상향지선이 옆으로 강하게 뻗어주고 있네요.

두뇌선의 모습이 경영경제쪽이나 법학, 투자, 금융, 실용적인 쪽으로 재능이 많은 모습입니다. 두뇌선의 선 상태 자체도 강하게 잘 뻗어 있으니 사고력이 명쾌하고 공부를 많이 해주어야할 것입니다.

머리가 좋은 사람들은 뭔가 인생길의 변화를 모색할때 공부를 새로 해보는 쪽을 많이 하죠. 이 손금에선 궁극적으로는 자기사업쪽입니다. 작은 사업이 아니고 좀 규모가 큰 사업쪽에 해

사례분석 실제

당하니 소소한 돈을 버는 쪽의 일들은 별로 어울리지 않는다고 할 수 있습니다.

감정선이 길게 검지쪽으로 뻗어가다가 왼손은 하향하고 있고, 오른손은 하향하는 선과 함께 위로 두가닥의 지선이 뻗어서 검지쪽으로 향하고 있습니다. 후천적으로 타인들을 챙기고 배려해주는 성향이 많아진 것을 나타내구요.

감정선이 하향하면 대개 사람들과의 인간관계로 고민이 많고 사람들에게서 배신이나 상처를 받는 경우도 더러 생기는 편인데, 가까운 사람들과의 비지니스나 돈거래는 삼가하시는게 좋고, 그런게 발생할 경우에 대비해 나름대로 엄격한 룰을 정해서 실천하시는게 필요할 것입니다.

감정선이 긴 사람은 인간관계에 있어 한번 서로 부딪치게 되면, 자제를 잘 못하고 결국 끝장을 보고야 마는 식이 될 수 있으니 다소 주의를 요한다고 하겠습니다.

셋째, 결혼운에 대해선 이미 30~32살에 지나간 모습입니다. 하지만 아직 실망할 필요는 없을 것인데요. 오른손에 좀 늦게 결혼선이 나와있는데, 선의 상태가 좋아보입니다. 왼손은 생명선 안쪽에 배우자를 나타내는 선이 새로 나오고 있구요. 46살쯤으로 보이네요.

그런데 왼손은 자신의 속마음을 나타내는데, 스스로 생각하기를 아무래도 독신을 못면하지 않을까 하는 걱정이 많은듯 하

사례분석 실제
사례1 : 앞으로 큰 성공발전이 기대되는 삼지창손금

네요. 남자들을 봐도 마음이 잘 열리지 않을듯도 하구요.

이런 타입은 연하남이 좋습니다. 어중간하게 서너살 차이나는 정도로는 남편에 대한 존경심이 잘 들지 않을 것입니다. 후천적으로 마음이 좀더 세심해지고 타인에 대한 배려심도 많고, 교양미와 미적 센스도 뛰어난듯 하니 품격 높고 인격이 갖추어진 사람을 만나야 할 것입니다.

독립적 두뇌선이라서 국제결혼도 좋습니다. 못할 게 없죠. 내년에도 운명선의 변동을 만들어내고 있으니 결혼하기에 좋은 운이 전개되는 시기가 될 수 있습니다.

네째, 그런데 이 손금은 신비십자의 아류로 볼수 있는데요. 신비십자 자체의 영향력은 좀 적은듯 하지만 일찍 종교를 가지는 게 좋고, 뭔가 일이 잘 안돌아갈 때엔 기도나 수양 등 신앙적인 방법으로 길을 헤쳐가면 될 것입니다. 손금의 모습으로 보아선, 누군가 님의 집안에서 님을 위해 많은 기도를 해준 사람이 있지 않나 하는 추정이 되네요.

다섯째, 손금상 사업선과 횡재선이 발달해 있으니 땅이나 집 등의 부동산투자에 관해 관심도 가지고, 공부도 자꾸 좀 해놓는게 좋을듯 합니다.

두뇌선 상향지선은 돈버는 재능을 의미합니다. 부동산이나

사례분석 실제

증권쪽에서 성공할 수 있는 것인데요. 지금 시기에 그게 나와있으니, 뭔가 공부를 좀 더한다고 하면, 상업 사업 금융 투자 등과 같은 쪽으로 관심을 두시면 좋을듯 합니다.

손금이 잘 갖추어지고 좋은 분들은 상당히 적은데요. 손금의 모습이 좋으니 본인 스스로 자신감과 자기확신을 가지고 매진하면 반드시 성공을 이루어낼 수 있을 것입니다.

이상으로 손금을 살펴봐드렸습니다. 손금감정결과를 참고하여 인생을 복되게 잘 살아가시길 기원드립니다. 그럼, 안녕히..

[손금상담결과 평가] ★★★★★

세심하고 명석하게 봐 주셔서 믿음이 갑니다. 손금만의 묘미를 알것 같습니다.

사례분석 실제　　사례2: 직업적으로 바쁘게 살아가면서 복을 만들어가는 손금

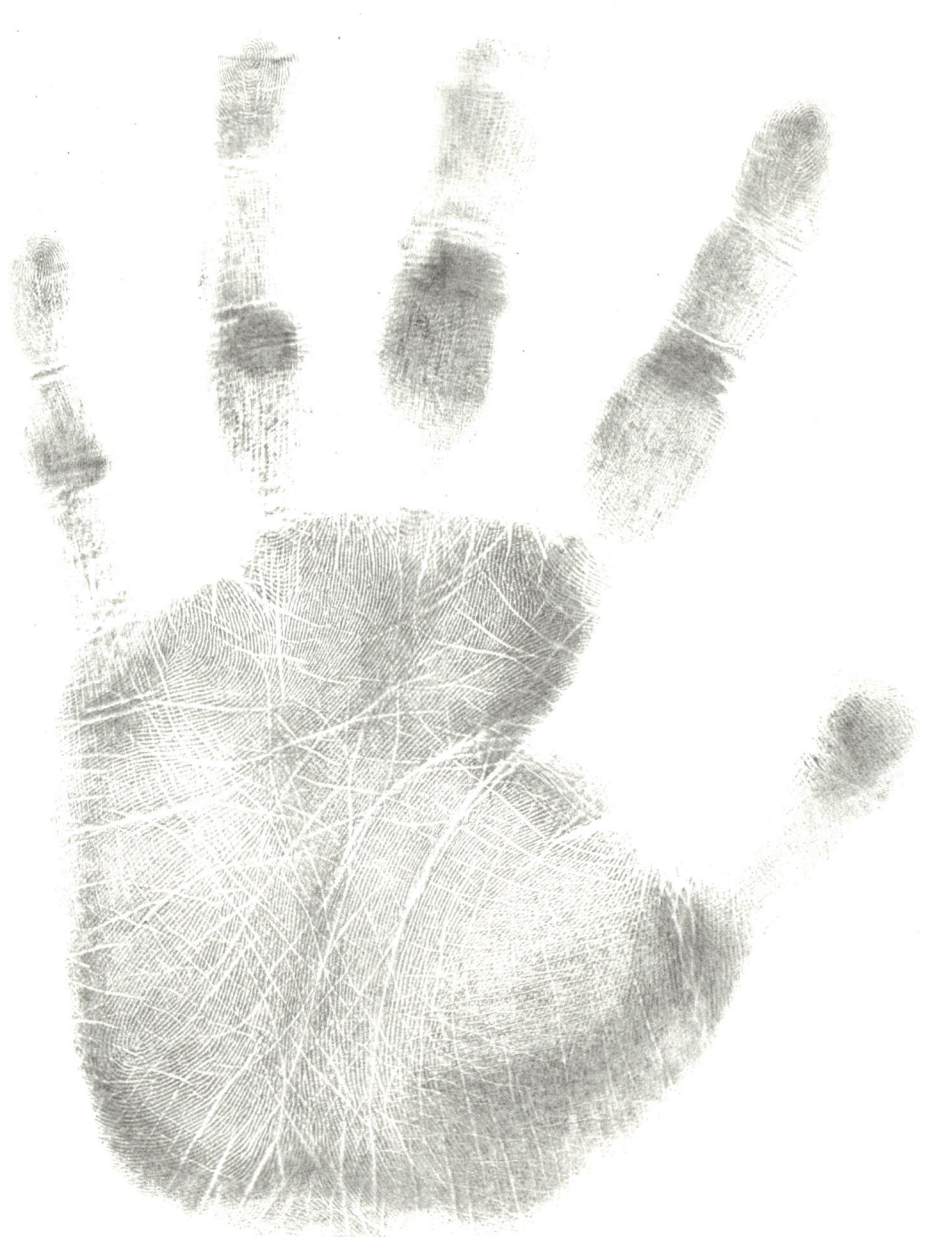

사례분석 실제

사례분석 실제　사례2: 직업적으로 바쁘게 살아가면서 복을 만들어가는 손금

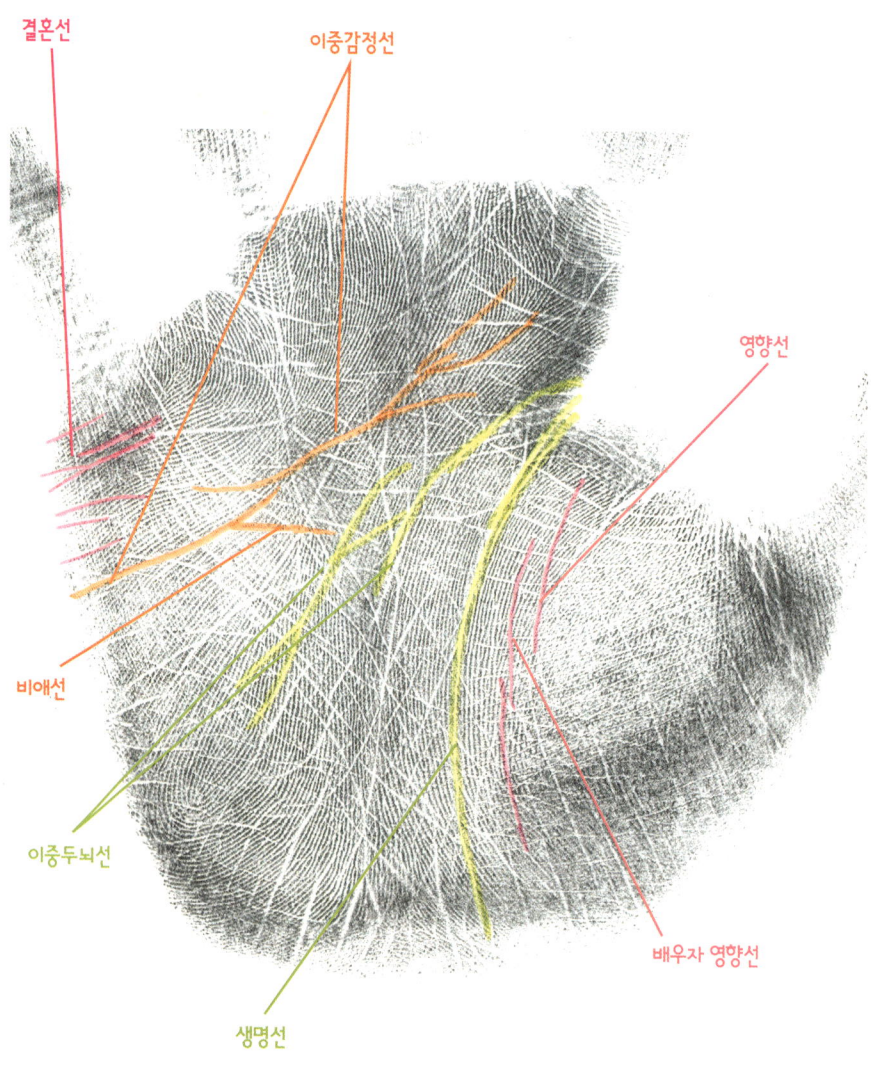

사례분석 실제

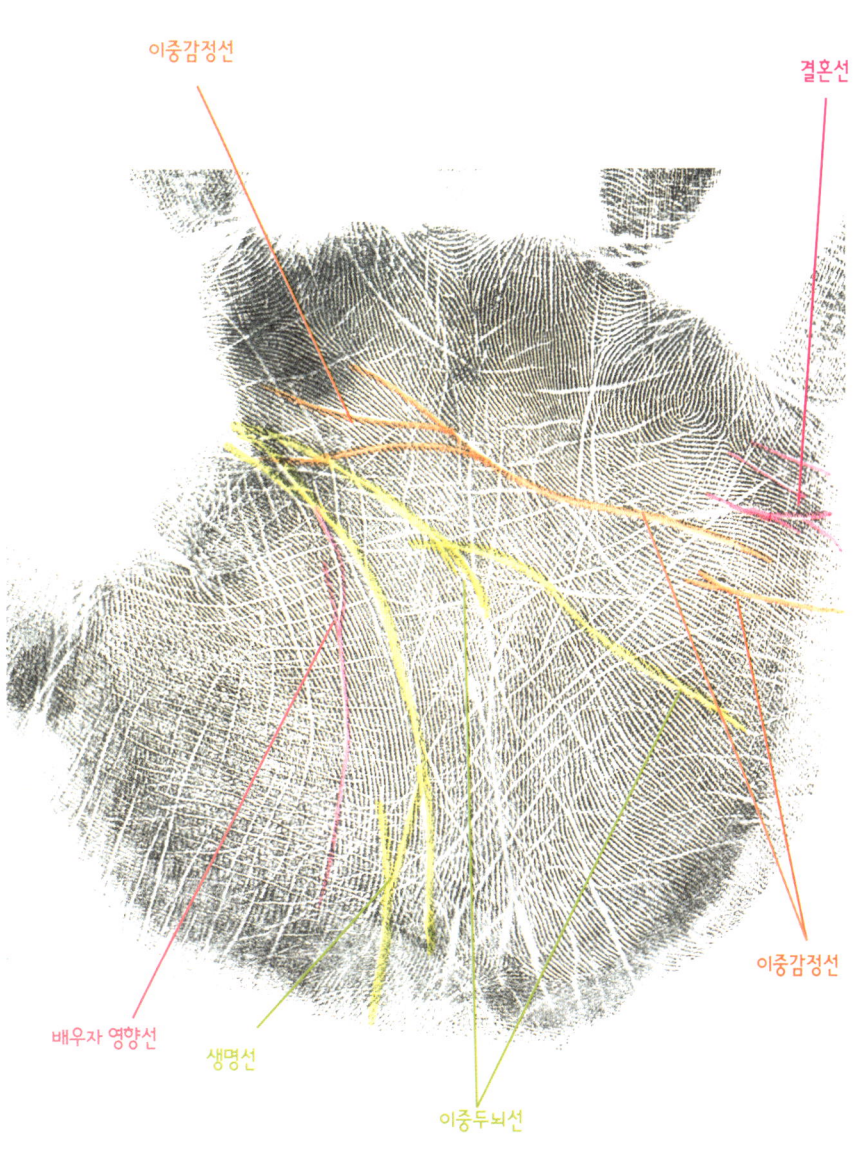

부록 | 실전분석 연습

사례분석 실제　사례2: 직업적으로 바쁘게 살아가면서 복을 만들어가는 손금

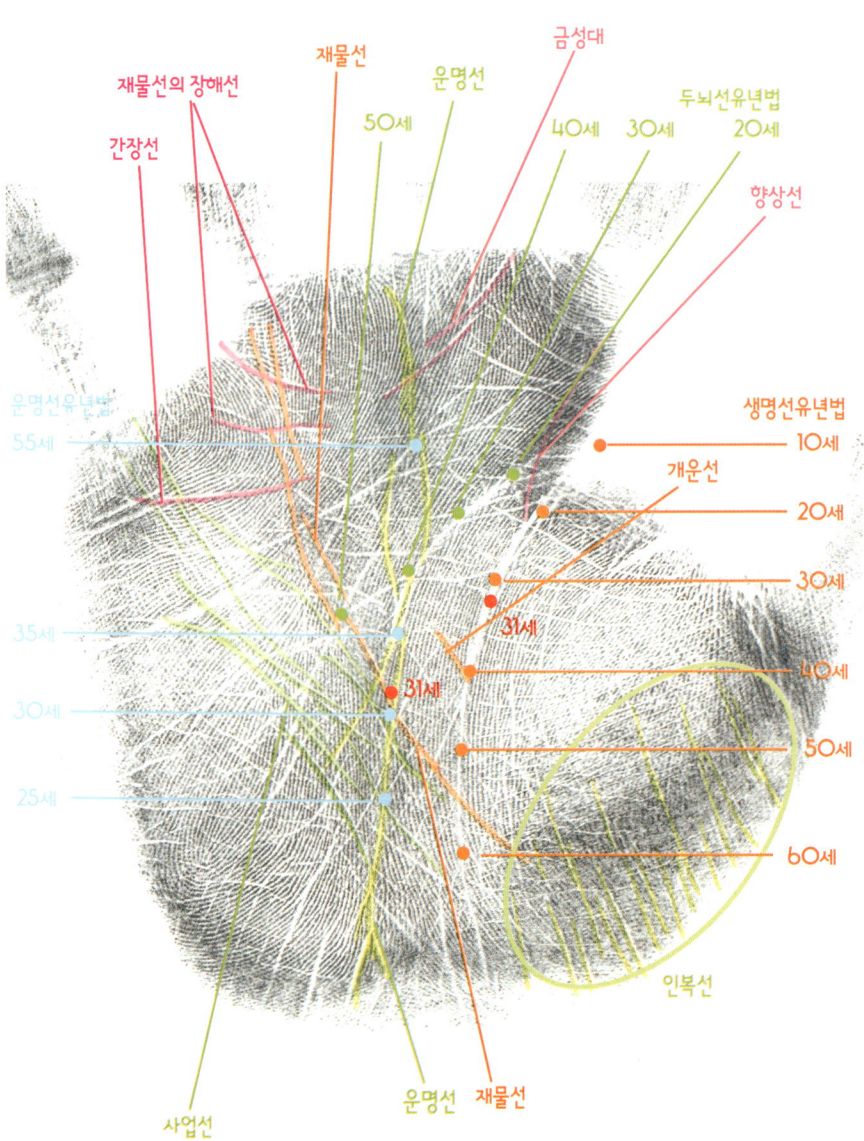

사례분석 실제

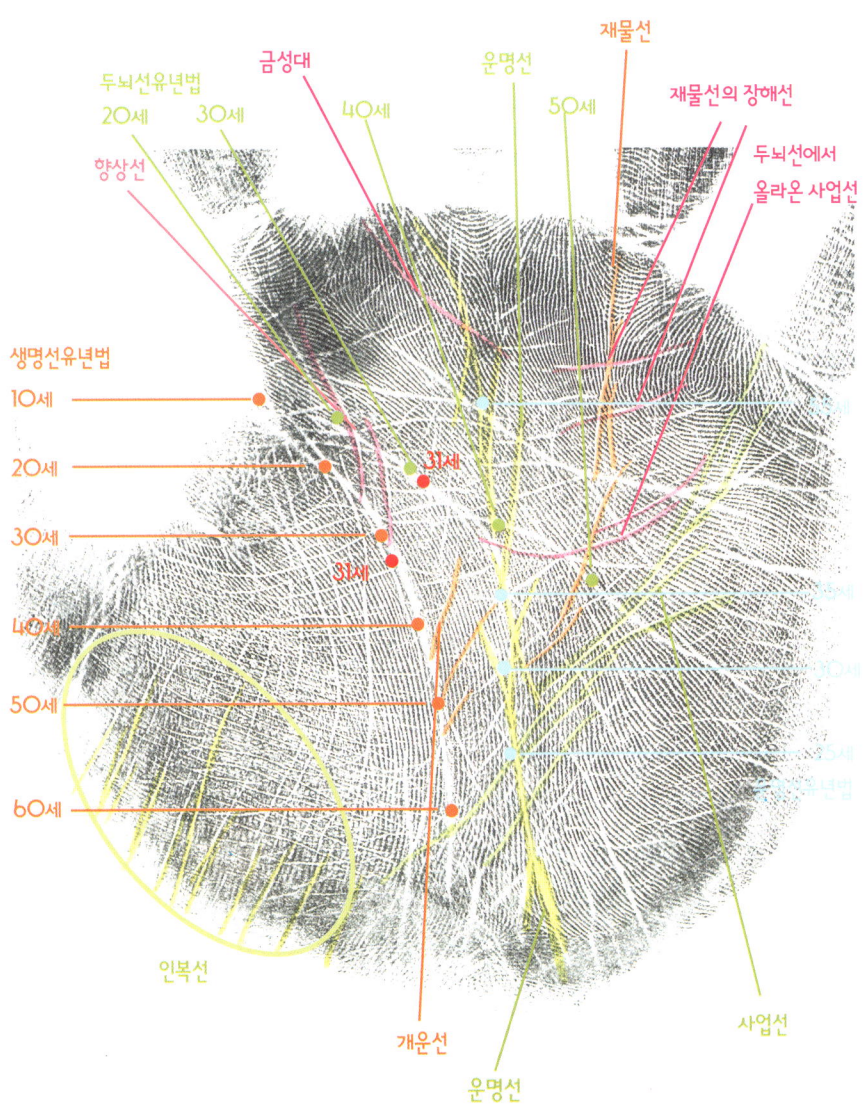

부록 | 실전분석 연습 299

사례분석 실제 사례2: 직업적으로 바쁘게 살아가면서 복을 만들어가는 손금

[신상정보]

- 31살 주부. 26살때 결혼. 부동산중개업.
- 하고 싶은 일이 많아 아동복 가게나 피부관리 가게를 하고 싶은데 잘 맞을지 궁금

[손금상 특징]

- 독립적 두뇌선. 왼손 두뇌선이 월구로 일찍 하향하며 제2화성구로 지선이 뻗음
- 운명선이 길고 2~3가닥 발달하여 일을 계속하는게 좋고, 2가지 정도의 일을 병행하는 것도 좋음
- 32살부터 재물운과 사업운이 순탄해지는 모습이니 열심히 노력하여 성공을 일구어가면 좋을 것임
- 이중감정선이라서 부부운엔 다소 주의해야 할 것인데 특히 34~35살엔 조심필요
- 더블신비십자문양으로 일찍 신앙심을 가지고 조상이나 선산을 잘 돌보는게 필요
- 사업운과 재물운이 좋으며 인복이 있을 모습

[손금분석]

안녕하세요? 앞길에 대한 궁금증 때문에 손금감정을 의뢰하신것 같은데요. 제가 객관적으로 살펴봐드리도록 하겠습니다. 전체적으로 손금을 살펴보면 다음과 같은 특징이 있습니다.

사례분석 실제

　첫째, 양손의 모습이 복스럽게 통통하며 선들이 굵고 진한 편이네요. 아마 땅의손 같은데요. 이런 손은 근심걱정 하지말고 그냥 낙천적으로 밝게 살아가는게 오히려 더욱 복을 불러온답니다. 고민을 자주하면 손바닥에 장해선들이 많이 나타나게 되니 좋을게 없습니다.

　둘째, 기본삼대선에 해당하는 선들이 모두 선명하고 굵고 길게 뻗어있는데, 두뇌선과 감정선은 좀 특이형태에 속하므로 스스로의 특성을 잘 이해하고 계실 필요가 있습니다.

　두뇌선은 양손 모두 생명선과 조금 떨어져 시작하는 모습이라 구속, 속박감을 싫어하고 권위의식이나 전통적 가치관 등에 얽매이고 싶어하지 않는 타입입니다. 결혼후에도 남편이 벌어다주는 것에 의존해서 살아가는 것을 무척 싫어하므로 스스로 나가 일을 해서 직접 버는게 좋죠.
　그리고 이런 독립적 두뇌선은 직장생활쪽 보다는 자영업쪽이 좋고, 굳이 직장생활을 한다면 간섭이나 속박이 적고 본인의 실적에 따른 성과급을 받는 식의 직업을 가지는게 좋습니다. 예를 들면 보험영업 같은게 되겠죠.

　두뇌선이 선명하고 굵지만 그 주된 방향이 손목쪽으로 일찍부터 휘어지고 있습니다. 양손이 다 그런 모습인데요. 이것은 미인이나 이상한 매력을 풍기는 분에게 많은 형태이기도 한데, 예능적 재능이 뛰어나거나 남다른 재능이 있는 분이 많습니다.

사례분석 실제 사례2: 직업적으로 바쁘게 살아가면서 복을 만들어가는 손금

여기에 손바닥 옆면의 제2화성구로 뻗는 두뇌선 지선이 한가닥 길게 나와있으니 경영경제 분야에 관심이 많고 분석력, 기획력이 뛰어나며 상업 사업적, 실용적, 현실적 분야에 대한 재능이 뛰어날 것으로 보입니다. 사업수완도 좋을 것으로 보이구요. 오른손엔 두뇌선에서 소지쪽으로 올라가는 상향지선도 나와 있어서 사업적 재능이 남다를 모습입니다.

세째, 기본삼대선 중에서 감정선은 감정성향과 심장기능을 보는곳인데요. 이게 이중감정선 형태입니다.

이중감정선은 성격적으로 좀 복잡한 양면성을 가지게 되는 것을 말하는데요. 전체적으로 보면 선이 길고 끝의 갈래수가 많기 때문에 맏딸, 맏며느리 타입의 후덕하고 마음씨가 고우며 이해심이 많고 눈물 많고 정이 많은 그런 타입이라고 하겠습니다. 그런데 짧은 감정선도 함께 있으니 어떤 인간관계에 있어서 서로 위기상황이 닥치면 갑자기 사람이 달라진듯이 냉정하고 소심하고 이기적인 태도가 나올 수 있습니다.

종종 이런 양면적 성향으로 인해 인간관계에 위기가 생길 수 있으므로 부부운에 있어서도 이혼확률이 좀 높은 편에 속하니, 스스로의 특성을 잘 알고 조심하며, 상대방에게도 이런 나의 특성을 잘 이해시켜서 오해가 없도록 할 필요가 있을 것입니다.

네째, 운명선이 길고 2~3가닥이 함께 올라가는 모습인데요. 보통 동시에 두세가지 일을 하는 것을 말합니다. 주부역할도 하

사례분석 실제

나의 직업으로 칠 수 있으니 나머지가 내 직업적 활동이 되는 것이죠.

재물선도 두가닥 정도는 올라가고 있으니 돈버는 쪽의 일을 두가지 정도 병행해서 가져갈수 있을듯 합니다. 한가지 일만 한다면 사업장이 두개일수 있다는 의미이구요.

내년부터 재물운과 사업운이 순탄해보이니 열심히 노력하여 가시면 좋은 성과를 얻으실 수 있을 것으로 보입니다. 이 손금은 열심히 노력해서 돈을 벌어가면 남부럽지 않게 잘 살수 있을 가능성이 많은 손금이거든요.

다만, 사업적으로 34~36살은 조금 주의하면서 지나가야할 것으로 보입니다. 그 시기에 가정문제 또는 결혼생활문제가 생길 가능성이 좀 있고, 또 운명선 자체가 두뇌선을 지나는 시기에 해당하여 풍랑이 거쎌수 있는 구간이기 때문에 속도를 줄이고 조심조심 지나는게 좋을 듯 합니다.

다섯째, 부부운을 나타내는 결혼선이 여러가닥이고, 생명선 안쪽에 배우자와의 관계를 나타내는 선이 약간 불안정한 감이 있으니 앞에서 말한 30대 중반무렵은 서로 틈이 생기지 않도록 특히 주의하면서 보내시기 바랍니다.

여섯째, 오른손에 신비십자문양이 나와있네요. 신비십자문양은 여러가지 신비한 인생길의 특성을 만들어내는 것인데, 신

사례분석 실제 　사례2: 직업적으로 바쁘게 살아가면서 복을 만들어가는 손금

비십자문양이 있으면서 맏딸, 맏며느리가 되거나, 맏이가 아니더라도 집안을 돌봐야하는 처지에 있거나, 남편이 역시 그러한 경우에는 조상이나 선산을 돌보는 일에 신경을 좀 많이 써야하는 표시라고 보시면 됩니다.

대개 꿈을 꾸면 잘맞고, 중요한 일을 미리 꿈으로 알려주며, 누군가 자신을 지켜주는 듯 하여 크고작은 사고에서 몸을 잘 다치거나 상하지 않고, 기도빨이 있는 등 남다른 영적인 재능이 있는 사람이 많죠. 따라서 일찍 종교를 가지고 살아가는게 좋다고 봅니다.

검지 아래에 솔로몬링도 큼지막하게 나와있는데요. 리더십이 있고 명예를 소중히 한다는 의미가 있습니다. 사람에 대한 첫인상이 잘 들어맞는 편이구요.

일곱째, 귀인선들이 30대 중반 이후부터 올라가고 있고 인복선도 나와있는데요. 귀인선은 신용과 믿음을 지켜야하며, 어떤 어려움이 오더라도 좌절하거나 포기하지 말고, 그리고 열심히 노력하면 반드시 성공한다는 좋은 손금입니다. 사업가에게 있어선 꼭 필요한 손금으로 보이지 않는 조상의 음덕이 나를 도와준다는 의미도 있습니다.

인복선은 엄지 아래의 금성구에 나온 선인데요. 아직 굵기는 좀 약해 보이지만 선이 여러가닥이라서 발전가능성이 많네요.

사례분석 실제

인복관리에 좀더 노력하시면 나중에 내게 큰 도움이 될 것입니다.

여덟째, 직업적성에 있어선 땅의손이시니 땅과 관련된 직업도 괜찮아 보이지만, 금성대 모양이 예쁘니 피부관리쪽도 좋아 보입니다. 금성대가 중지 아래에 나온 분들은 교양미가 있고 매너가 좋으며 미적감각이나 유행감각도 있으니까요.

그리고 직업적성을 볼 때 두뇌선을 중요하게 보는데요. 두뇌선이 휘어진 모습이니 투자나 금융쪽 보다는 아무래도 서비스업쪽이나 손재주나 기능을 익혀서 쓰는게 좀더 적성에 맞을 듯 합니다.

아홉째, 소지의 결혼선 근처에서 태양구 쪽으로 간장선이 나와있는데요. 간에 피로독소가 쌓이지 않도록 주의하셔야하고, 횡재선을 자르는 모습을 하고 있으니 계약관계를 꼼꼼히 잘 체크하여 분쟁 같은게 생기지 않도록 하여야 할 것입니다.

이상으로 손금을 살펴봐드렸습니다. 앞으로 좋은 일 많이 생겨나길 기원드리겠습니다. 안녕히..

[손금상담결과 평가] ★★★★★

감사합니다. 궁금증도 많이 풀렸구요. 제가 알쏭달쏭 했는데 객관적으로 설명해 주시니 제가 결정짓는데 도움이 많이 된것 같아요. 감사합니다.

사례분석 실제 사례3 : 막쥔손금 아류인데 전문직종에서 머리로 승부하면 좋을 손금

사례분석 실제

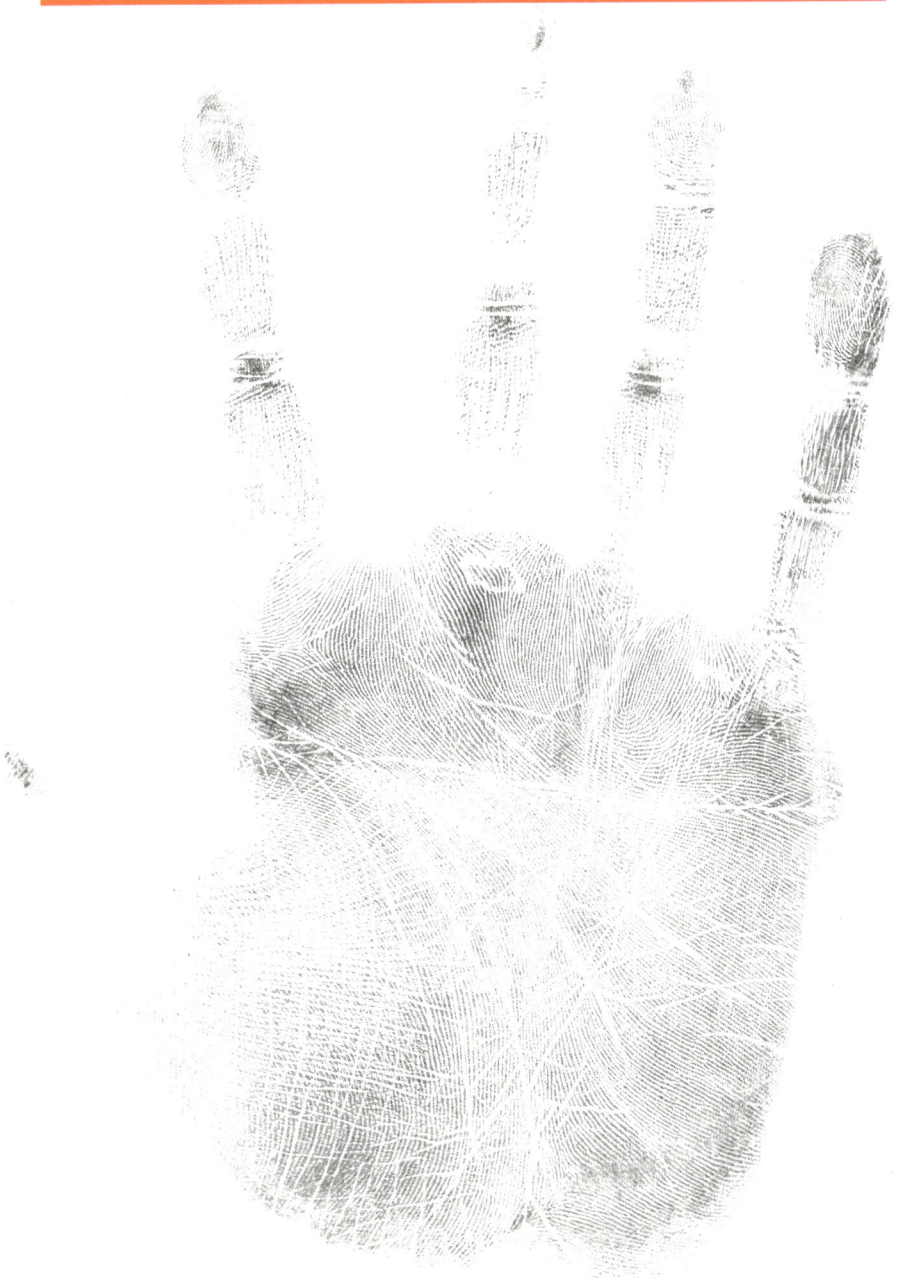

사례분석 실제 사례3 : 막쥔손금 아류인데 전문직종에서 머리로 승부하면 좋을 손금

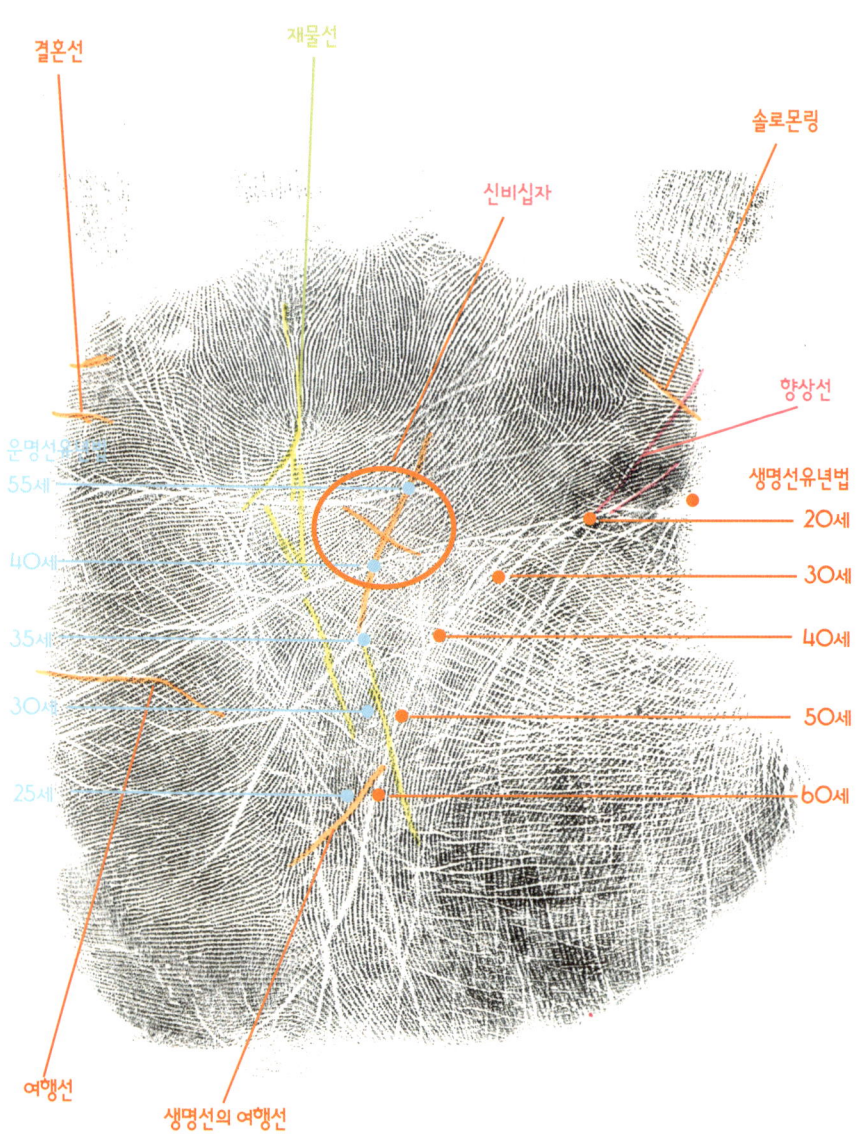

308 손금의 정석

사례분석 실제

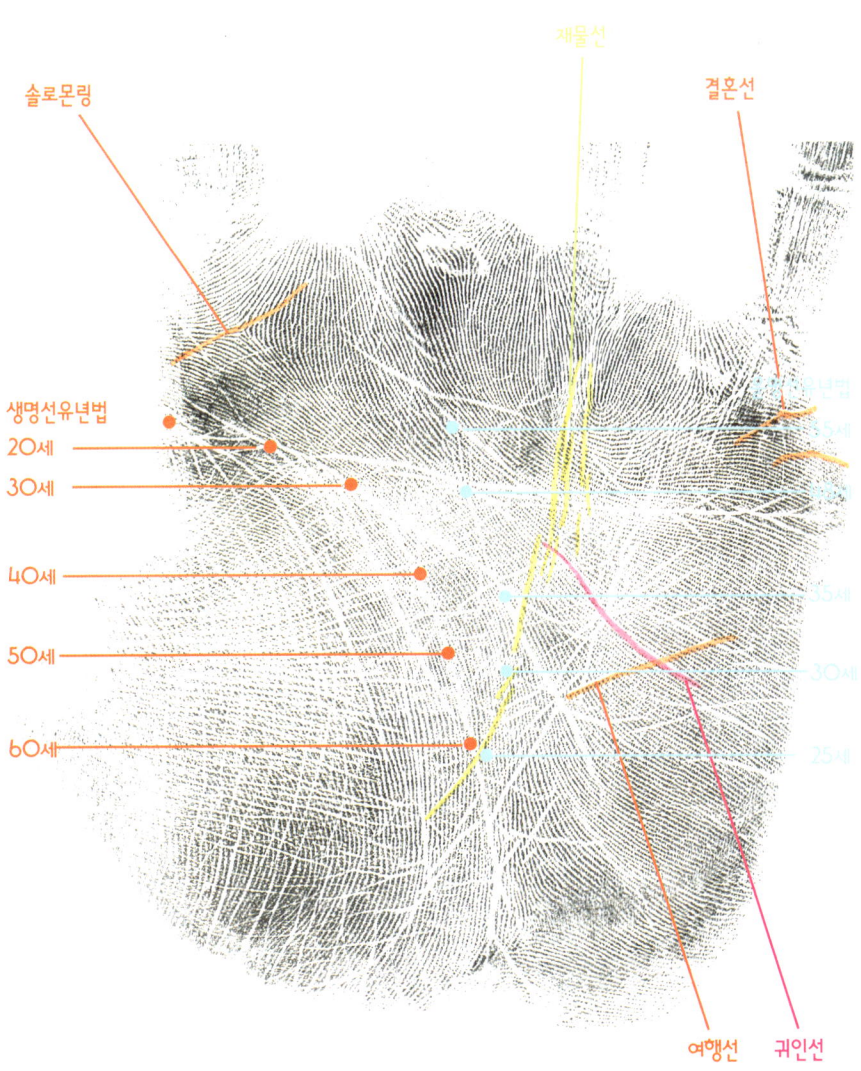

사례분석 실제   사례3 : 막쥔손금 아류인데 전문직종에서 머리로 승부하면 좋을 손금

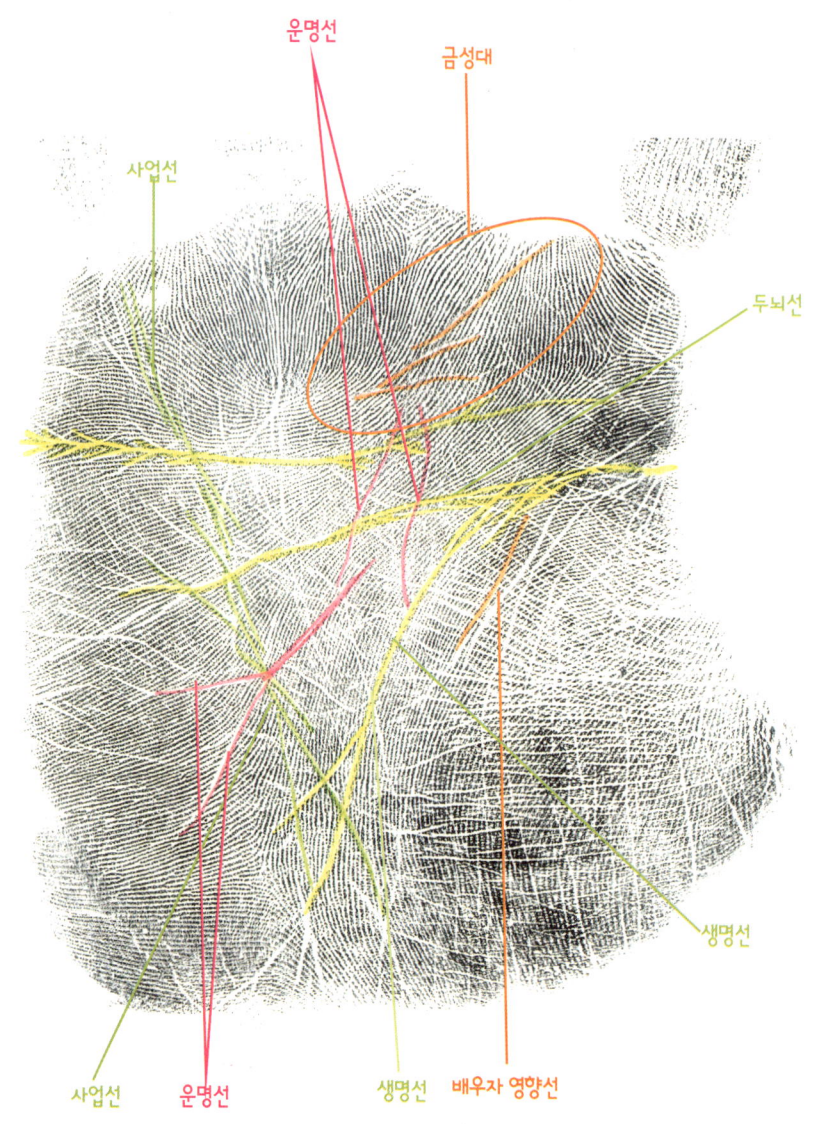

사례분석 실제

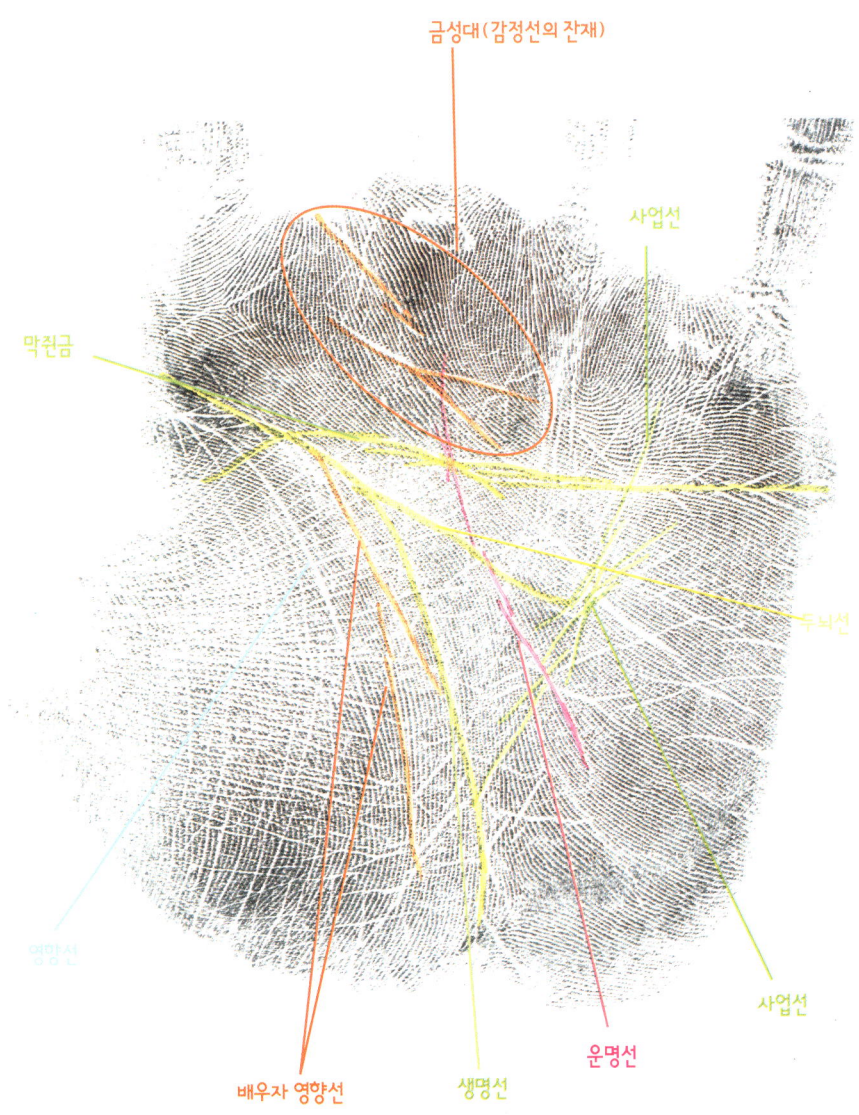

부록 | 실전분석 연습

사례분석 실제 사례3 : 막쥔손금 아류인데 전문직종에서 머리로 승부하면 좋을 손금

[신상정보]

o. 23살 미혼 남성, 경영학과 재학생.

o. 졸업후 금융계 쪽으로의 진로희망. 금전운, 성공운, 연애운, 건강상 주의할 점 등 궁금

[손금상 특징]

o. 오른손이 감정선이 두뇌선을 끊는 모습의 막쥔손금 아류에 해당하며, 이중두뇌선 구성임

o. 왼손 두뇌선이 길고 감정선도 길고 직선적이라 공부를 충분히 하여 전문직종에서 활동하는게 좋음

o. 막쥔손금 구성이 불안정하여 두뇌선과 감정선이 부딪히는 시기엔 주의필요

o. 30살 이후 직업운이 안정적 성장발전 예상됨. 35~36살 직업적 변동예상

[손금분석]

안녕하세요? 아직 대학생인데 졸업후의 미래 인생길이 궁금하여 손금감정을 의뢰하셨군요. 제가 객관적으로 손금을 분석해드릴테니 앞으로의 인생길에 참고하시기 바랍니다. 전체적으로 손금을 살펴보면 다음과 같은 특징이 있습니다.

첫째, 이 손금은 오른손의 구성이 막쥔금인지 아닌지를 제대

사례분석 실제

로 구분하는게 중요한데요. 막쥔금 구성은 아니지만 그 아류로 볼수 있습니다. 즉, 막쥔금은 감정선 두뇌선이 서로 녹아 들어가서 한 선으로 되는 것을 말하는데요. 이 손금에선 두뇌선이 한가닥 남아있고, 일자를 이루고 있는 선도 두뇌선과 감정선이 서로 분간될 정도로 보이고 있기 때문입니다.

 이런 구성일 경우, 막쥔금의 성향도 나오지만 두뇌선과 감정선이 접점을 이루는 부위는 정신적 또는 건강적으로 불안정해질 수 있기 때문에 주의를 해야 좋습니다.

 둘째, 오른손의 손금이 막쥔금 아류인데다, 그 아래에 두뇌선이 직선형으로 나와 있고, 위의 막쥔금을 이룬 두뇌선도 살짝 그 아래로 삐져나와서 두뇌선을 만들려고 하는 모습입니다.
 직선형 두뇌선은 분석력 논리력 추리력이 좋다는 것이며, 막쥔금은 강렬한 성공욕구와 집중력을 나타내며, 두뇌선이 하나 더 연결되려는 것은 처세에도 능하고 머리회전이 비상하다는 의미가 됩니다.

 당연히 머리로 승부를 걸어야겠죠. 뭔가 남다른 특이재능이 분명 있을 것이며, 두뇌가 멀티프로세싱이 된다는 것이니 젊은 시절에 힘써 힘든 시험에 도전하고 중요한 자격증들도 확보해 가면서 사회적 성공의 발판을 조기에 마련하여야 할 것입니다.

 셋째, 왼손의 두뇌선은 직선형으로 약간 곡선을 이루면서 내

사례분석 실제   사례3 : 막찍손금 아류인데 전문직종에서 머리로 승부하면 좋을 손금

려가고 있으며 감정선이 길게 검지 아래까지 뻗어 있습니다.
　감정선의 모습을 보면 감정적 성향이 좀 지나친 감이 있습니다. 자기아집이 있는 편이라서 뭔가 감정적인 것이 뒤틀릴 경우 끝장을 보자는 식이 되기 쉬운 구석이 있는데요. 대인적 품격으로 평탄한 인생길을 걸어가자면 스스로의 마음을 잘 제어하고 다스릴 수 있어야 할 것입니다.

　그리고. 감정선 위쪽으로 금성대가 두세가닥 나와있는데요. 금성대는 끼, 미적감각, 주색잡기를 나타내는데요. 감정선이 이미 길어서 지나치기 때문에 금성대의 이런 모습은 감정선을 더욱 채워주는 역할을 하므로 불필요한 것이지요. 따라서 금성대를 다스려 가야할 것인데요.

　금성대의 기운을 심미적 예술적 취향으로 고급화시켜가면 저속한 쾌락적 탐닉에 집착치 않게될 것입니다. 주색을 좋아하는 성품 보다는 약간의 풍류적인 기질로 보되 음악이나 예술적인 방면에도 관심이 많은 쪽이 되면 품격이 높아지겠죠

　이렇게 감정선과 금성대를 잘 제어하게 된다면, 즉 내 마음속 과 저급한 기운을 잘 제어하고 다스리게 된다면, 아마도 감정선 위쪽으로 운명선이 금성대와 붙어서 검지쪽으로 '∫'자 모양으로 휘어질 것으로 생각됩니다. 그것은 대중을 위해 봉사하며 명예와 지위가 따르고 추종자가 많아진다는 의미가 됩니다. 직업적으로는 선생이나 공직자, 사회사업가가 많은 편이구요.

사례분석 실제

긴 감정선은 막쥔금의 성향과 더불어서 남 밑에서 일하기 어려운 특성을 나타냅니다. 작은 조직은 잘 맞지가 않죠. 그렇지만 이것은 큰 조직의 회사로 가거나 전문직종에서 활동하면 되는 것이라서 어떻든 그런 쪽으로 직업운이 풀리게끔 노력을 해야 할 것입니다.

네째, 생명선은 양손이 모두 이중생명선의 구조를 보이고 있는데요. 생명선 안쪽으로 보조생명선이 자리를 잡고 있습니다. 이런 사람들은 사고나 질병에 매우 강한 편이라서 조상의 음덕을 많이 받고 있다고 보통 얘기한답니다. 다만, 이 생명선이 아랫쪽으로 가서는 손목쪽으로 휘어감고 돌아가는게 아니라서 나이가 들면 혈압적 소인이 생길수 있으니 너무 비만해지지 않도록 주의해야겠죠.

다섯째, 결혼운은 31살 무렵이 좋아보이는군요. 28살 무렵에도 인연은 있어 보이지만 이때가 좀더 안정된 모습으로 나와있습니다. 결혼후에 경제적으로 안정되며 직장운도 좋은 모습이니 결혼상대를 잘만날 것으로 예상됩니다.

결혼상대는 자주 얼굴을 보고 얘기하는 상대중에 정하게 될 가능성이 높으니 직장동료라든지 친구 여동생이라든지 동호회 멤버라든지 할 가능성도 많습니다.

여섯째, 막쥔금아류의 구성상 24살~25살 무렵과 45살 무렵

사례분석 실제 사례3 : 막쥔손금 아류인데 전문직종에서 머리로 승부하면 좋을 손금

근처가 되면 정신적 스트레스를 가급적 피하는게 좋을 것입니다. 사고수나 급병수도 조심해야할 것이구요. 그런 시기엔 집안에 우환이 생기기도 쉬우니 참고하시구요.

일곱째, 운명선의 모습이 35살~36살 근처에 한차례 굴곡을 만들고 있어서 직업적 진로나 생활상의 큰변화가 따를수 있어 보입니다.

30살 넘어서 부터 재물선이 양손 모두 진하게 올라가고 있고 사업선도 강하니 직업운이 안정적으로 쭉 뻗어가는 모습이라 인정도 많이 받고 승승장구하는 좋은 시기가 되지 않을까 기대됩니다.

막쥔금에 있어선 운명선이 막쥔금을 넘어가는 것을 귀하게 여기는데요. 오른손의 모습은 운명선이 막쥔금을 무사히 잘 넘어가는 모습이며, 생명선도 상태가 좋으니 필경 직장에서 크게 성공할 수 있는 가능성이 높다고 하겠습니다.

뭐, 듣기 좋아라고 드리는 말씀이 아니구요. 이런 손금으로도 제대로 성공을 못한다면 노력부족이라고 밖에는 설명하기 어렵다는 말이 되겠지요. 생명선 상에서 보면 42살 근처에 개운선이 쭉 올라와 있으니 40대 초반이 되어서 더욱큰 발전이 있지 않을까 기대됩니다.

사례분석 실제

　여덟째, 인복선이 나와있지만 아직 좀 약합니다. 사회적으로 굵직하게 성장하려면 인복을 잘 관리하는 법을 터득하여 내게 도움이 될 분들을 많이 만들어가야 할 것입니다.
　이상으로 손금을 살펴봐드렸는데, 앞으로 많은 발전과 성취가 뒤따르길 빕니다. 안녕히.

[손금상담결과 평가] ★★★★★
자세히 잘 감정해주셔서 감사드립니다.